부자가 된 짠돌이

2년 만에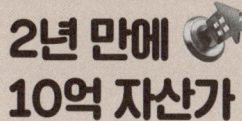
10억 자산가

부자가 된
짠돌이

이대표
김형일
하상원 공저

BM 성안당

:: 들어가며 ::

"우리 그만 솔직해지자.
돈, 많이 벌고 싶잖아?"

'부동산은 투자다 VS 부동산은 투기다.'

20세기 중국의 권력자였던 덩샤오핑등소평은 '쥐만 잘 잡으면 흰 고양이든 검은고양이든 상관없다'는 말을 남겼다. 동일한 목적에 도달할 수 있다면 다소 방향이 달라도 무관하다는 의미다.

지금 이 순간에도 각자의 영역에서 경제활동을 하는 국민들의 목적은 단 한 명의 예외도 없이 '돈'임을 부정할 수는 없다. 결국 불법이나 편법 등 법치주의에 위배되는 행위를 하지 않는다는 전제에서 더 많은 돈을 벌기 위한 행동은 우리가 마땅히 지향해야 할 '경제주의의 제일 덕목'이라는 결론에 도달하게 된다.

이 책의 주인공인 바늘구멍 이대표는 가난했던 어린 시절의 기억 탓에 머리가 채 굵기도 전인 중·고등학교 시절부터 오직 아끼는 일에만 전념해온 대한민국 대표 짠돌이다. 회원 수 75만 명의 대형 인터넷 커뮤니티인 〈짠돌이 카페〉의 운영자라는 사실만으로도 이에 대한 설명은 충분하리라.

자신에게 있어 부동산은 오직 자신과 가족들이 사는 집 한 채면 충분하다고 여겨왔던 바늘구멍은 〈짠돌이 카페〉 회원이었던 전국구 부동산 투자자인 나눔부자와의 만남으로 인생의 새로운 전기를 맞이했다. 스스로를 '부동산 의심병 말기 환자'라고 말하던 그가 불과 2년여 만에 아파트 20여 채를 보유한 부동산 부자로 거듭난 것이다.

지난 2년 간 바늘구멍이 번 돈은 어림잡아 10여 억 원. 연봉 5000만 원의 직장인이 20년 동안 '숨만 쉬며' 모아야 하는 금액이다. 무엇보다 바늘구멍은 그 누구보다 정당한 방법으로 돈을 벌었고, 억대 연봉자의 수배에 달하는 세금을 국가에 납부해왔다.

이 책은 다른 책들처럼 특정 부동산을 콕 찍어주는 족집게 과외의 내용이 아니다. 그저 부동산에 대한 편견과 고정관념을 바꿔주고, 부동산 역시 다른 여러 투자와 마찬가지로 수많은 투자재 중 하나라는 '당연한 사실'을 재차 알려주고자 한다.

우리 이제 그만 솔직해지자. 다른 사람들의 시선이 두려워 돈을 버는, 그것도 좀 더 많이 벌 수 있는 방법에서 눈을 돌리지 말자는 것이다. 부동산은 투자다. 그 명백한 사실을 끝까지 부정한다면, 결국 당신은 평생 더 나은 경제적 여유로 나아가지 못한다는 사실을 기억해야 한다.

이대표·김형일·하상원

차례

:: 들어가며 :: "우리 그만 솔직해지자. 돈, 많이 벌고 싶잖아?" 4

| 1부 마인드 편 |
대한민국 대표 짠돌이 부동산에 눈을 뜨다

:: 대한민국 대표 짠돌이 이대표의 '찌질 탈출기' 11
  절약만을 유일한 미덕으로 여기고 살아온 40년 '이제 안녕'

:: 부동산 의심병 환자 바늘구멍, 나눔부자를 만나다 24
  두 번째 마련한 내 집, 마침내 부동산에 (아주 쪼끔) 눈을 뜨다

:: 넓은 평수의 아파트에서 살고 싶은 건 누구나
  마찬가지 아니겠소? 38
  부동산 의심병 환자 이대표의 '내 집'이 2채인 이유

:: 이대표가 응암동 재개발 입주권을 덥썩 구입한 이유는? 53
  난 그저 미끼를 던진 것뿐이고, 넌 그걸 확 물어본 거시여!

:: 부동산 투자의 무덤, 송도에서 발굴한 원석 72
  송도가 부동산 투자의 무덤이라고? 천만에 송도야말로 '기회의 땅'이지!

:: 부동산 로망 찾아 떠난 강원도 임장 91
  보기 좋은 떡이 꼭 먹기 좋지만은 않다

| 2부 **실전 투자 편** |

바늘구멍 통과한 대왕소금 이대표, 부동산 투자로 2년 만에 10억 원 벌다

:: '다음은 이곳이다!' 저평가 지역, 대전에 주목하라! 115
　　바늘구멍 통과한 이대표의 첫 갭투자 도전

:: 투자의 목적은 '돈', 냉혹한 돈의 논리를 세워라 133
　　부동산 투자자의 심장은 얼음으로 만들어져 있다

:: 부동산 투자의 4요소, '교통·교육·상권·환경' 151
　　나무가 아닌 숲을 보는 눈을 키워야 한다

:: 이대표, 명실상부한 부동산 투자자가 되다 169
　　'나눔부자×이대표', 부동산 매매법인 설립으로 억대 연봉 정조준

:: 전업 부동산 투자자 선언! 191
　　낡은 아파트 저렴하게 매수해 높은 가격에 전세를 놓는 비법은?

:: 현대판 만석꾼의 꿈을 향한 무한도전 209
　　대한민국 땅 위에 당당히 내 이름 석 자를 새기다

:: 보이는 것이 다라고 생각하지 말라 227
　　전국구 빈민촌 옷을 입은 명품 아파트에 주목하다!

:: 자라 보고 놀란 가슴은 솥뚜껑 보고도 놀라는 법 240
　　명필은 붓을 가리지 않고, 밝은 눈을 가진 투자자는 투자처를 편식하지 않는다

:: 매도자의 악재는 곧 매수자의 호재다 253
　　성공을 원하는 자, 왕관의 무게를 견뎌라

:: 내 돈 한 푼 없이 아파트 갭투자를? 266
　　알면 알수록 신기한 부동산 투자의 세계

:: 이대표의 서울 입성기! 283
　　'꿈★은 이루어진다', 서울 한복판 내 집 마련 'Mission Complete!'

:: 에필로그 :: 　여러분의 멘토가 되겠습니다 314

1부 마인드 편

대한민국 대표 짠돌이 부동산에 눈을 뜨다

• 일러두기
국토교통부에서는 제곱미터(㎡)를 권장한다. 하지만 『부자가 된 짠돌이』에서는 독자들의 쉬운 이해를 위해 '평'으로 통일한다.

논농사를 짓기 위해서는 꽤 많은 물이 필요하다.
때문에 수백, 수천 평 규모의 널찍한 논에 물을 대기 위한
작디작은 '물꼬'의 역할은 절대적이다.
40년 동안 오직 짠돌이 인생을 고집해온 이대표의 삶에
새로운 기회의 물꼬를 터준 것은 바로 부동산 투자다.
부동산 투자라는 물꼬를 트기 전, 이대표는 스스로를
소위 '부동산 의심병 환자'라고 부를 만큼 부동산에 관심이
전혀 없었다. 하지만 그의 부동산 스승인
나눔부자와의 만남을 계기로 부동산에 대한 편견을
깰 수 있었고, 결국 부동산 투자자의 길을 선택했다.
이대표가 부동산을 똑바로 바라보기까지의
우여곡절을 함께한다.

대한민국 대표 짠돌이
이대표의 '찌질 탈출기'

절약만을 유일한 미덕으로 여기고 살아온 40년 '이제 안녕'

절약은 피할 수 없는 숙명과도 같은 것!

　대한민국 직장인 혹은 한 가정의 가장에게 '절약'은 선택이 아닌 필수 덕목으로 꼽힌다. 그만큼 '아낀다'는 행위는 팍팍한 현실을 헤쳐 나가야 하는 우리에게 피할 수 없는 숙명과도 같다.

　국내 양대 포털 사이트 중 하나인 '다음Daum'에서 손꼽히는 규모를 자랑하는 〈짠돌이 카페〉는 가입 회원 수 75만 명에 달하는 대형 카페다. 〈짠돌이 카페〉 운영자 이대표(닉네임: 대왕소금)의 정체성이 절약에 한정되어 있음은 미루어 짐작할 수 있을 터. 이대표는 군 전역 후부터 오직 아끼는 데 모든 역량을 집중해왔다.

"그때는 오직 아끼는 것 외에는 관심사가 전무했습니다. 그저 통장에 쌓이는 돈, 커지는 숫자에 만족감을 느끼던 시기였죠. 절약이 미덕으로 여겨지던 케케묵은 1980년대 표어를 꺼내지 않더라도 대한민국 대다수 국민들이 공감하는 부분이라고 생각합니다. 물론 저는 그보다는 조금 더 일찍, 그리고 조금 더 적극적으로 절약을 실천해왔습니다. 별다른 노하우가 있었던 것은 아닙니다. '무식하게'라는 표현이 적합할 만큼 몸을 혹사해가며 돈을 아꼈으니, 돌이켜 생각해보면 스스로가 불쌍하게 여겨질 정도입니다."

2000년대 초, 파릇파릇한 20대 초반의 신입 사원이었던 이대표의 직장은 역삼동 거주지는 독산동이었다. 직선으로 15킬로미터가 넘는 거리였다. 이쯤에서 눈치 빠른 독자들은 알아챘으리라. 그렇다. 이대표는 당시 직장을 다니던 3년여 동안 지하철을 타는 비용도 아까워 종종 걸어서 출퇴근하는 한편, 사무실에서 숙박까지 하며 회사를 다녔다.

아침 식사는 지하철 출구 앞 노점에서 토스트와 계란 프라이로 해결하고, 탕비실에서 율무차 두 봉지를 타먹으며 허기를 때웠다. 집에서 싸온 도시락으로 점심을 먹고, 퇴근은 최대한 늦게 하면서 저녁까지 챙겨먹는 것이 그의 일상이었다. 〈응답하라 1988〉의 한 장면처럼, 양말을 꿰매 신고 누렇게 때가 타고 옷깃이 헤진 드레스셔츠 두 벌로 사계절을 보내는 것은 드라마 속의 이야기만은 아니었다.

"넉넉한 형편이 아니었기에 그때는 아끼며 사는 것을 당연하게 여겼습니다. 별나다는 생각조차 해본 적이 없었으니까요. '돈 모으려면 이렇게 사는 거야!'라는 마음으로 하루하루 생활하는 데만 집중했죠. 물론 그런 극한 절약 생활에 대한 보람은 분명했습니다. 남들보다 조금 더 빨리, 조금 더 큰 금액을 모을 수 있었죠. 하지만 딱 거기까지였습니다."

답 없던 인생, 치열하게 꿈을 고민하다

시계를 1995년으로 돌려보자. 고등학교를 졸업한 이대표에게는 '꿈'이 없었다. 대통령, 의사, 판검사 등 그 또래 아이들이라면 상상으로나마 누구나 한 번쯤은 가져볼 만한 평범한 꿈조차 꿀 수 없을 만큼 가난한 가정환경 탓이었다. 이렇듯 암울한 현실에 떠밀려 고등학교 졸업 후 곧바로 돈벌이를 위해 치열한 사회로 발 딛은 이대표에게 주위에서는 끊임없이 "꿈이 무엇인가?"라는 질문을 쏟아냈다. 어찌 보면 갓 20세를 넘은 어린 후배를 향한 당연한 질문이었을 것이다. 하지만 대수롭지 않게 던진 지인들의 무심한 질문은 정작 이대표에게 퍽이나 곤란한 상황을 안겨줬다.

"성인이 되자마자 일을 시작했지만 다른 사회 선배들이 보기에 저는 아직 한참 어린 학생으로 보였을 것입니다. 그래서인지 그들은 늘 제게 '꿈이 무엇이냐'는 질문을 던지곤 했죠. 지금도 그렇지만 그때는 꿈이 없었습니다. 꿈을 꿔볼 여유도, 지식도 부족했죠. 저와는 너무 멀리 있는, 잡을 수 없는 신기루와 같았습니다. 어린 시절부터

가난한 집안 환경을 잘 알고 있었기에 성인이 된 후부터는 제 인생은 스스로가 책임져야 했기 때문이죠. 그저 하루하루 돈 벌기 급급했기에 꿈이라는 달콤한 청춘의 특권을 누릴 여유조차 없었습니다."

결국 이대표는 자신의 꿈에 대한 명확한 답을 내리지 못하고 군에 입대하게 됐다. 대한민국 남성이라면 누구나 탐탁지 않게 여기는 군 복무였지만, 오히려 이대표에게는 다시 한 번 미래의 계획을 세울 수 있는 시간이 됐다.

"군 복무를 수행하는 내내 저는 뒤늦은 '꿈 타령'에 한창이었습니다. 전역을 앞둔 선임 장병들은 사회에 나가 복학이나 복직을 계획하는 등 사회 복귀에 대한 단꿈에 젖어 있었지만, 저는 군 복무를 마치더라도 복학할 학교도 없고 복직할 직장도 없었습니다. 지금 말로 하면 '잉여인간' 정도일까요(웃음). 반대로 얘기하면 무언가를 준비해야 한다는 부담감이 없었기에 20년 인생에서 처음으로 오롯이 저만을 위한 꿈을 꿀 수 있었습니다."

입대 수개월 후 군 생활에 제법 익숙해진 이대표는 하루에도 수백 번씩 스스로에게 질문을 던졌다. "난 꿈이 뭐지?", "난 뭘 하고 싶지?", "내가 가장 좋아하는 건 뭐지?" 등. 미래에 대한 고민과 그에 대한 해답을 찾기 위한 자아성찰의 반복이었다.

"생각하면 할수록 소위 '답이 없는' 제 상황에 뭔가 묵직한 것이 가슴에 얹힌 듯 답답한 마음뿐이었습니다. 하루 종일 빡빡한 일정에 몸은 천근만근인데도 불구하고 도통 밤잠을 이룰 수 없었어요. '밤이 길면 꿈자리가 사납다'고 해야 할까요. 생각을 거듭할수록 가난한 우리 집 환경이 원망스럽기만 하고, 전역 후 미래에 대한 희망으로 부푼 동료 장병들의 모습이 고까워 보일 만큼 마음가짐이 삐딱했죠. 그래도 스스로에게 던지는 질문을 멈출 수는 없었습니다. 그조차 하지 않는다면 말 그대로 웅덩이에 고인 물처럼 서서히 썩어 갈 것만 같았기 때문입니다."

그렇게 치열했던 고민의 끝자락에서 다잡은 이대표의 꿈은 참으로 소박했다.

'마지막 눈을 감는 순간 내 집에 누워 떠나는 나를 위해 슬피 울어줄 아내와 가족, 친구들을 마지막 기억으로 안고 눈을 감고 싶다.'

다시 말해 '내 집'을 마련하겠다는 것이었다.

"한 번도 자각해본 적은 없지만 어려운 경제 상황 탓에 가난에 찌든 어린 시절이 퍽 서러웠던가 봅니다. 그래서인지 꿈에 대한 질문마다 '내 집'을 전제로 깔고 들어갔던 것 같습니다. 예컨대 '30세에 연봉은 1억 원 이상을 받고 40평짜리 집에서 아내와 아이 두 명과 행복하게 살겠다'는 식이죠. 지금도 대다수 사람들이 최종 목표로 삼는 '내 집 마련'이 당시 오랜 고민 끝에 내린 제 첫 꿈이었던 것입니다. 내 집을 비롯해 20여 채의 아파트를 소유한 지금 돌이켜보면 지극히 현실적이지만 멍청한 결론이었죠(웃음)."

이렇듯 이대표가 당시 세운 내 집 마련이란 꿈은 미련하리만치 처절한 절약 습관의 이유가 됐다. 군 전역 후 대한민국 평균 직장인의 연봉을 받는 회사에 입사한 이대표가 오직 본인의 힘으로 집을 사기 위해서는 절약이란 수단 외에 뾰족한 방법이 없었기 때문이다.

하필이면 처음으로 찾은 자신의 꿈이 절약이란 전제가 반드시 필요했던 셈이다.

짠돌이 인생 바꿔준 나눔부자와의 만남

군 전역 후 직장생활을 이어가던 이대표는 지난 2001년 12월 〈짠돌이 카페〉를 개설했다. 당시만 해도 이대표는 〈짠돌이 카페〉가 자신의 인생을 송두리째 바꿔놓을 것이라고 예상하지 못했다.

당초 카페 설립 취지는 본인의 절약 노하우 공유와 전국에 숨은 '고수'들과의 교류였다. 합리적인 소비 생활을 하자는 모토에서 시작한 〈짠돌이 카페〉는 동화 속 스크루지 영감처럼 무조건 아끼는 것을 추구하지 않는다. 다만 돈 쓰고 욕먹는 짓은 지양하되 남에게는 후하고 자신에게 절약하는 이른바 '신新 짠돌이'를 추구하는 데 뜻을 모으고 있다.

카페를 만든 후 가장 먼저 달라진 것은 이대표의 직업이었다. 그의 예상을 훌쩍 웃도는 인원들이 '절약'이란 키워드에 공감하며 카페의 덩치가 기하급수적으로 커진 것이다. 수십만 명의 회원들이 가입한 〈짠돌이 카페〉의 기능과 역할이 커짐에 따라 이대표는 기존 직장을 그만두고 자신만의 사업에 나서게 된다.

"제법 규모가 큰 카페를 운영하다 보니 자연스럽게 온라인 마케팅 분야의 사업을 시작하게 됐습니다. 무엇보다 우리 생활과 밀접한 연관이 있는 '절약'이란 주제가 많은 이들의 공감을 얻었기에 가능했던 일이었죠. 다행히 관련 사업은 큰돈은 아닐지라도 나름대로 만족할 만큼의 벌이 정도는 됐습니다. 그래봤자 예전 직장보다 조금 나은 수준이었지만, 그때는 제 그릇이 딱 그 정도였던 거죠."

이대표가 카페 운영만으로도 어느 정도의 수익을 올린 것은 사실이지만 소위 말하는 '대박'과는 거리가 멀었다. 그저 직장인 평균을 조금 넘는 수입을 벌어들였을 따름이었지만 자신의 사업체에서 눈치 보지 않고 마음 편히 일할 수 있다는 것이 만족스러웠다. 마침 부천 소사동에 32평 아파트를 마련해 자신의 첫 번째 꿈인 '내 집 마련'의 목표도 이룬 참이었다.

"당시 부동산에 대한 제 인식은 '집은 삶의 최소한의 조건이다'라는 것이었습니다. 쉽게 말해 집은 매매나 투자의 대상이 아닌 저와 가족을 위한 보금자리라는 마음이죠. 처음 집을 샀을 때만 해도 '평생 여기서 살다가 죽어야지'라는 순진한 생각을 했으니까요."

이러한 이대표의 '부동산 불신'에 불을 지핀 계기는 지난 2010년 참석한 한 경제인 모임에서였다. 당시 정부기관 고위 관료로 일하던 한 인물이 연사로 나와 "부동산 거품은 이제 꺼질 것이다."라고 자신하며 부동산에 대한 불안감을 부채질한 것이다. 이대표는 해당 모임 이후 당시 살던 집을 냉큼 팔아버렸다. 남들보다 빠른 정보 입수를 스스로 대견해하면서.

이쯤에서 한 가지 짚고 넘어가자. 당시 어느 정부기관 인사의 말과는 달리 이대표가 매도했던 집의 시세는 7년 사이에 1억 원가량이 올랐다. 평균 20퍼센트 이상 아파트 가격이 상승했다. 결과적이지만 다만 우리는 여기서 '부동산에 대한 예측은 그 누구도 불가능하다'는 명제를 확인할 수 있다.

단 2년, 20채 아파트를 소유하기까지

다시 현재로 돌아와, 이대표가 처음 경험한 부동산 매매는 결국 '새드Sad 엔딩'으로 결론 났다. 지속적인 가치 상승을 기대할 수 있는 본인 보유 아파트를 팔아치우고 2년마다 자금 압박에 시달리는 전세를 전전했던 이대표의 당시 삶은 수많은 대한민국 서민들의 모습과 동일시된다. 이대표 역시 대한민국 평범한 가장의 애환을 품었던 서민이었을 따름이다.

그런 이대표에게 〈짠돌이 카페〉는 평생 세 번 찾아온다는 기회 중 첫 번째 기회였다. 〈짠돌이 카페〉를 통해 여러 분야로 사업 확장을 도모할 수 있었기 때문이다. 각종 창구를 통한 온라인 마케팅을 비롯한 〈짠돌이 카페〉의 콘텐츠를 망라한 절약 관련 책을 출판하기도 했다.

"신기한 경험이었습니다. 카페 운영과 온라인 마케팅에 주력해오던 차에 출판사와 인연이 닿아 첫 도서인 『한국의 e짠돌이』 출판에 이어 지난 2015년에는 『짠테크 전성시대』를 선보이기까지 했으니까요. 그때만 해도 저 스스로 사업에 대한 확신을 갖고, 장기적인 운영 계획을 세울 정도였습니다."

두 도서 중 바로 『짠테크 전성시대』란 책이 이대표에게 찾아온 두 번째 기회의 연결 고리였다. 당시 〈짠돌이 카페〉의 대구 짠돌이대표로 활

동하던 나눔부자 김형일 〈부동산 오아시스〉 대표와의 인연을 맺게 해준 까닭이다.

길 가다 무심코 돌을 던져도 맞을 만큼 흔하디흔한 대한민국 대표 서민 이대표가 서울과 수도권 20채 이상의 아파트를 소유하기까지 걸린 시간은 단 2년. 나눔부자와 함께 1년 5만 킬로미터에 달하는 고된 여정을 발로 누빈 결과다.

'부동산 의심병 말기 환자' 이대표가 아파트 20채를 갖게 된 반전 이야기는 지금부터 본격 시작이다.

나눔부자의
촌철살인

부동산은 투자의 대상이 아니다? NO!
'부동산은 가장 좋은 투자처다'

우리의 삶에서 부동산은 떼려야 뗄 수 없는 근본 중 하나다. 오죽하면 의식주라는 '삶의 필수 3요소'가 있겠는가. 그런데 참 이상하게도 많은 사람들이 집을 사지 말라고 한다. 방송 및 신문에서는 연일 이른바 '부동산 거품론'을 쏟아내고, 정부가 앞장서서 각종 부동산 규제 정책을 내놓고 있다. 물론 이러한 일련의 현상들이 부동산의 '실거주자'에게 긍정적인 효과를 주기 위한 과정임은 십분 이해한다. 우리가 소중한 가정을 지키고 안정적인 생활을 하기 위해서 내 집 마련은 선택이 아닌 필수이기 때문이다.

하지만 단순히 살아가는 데 국한되지 않고, 더 나은 일상을 영위하고자

하는 바람을 갖고 있는 이들에게 부동산은 그 어떤 투자재보다 매력적이고 안정적인 분야다.

나 역시 예전에는 우리나라 대다수 직장인과 마찬가지로 그저 아끼는 것을 최고의 미덕으로 삼으며 살아온 한 명의 '짠돌이'에 불과했다. 마이산으로 떠났던 오랜만의 가족 나들이 끝자락에 비싼 숯불갈비 대신 한 그릇에 5,000원짜리 칼국수를 선택할 정도로 미욱스러운 한국판 스크루지였을 따름이다. 그렇게 절약만이 우리 가족의 행복한 미래를 책임져줄 것이란 잘못된 고정관념이야말로 나의 가능성을 철저히 막고 있는 '적폐'라는 사실을 그때는 미처 깨닫지 못했다.

3년 전, 나는 그동안 해왔던 수많은 투자(주식, 펀드, 저축 등)를 버리고 부동산 투자'만'을 해오고 있다. 경매를 시작으로 오랫동안 관심을 갖고 관련 공부를 해온 끝에 내린 부동산 투자에 대한 확신이었다.

처음에는 내가 사는 대구를 중심으로 부산, 경상도의 부동산을 주로 다뤘지만 지금은 전국팔도 모든 지역에 투자를 하고 있다. 여러 투자에서도 손해를 본 적은 없지만, 실제 투자를 경험해보니 부동산이야말로 가장 안정적인 투자재임을 재차 확인할 수 있었다.

무엇보다 부동산 투자의 장점은 '아는 만큼 수익을 거둘 수 있다'는 데 있다. 쉽게 말해 부동산 관련 지식과 경험이 풍부할수록 손해를 볼 확률은 그에 반비례해 줄어든다는 의미다.

전업 부동산 투자자를 선언한 이후 난 하루 네 시간 이상 잠을 자본 적이 없다. 주식과는 달리 부동산은 24시간 깨어 있는 생물과도 같은 까닭에 늘 이에 대한 공부를 게을리할 수가 없었다. 항상 실핏줄이 터진 붉은 눈으로 컴퓨터 모니터와 휴대전화 화면을 노려봐도 그렇게 행복할 수가 없었다. 부동산 투자 덕분에 난 불과 3년 만에 100억 원대 부동산을 소유하게 됐기 때문이다. 이 중 순자산만도 30억 원에 이르기 때문이다. 세상 모든 즐거움 중 으뜸이라는 '돈 버는 재미'가 이런 건가 싶을 정도로 학창시절 그렇게 공부를 싫어하던 내가 신나게 공부했던 기억이 생생하다. 혹자는 내게 이런 말을 한다.
"부동산은 투자의 대상이 아니다."
물론 나 역시 일정 부분 공감한다. 적어도 '과거의 나'라면 말이다. 하지만 이제 나는 이러한 명제를 정면으로 반박하고자 한다.
부동산은 투자에서 제외되어야 하는 '공공재'가 아니다. 오히려 나는 세상에 존재하는 수많은 투자재 중 으뜸이라고 생각한다. 부동산 또한 주식, 금, 석유, 골동품 등과 같이 다양한 투자재 중 하나다. 그저 우리 생활에 밀접해 있고 가격이 비싸다는 특징을 갖고 있을 뿐, 투자를 피해야 할 하등의 이유가 없다.

아마도 모든 사람들이 이 같은 사실을 알고 있을지도 모른다. 하지만 그들은 나와 달리 결코 부동산에 투자를 하지 않는다. 왜일까?
돈은 벌고 싶지만, 그에 따라오는 위험(리스크)은 조금도 감수하고 싶지 않다는 '아주 이기적인 투자 기준'이 있기 때문일 것이다.
그러나 나는 이러한 일반적인 기준을 거부하고 지난 3년간 전업 부동산 투자자로 활동하며 한해 평균 3억 원가량의 수익을 올렸다. 아파트

가격 등락에 따른 리스크는 오롯이 나의 몫이었지만, 나는 부동산 투자에 대한 확신이 있었고 결국 그것이 옳음을 지금까지 증명해나가고 있음에 새삼 자부심을 느낀다.

이 책을 통해 결코 부자가 되는 가장 쉽고 빠른 길을 알려주려는 것이다. 예전의 나와 같이 그저 미련하기만 했던 전국 짠돌이들이 하루 서너 시간의 수면 시간과 1년 5만 킬로미터 이상의 방랑 생활을 통해 수억대 연봉을 찍는 부동산 투자자로 거듭남으로써 오늘보다 조금 더 나은 내일이 되는 계기를 마련해주고자 함이다.

부디 이 책을 통해 부동산에 대한 잘못된 고정관념을 타파하기를 바라고 또 바라본다.

부동산 의심병 환자 바늘구멍, 나눔부자를 만나다

두 번째 마련한 내 집, 마침내 부동산에 (아주 쪼끔) 눈을 뜨다

부동산은 살아 있는 생물生物이다

　이대표는 과거의 스스로를 가리켜 '부동산 의심병 말기 환자'라고 부른다. 물론 이대표뿐만이 아니라 부동산에 대한 의구심을 갖는 것은 대다수 국민들도 마찬가지일 터. 불과 3년 전만 해도 이대표에게 집은 투자의 대상이 아닌 자신과 가족들의 행복한 삶을 위한 최소한의 안전장치였다.

　"아마 대부분의 사람들이 저와 비슷한 생각을 갖고 있을 거예요. 평생을 아등바등 일하더라도 내 가족이 마음 편히 머물 수 있는 공간을 마련하는 게 최대이자 최후의 목표일 거라는 거죠. 저는 그보

다 훨씬 더 집에 대한 집착이 심했던 것 같습니다. 앞서 얘기했듯 군 복무 시절 처음으로 가진 꿈이 바로 좋은 집에서 가족과 함께 사는 거였으니까요. 우여곡절이 많았지만 결국 지난 2013년 11월 두 번째 보금자리를 정식으로 마련하는 데 성공했습니다. 당시만 해도 '이만하면 나름대로 성공한 인생'이라고 자부했던 기억이 아직도 생생합니다."

이대표가 쓰디쓴 첫 부동산 매매의 실패*를 딛고 구입한 두 번째 보금자리는 '래미안부평 조합원 입주권'이었다.

2017년 12월 현재 33평 기준, 약 4억 8000만 원에 거래되고 있는 래미안부평의 당시 구입 가격은 프리미엄 1900만 원을 포함해 총 3억 3900만 원. 단순 계산만으로도 4년 만에 1억 4100만 원의 수익을 창출한 것이다. 그때만 해도 주변 지역에 대한 개발 호재가 그다지 많지 않아 아파트 자체가 미분양이었고 조합원 물건을 구입했기 때문에 시세보다 저렴하게 구입할 수 있었던 덕분이다. 다수의 외면을 받았던 래미안부평은 현재 아파트에서 도보 5분 거리에 지하철 7호선과 인천지하철 1호선이 지나는 더블역세권(부평구청역)이며 공급이 부족한 부평 지역에 공급된 새 아파트다. 인생사만 새 옹지마가 있더냐. 광장주유로로 알려진 빈민가에서 래미안 브랜드로 새로 태어난 이 아파트야말로 일신우일신, 어제와 오늘이 다른

* 이대표는 자신의 첫 보금자리였던 부천의 한 아파트를 2010년 경제인 모임에서 만난 고위공무원의 조언을 듣고 매도했다. '부동산 가격이 하락할 것'이라는 그의 말과는 달리 해당 아파트는 7년 동안 1억 원의 시세 상승을 보였다.

살아 있는 생물生物이다.

"아파트는 단독으로 가격이 결정되는 경우가 없습니다. 쉽게 말해 허허벌판 한복판에 아무리 좋은 아파트를 세우더라도 주변 여건이 좋지 않다면 단 한 칸의 방도 팔리지 않는다는 의미입니다. 때문에 아파트를 구입할 때는 단순히 현재 가치만을 평가해서는 안 됩니다. 물론 래미안부평을 매매할 때만 해도 저 역시 이러한 부동산의 특성에 무지했던 게 사실입니다. 멸실된 입주권이라 취득세가 4.6퍼센트라는 것도 몰랐을 정도였죠. 단지 제 생활권에 맞는 위치에 구입한 아파트가 운이 좋게도 호재를 맞이해 가격이 올랐을 따름입니다."

아파트 매매의 핵심을 파악하라

자, 여기서 한 가지. 이제 부동산 전업 투자자로 거듭난 이대표는 당시 부동산 매매 과정을 복기하며 아쉬운 마음을 숨기지 못했다. 래미안부평 거래 시 이대표는 소개만 하고 0.4퍼센트의 중개료를 받아가는 부동산 소장님이 하는 일 없이 돈을 많이 받는 것 같아 절반으로 깎아달라고 했다. 그때만 해도 100만 원이 넘는 복비를 말 한마디로 절약한 스스로가 기특하게만 여겨졌다. 하지만 수십 건의 부동산 투자를 진행해본 현재, 정작 중요한 것은 복비 몇 푼 깎는 게 아니었음을 절절히 깨닫게 됐다. 복비를 모두 주더라도 1900만 원에 달하는 프리미엄을 낮추는 데 주력했어야만 했던 것이다.

"2013년 당시엔 서울, 수도권, 인천 지역은 부동산 장기불황을 겪고 있던 시기였고 제가 구입했던 래미안부평은 '미분양' 상태였습니다. 지금 같았다면 1900만 원이란 프리미엄을 협상하거나 더 적은 프리미엄이 있는 물건을 소개받는 것이 부동산 수수료를 깎는 것보다 (매수자인 나에게) 더 좋은 결과를 이끌어낼 수 있었을 것입니다. 매도자 입장에서는 몇백만 원 손해를 보더라도 물건을 빨리 매매하고 싶었을 테니까요. 하지만 부동산 관련 지식과 경험이 일천했던 저는 정작 중요한 핵심을 빼고 수박 겉핥기식으로 깎은 복비 몇 푼에 만족해했을 뿐입니다. 다시 한 번 말하지만, 부동산이야말로 그 어떤 분야보다 광범위하고 심도 깊은 공부가 필요한 투자재라는 사실을 기억해야 합니다. 모르면 그만큼 더 손해를 보는 게 부동산 투자의 냉정한 현실이거든요."

이대표가 아파트를 구입할 때, 주변 지인들은 하나같이 그에게 부정적인 의견 혹은 조언을 내놓았다. "왜 이 시기에 미분양 아파트를 구입하느냐.", "아파트 거품은 곧 꺼질 거다.", "나중에 아파트 매매가 어려울 테니 전세로 살아라." 등등 단 한 명도 긍정적인 평가를 하는 이가 없었다. 부동산에 대한 불신으로 가득했던 이대표 역시 이러한 말에 흔들리기도 했지만 그에게 가족과 함께 살 '집'을 구입하는 것이야말로 평생의 꿈이었기에 과감하게 입주권을 매매하기로 결심했다.

"사실 당시 아파트를 구입할 때는 '평생 이곳에서 살아야겠다'는 다짐이었습니다. 어떤 투자나 기타 목적이 아닌 순수한 '주거'를 위한 매매였죠. 그래서 저 스스로의 부동산 불신과 주변 지인들의 부정적인 의견에도 불구하고 아파트를 구입했습니다. 설령 나중에 집값이 반토막 나더라도 당장 맘 편히 살 수 있는 '내 집'을 갖고 싶었던 까닭입니다."

그렇게 래미안부평 매매로 삶의 안정을 되찾은 이대표는 다시 한 번 자신의 전공분야인 '온라인 마케팅'에 주력했다. 절약에 있어서만큼은 국내 최고임을 자부하는 이대표였기에 자신의 오랜 꿈인 '내 집 마련'을 이룬 후 별다른 소비 계획이 없었던 그의 통장에는 제법 많은 저축이 쌓이게 됐다. 남들보다 조금 더 빨리 이룬 내 집 마련의 꿈, 국민 두 명 중 한 명꼴로 자기 집 한 칸 갖지 못한 현실이기에 이대표가 품은 보금자리의 가치가 더욱 특별하게 다가왔다.

임장이 뭐야?
- 수도권 부동산 임장 나온 나눔부자와의 논쟁

그렇게 나름대로 평탄한 생활에 만족하며 본업에 충실하던 이대표는 온라인을 통해 다양한 활동을 펼쳐나갔다. 앞서 언급한 『짠테크 전성시대』의 출판 역시 카페를 통해 새롭게 개척한 분야다. 이외에도 이대표는 각종 방송 출연과 강의 등 다방면에서 활약하며 자신만의 특화 분야를 만들어나갔다.

"카페 운영과 함께 10년 이상 온라인 마케팅에 종사하다 보니 나름대로 해당 분야의 전문가로서 실력을 인정받고 있던 차였습니다.

저 스스로도 어느 정도 자신감이 붙기도 했죠. 활발한 온라인 마케팅 활동을 발판으로 각종 강의와 출판, 방송 출연의 기회도 얻을 수 있었습니다. 그때는 자본이나 운영비가 크게 소모되지 않는 온라인 마케팅이야말로 최고의 직업이란 확신을 갖고 있었습니다."

이대표가 삶의 새로운 전기, 즉 부동산 투자를 접하게 된 시기는 『짠테크 전성시대』의 출판 이후였다. 책 출간을 통해 〈짠돌이 카페〉 활발히 활동하던 나눔부자와의 만남이 이뤄졌던 것이다. 물론 이전인 2006년에도 이대표와 나눔부자는 각각 '대왕소금'과 '어린왕자'란 아이디로 활동하며 종종 인연을 맺어왔다. 그러던 중 나눔부자가 2011년 부동산 투자를 시작하며 카페 회원들에게 관련 지식과 정보를 공유하기 시작했다.

"원래 나눔부자는 〈짠돌이 카페〉 대구 지역 운영자였습니다. 온라인은 물론 오프라인으로도 종종 만남을 이어오던 사이였죠. 나눔부자 역시 절약을 주제로 한 각종 방송 프로그램에 출연하고 카페에 관련 글을 게재하는 등 저 못지않은 짠돌이로 유명했습니다. 그런데 어느 날부터인가 전업 부동산 투자자로 활동하면서 카페 회원들에게 부동산에 관한 정보를 공유하고 조언을 해주시더라고요. 사실 그때만 해도 별다른 생각이 없었습니다. 그저 '〈짠돌이 카페〉에서 새로운 분야의 전문가가 나왔구나' 정도의 감상이었을 뿐이죠."

이대표와 나눔부자가 다시 만난 것은 『짠테크 전성시대』가 나온 직후인 2015년이었다. 대구 지역 카페 회원들과 수도권 부동산 임장을 왔던 나눔부자가 이대표에게 만남을 요청했던 것이다. 참고로 임장의 사전적 의미는 '어떤 일이나 문제를 직접 확인하기 위해 현장에 나옴'으로, '부동산(아파트, 토지 등)을 직접 가보다' 정도로 이해하면 된다.

"제가 대구를 가거나 나눔부자가 서울에 오면 으레 만나던 사이였습니다. 카페 운영이나 기타 도움을 주고받기 위해 자주 연락을 해왔고요. 마침 『짠테크 전성시대』가 출판되던 때 나눔부자가 부동산에 관심이 있는 대구 지역 회원들과 함께 문래동, 영등포, 오류동, 개봉동 등으로 임장을 왔던 차였습니다. 나눔부자에게 먼저 연락이 왔기에 자연스럽게 오랜만의 만남으로 이어졌지요."

이대표는 부동산 임장을 나섰던 나눔부자와의 만남을 '도떼기시장'으로 기억한다. 한여름 땡볕에도 아랑곳 않고 우르르 몰려다니며 시내 곳곳의 아파트를 누비는 빠듯한 일정은 차라리 고문에 가까웠다. 당시만 해도 부동산에 큰 관심이 없었던 이대표는 스리슬쩍 자리를 피하고 만다. 결국 이대표와 나눔부자와의 첫 만남은 시원한 아이스커피 한 잔을 사이에 두고 서로 각자의 전문 영역(온라인 마케팅 VS 부동산 투자)의 장점만을 주장하는 데서 맺어졌다. 나눔부자가 서점에서 구입해온 『짠테크 전성시대』에 큼지막하게 휘갈긴 이대표의 사인 한 장만을 남긴 채. 아직까지 부동산에 대한 이대표 불신의 벽은 높고 견고했던 시기였다.

"물론 저 역시 주변에서 수많은 투자 관련 정보 및 권유를 듣곤

합니다. 그중에는 '부동산'도 큰 비중을 차지하죠. 하지만 저 스스로가 부동산 투자에 대한 의심이 컸고, 지인들도 부동산 '투자는 절대 하는 거 아니다'라며 적극적으로 반대 의사를 보였기에 그쪽으로는 쳐다보지도 않았던 거죠. 지금 생각하면 땅을 치고 통탄할 일입니다. 그때 시작했다면 더 빨리, 더 많은 수익을 낼 수 있었기 때문이죠."

'소길리 새댁' 이효리 보러 떠난 제주 임장

이대표는 평소 '난 결국 부동산을 만날 운명이었던 것 같다'고 말하곤 한다. 집을 산 후 부동산에 일절 눈을 돌린 적은 없지만 나눔부자와의 만남을 비롯해 주변 지인들의 지속적인 권유가 잇따랐던 것이다.

지난 2015년 초, 도통 다른 곳에 돈을 쓰지 않던 이대표가 제주도로 훌쩍 떠났던 것도 주변에서 제주 부동산 투자를 권유했기 때문이었다. 나눔부자와의 만남 이후 이대표는 한 지인을 통해 소위 '소길댁 이효리'와 맞물려 최근 3~4년 사이 가장 뜨거운 부동산 투자처로 각광받고 있는 제주도 투자 제안을 받게 됐고 결국 제주행 비행기에 몸을 싣게 됐다. 하지만 어디까지나 주목적은 '여행'이었을 뿐, 진지하게 투자를 위한 것이 아니었다.

"처음 지인에게서 제주도 부동산 투자에 대한 얘기를 들었을 때도 그저 가벼운 마음으로 여행이나 떠나보자는 생각이었습니다. 여전히 부동산 투자에 불신의 마음은 있었지만, 워낙 많은 이들을 통해 관련 내용을 전해들은 터라 어느 정도 관심이 생긴 것도 사실이었고요. 모처럼 콧바람이나 쐬자는 생각으로 제주공항에 내려서 가수 이효리가 사는 애월읍을 한 바퀴 쭉 둘러보고 그럴 듯한 타운하우스와 바다가 보이는 토지 등을 직접 눈으로 확인하다 보니 '나도 여기에 땅 한 평 있었으면 참 좋겠다'는 생각이 들더군요."

하지만 막연한 상상과 현실의 차이는 컸다. 실제로 드는 비용이 이대표의 예상보다 훨씬 많았던 것이다. 하지만 제주도 천혜의 자연이 어우러진 부동산의 매력에 흠뻑 빠진 이대표는 이후로도 서너 차례 제주도 임장을 다녀왔다. 하루에도 수십 번씩 마음이 오락가락하며 고GO와 스톱STOP 사이에서 고민했지만, 확실한 근거가 부족했기에 투자를 망설이던 상황이었다.

"제주도가 좋은 건 알겠는데, 정작 투자로서의 가치가 있는지 정확한 판단을 할 수 없었습니다. 제가 부동산에 대해서는 '까막눈'과 다름 아니었거든요. 물론 주변에서야 '확실하니 가능한 만큼 투자해야 한다'고 종용했지만, 제가 스스로 확신이 생기지 않으면 어떤 일이건 절대 진행하지 않는 성격이었기에 투자 결정을 조금 미뤄놨습니다. 차일피일 결론을 미루다가 문득 나눔부자가 떠오르더라고요. 저와 이해관계에 얽혀 있지 않고 아무 사심 없이 정확한 조언을 해줄 수 있는 부동산 전문가가 바로 나눔부자였던 거죠."

서울로 올라온 이대표는 마지막 제주도 임장을 앞두고 나눔부자에게 동행을 요청했다. 제주도 부동산에 대해 뭔가 확신이 필요했기 때문이다. 그렇게 나눔부자와 함께 다시 제주도를 찾은 이대표는 내로라하는 제주 부동산 관계자와 미팅을 가지며 생전 처음으로 부동산의 신세계를 경험했다. 나눔부자와 부동산 관계자 사이를 오가는 전문단어를 포털 사이트에 검색해가며 그들의 대화를 따라가려고 노력하고 그들과 함께 실제 임장을 다니는 등 부동산 투자의 생생한 현장을 '제대로' 경험해본 것이다. 부동산 불신의 벽이 조금씩 허물어지기 시작한 계기였다.

각자의 상황에 맞는 부동산 투자 기준 세워야

모든 임장이 끝난 후, 이대표와 나눔부자는 결국 제주도 부동산에 대한 투자를 하지 않기로 결정했다. 투자 비용부터 향후 기대 수익까지 현재 이대표의 상황과 제주도 부동산은 맞지 않는다는 나눔부자의 조언에 따른 것이었다. 물론 결과론적이지만 지금 돌이켜보면 투자를 하지 않은 게 잘했던 일이었다. 당시 지인과 제주 지역 부동산 관련자가 추천했던 투자 대상들은 수익률이 매우 나쁘거나 심지어 사업이 중단된 경우도 있었기 때문이다. 이대표가 나눔부자에게 도움을 요청하지 않고 혹여 이곳에 투자를 했다면 꽤 난처한 상황과 맞닥뜨렸을 것이다.

"부동산은 동전의 양면과 같습니다. '땅은 도망가지 않는다'는 말마따나 돈을 안정적으로 벌기에 이만큼 적절한 투자재가 없는 것은 사실이지만, 반면 잘못된 판단으로 구입한 부동산의 상황이 나빠지면 자금경색이나 다른 투자에 비해 큰 손해를 각오해야 한다는 단점도 있습니다. 많은 이들이 부동산 투자는 큰돈이 필요하다고 생각하지만, 정작 가장 중요한 요소는 다름 아닌 '지식과 용기'입니다. 부동산 투자에 결코 '대박'은 없습니다. 그저 본인이 노력한 만큼, 딱 그에 비례하는 결과가 나오는 가장 정직한 투자가 바로 부동산이라는 사실을 기억해야 합니다."

많은 사람들이 부동산에 대한 환상을 갖고 있다. 몇 억에 구입한 아파트가 금세 두세 배 이상 폭등하는 허황된 상상을 하지만, 정작 그러한 경우는 '절대 없다'. 부동산이 황금알을 낳는 거위라는 생각부터가 위험한 발상이라는 의미다. 부동산이야말로 투자 대비 수익이 가장 정직한 투자재다. 자신이 공부한 만큼 자신이 가진 확신에 비례해 수익을 얻을 수 있는 것이다.

**나눔부자의
촌철살인**

오늘도 내 집 마련을 망설이고 있는 당신
하루라도 빨리,
빚을 내서라도 내 집을 마련하라

오랫동안 부동산 관련 투자를 해오다 보니 많은 질문을 받는다. '지금 집을 구입하려고 하는데 괜찮겠느냐', '돈이 좀 부족한데 대출을 받아도 되겠느냐', '이 지역 아파트 향후 전망이 어떠냐' 등. 그들의 다양한 질문에 대한 내 대답은 오직 한 가지다.

"빚을 내서라도 하루라도 빨리 내 집을 마련하라."

우리나라만의 특징인지는 알 수 없지만, 대다수 국민들은 빚을 내서 집을 구입하는 데 큰 부담감을 느낀다.

"지금 사고 싶은데 돈이 조금 부족하다. 그런데 이자가 부담되기 때문에 빚을 내고 싶지는 않다."

아마 이 같은 마음과 크게 다르지는 않을 것이다. 나 역시 예전에는 '빚'을 극도로 싫어했으니 그들의 입장을 충분히 공감한다. 하지만 부동산에 눈을 뜨고 난 후 뒤돌아보니, 그동안 아파트에 대한 잘못된 기준을 갖고 있었다는 생각이 들었다. '돈을 모으고 집을 산다'는, 어찌 보면 당연하게 여겼던 명제에 사로잡혀 수많은 기회와 시간을 공중에 날려보냈던 것이다. 이 같은 나의 확신은 수치상으로도 증명된다.

우리나라 부동산의 기준인 수도권, 범위를 좁혀 서울로 한정해볼 때 2017년 1월부터 11월까지 서울 부동산 매매가격은 평균 4.52퍼센트 상승한 것으로 나타났다 한국감정원 자료 참조. 서울 아파트 평균 가격인 5억 원을 기준으로, 올해에만 2260만 원이 상승한 것이다. 단순 계산으로만 따져도 한 해 2000만 원을 훌쩍 뛰어넘는 금액을 저축해야 10년 후에라도 겨우 내 집을 마련할 수 있다는 '암울한 현실'이 수치상으로 증명된다.

그렇다면 반대로 지금 당장 2억 원의 대출을 얻어서 아파트를 샀다고 가정해보자(단, 5억 원 중 3억 원의 자산을 보유하고 있는 상황으로 계산했을 때). '내생애첫주택대출'의 경우, 2.55퍼센트(연봉 2000~4000만 원 기준)의 이율을 적용받게 된다. 해당 대출로 2억 원을 빌렸다면 1년 510만 원, 1달 42만 5,000원의 이자를 부담하게 된다. 물론 원금을 상환한다면 그만큼 이자 액수는 낮아진다.

이쯤이면 손익 계산서가 보여야 한다. 내가 집을 사서 보유하고 있다면 매년 이자를 제외하고도 1750만 원(아파트 한 해 평균 가격 상승 2260만 원 - 대출 이자 510만 원)의 수익을 기대할 수 있다. 무엇보다 '전세금 걱정 없는 안정적인 삶'을 만끽할 수 있다.

자, 어떤가. 아파트를 구입하지 말아야 할 이유는 하나도 없지 않는가? 나는 '나눔부자'라는 이름을 내걸고 수많은 강의와 개인적인 상담을 통해 이 같은 사실을 수도 없이 반복해서 전달한다. 팍팍한 생활에 지친 이 시대 짠돌이들이 나로 인해 좀 더 나은 삶으로 나아갈 수 있다면, 그보다 더한 보람은 없으리란 생각에서다. 하지만 정작 나의 조언대로 집을 사는 사람은 열에 하나도 드문 현실이다. 부동산에 대한 막연한 두려움은 생각보다 두텁고, 그래서 더욱 무섭게 다가오는 탓이다. 나 같은 부동산 투자자가 아니더라도 집은 우리 삶에 반드시 필요한 요소다. 만약 당신이 어떤 이유에서든 집 구매를 망설이고 있다면, 지금 당장 빚을 내서라도 집을 사라. 당신이 연봉 1억을 넘고 한 달 평균 500만 원 이상을 저축하지 않는다면 결코 10년 안에 집을 살 수 없다.

관점을 달리해라. 집을 사기 위해 '빚'을 내는 게 아니다. 아등바등 절약하며 저축해야 할 '10년 세월'을 미리 앞당겨 구입하는 것이다. 앞서 말한 대로 '안정적인 삶'과 '지속적인 아파트 가격 상승'은 덤이다.

나눔부자's Tip
부동산 구입 시 꼭 알아야 할 세금 계산법은?

1. 주택이 투자효율성이 높은 이유는 전세자금 대출로 인해 월세 세입자들이 저리인 전세자금 대출을 이용한 주택을 구함으로써 전세 가격이 폭등했기 때문이다.
2. 주택은 32평을 매입할 때 취등록세가 1.1퍼센트로 타 부동산(상가나 토지 4.6퍼센트)보다 저렴하다.
3. 1년만 지나도 양도세가 일반과세이므로 일시적 1가구 2주택일 경우 기존 구매한 주택을 3년 이내 매도하면 비과세가 된다.

넓은 평수의 아파트에서 살고 싶은 건 누구나 마찬가지 아니겠소?

부동산 의심병 환자 이대표의 '내 집'이 2채인 이유

**남들보다 조금 더 빡빡한 20년 짠돌이 생활
남들보다 조금 더 빠른 내 집 마련 결실 맺다**

"대한민국 땅 위에 내 몸 하나 뉘일 집 한 칸 마련하기."

참 간단명료한 문장이지만 아직도 우리나라 국민 둘 중 하나는 자신의 집이 없는 상황임을 보면 결코 이루기 쉬운 목표는 아님이 분명하다. 괜히 내 집 마련이 대다수 서민들의 최종 목표로 꼽히는 게 아니다.

특히 수입과 지출이 뻔한 서민들에게 수억 원에 이르는 집을 구매할 뾰족한 수단이 있을 리 만무하다. 서민들에게 그저 아끼고 또 아끼고, 계속 아끼는 짠돌이 생활의 반복만이 내 집 마련의 유일한 길로 여겨질 뿐이다. 〈김생민의 영수증〉과 같이 절약을 주제로 한 방송 프로그램이 큰 인기를 누리는 것도 같은 맥락이다. 이렇게 표현해도 서글프고 저렇게 구술해도 힘겨운, 대한민국 국민 대다수의 팍팍한 현실이다.

지난 2013년 11월, 대한민국에서 둘째가라면 서러운 짜디짠 짠돌이로 수십 년 동안 아등바등 살아온 덕분에 남들보다 조금 더 빨리 마련한 내 집에서 안락한 생활을 누리던 이대표는 충분한 행복감에 젖어 있었다. 평생의 목표라고 해도 좋을 아파트 매매에 성공한 까닭이다. 그의 나이 겨우 불혹, 비슷한 또래와 비교해 상대적으로 빠른 시기에 집을 구입한 셈이다.

"대한민국에 온전히 제 이름으로 된 아파트가 있다는 것만으로도 그렇게 든든할 수가 없었습니다. 그때는 정말 날아갈 것 같은 기분이었으니까요. 자린고비로 살아온 지 오래인지라 이사 비용까지 아끼려고 직접 이삿짐을 나르면서도 힘든 줄 몰랐습니다. 이제 정말 나와 내 가족을 위해 할 수 있는 모든 일을 했다는 충실함이 가득했죠. 항상 팽팽하게 당겨진 활시위와 같던 마음이 처음으로 느슨해지는 순간이었습니다."

하지만 아무리 절약을 최고의 미덕으로 여기며 살아왔던 이대표일지라도 수십 년 이상 궁상맞은 짠돌이 생활이 마뜩치 않은 것은 인지상정이었던 것일까. 40세의 문턱을 막 지난 이대표는 점차 자신에게 돈을 쓰기 시작했다. 그동안 참으로 궁상맞고 고생스럽게 살아온 스스로에 대한 선물이었다.

사실 다부진 결심과는 달리 자신에게 주는 인생 첫 선물이라고 해봤자 뭔가 굉장한 것은 아니다. 이대표가 평소 주로 즐겼던 무료 운동(조깅, 산책, 트래킹 등)에서 비용을 지불해야 하는 수영이나, 장비가 필요한 자전거 라이딩과 등산, 트래킹 같은 '유료 운동'으로 취미를 바꿨을 뿐이다. 대다수 사람들에게는 당연하게 여겨지는 일상이 이대표에게는 큰 결심이 필요했던 것이다.

'내 집 마련'이란 꿈의 완성과 궤도에 오른 사업, 그리고 행복한 가정까지. 게다가 평생의 습관과도 같은 짠돌이 생활 덕분에 통장에는 착착 돈이 쌓이고 있었으니 더할 나위가 없었다. 이 정도면 제법 성공한 인생이란 생각이 들 정도로 이대표는 그의 인생에서 가장 안정적인 생활을 영위하고 있었다.

그렇게 안정적이고 나름대로 즐거운 삶을 살던 이대표였지만 그 역시 인간이었다. 등 따시고 배가 부르니, 좀 더 직설적으로 말하면 자신이 마음먹기에 따라 얼마든지 자유롭게 움직일 수 있는 여유자금이 생기니 다른 돈벌이에 관심이 갔던 것이다. 주식, 금, 펀드 등 수많은 투자재가 존재하지만, 안정성을 그 무엇보다 중시하는 이대표의 투자 기준에 맞는 분야는 오직 부동산밖에 없었다. 결국 돌고 돌아 다시 부동산에 관심을 갖게 된 이대표였다.

나보고 집 1채 더 사라고? 이거 왜 이래!

지난 2013년 래미안부평 33평형을 구입한 이대표는 당시만 해도 더 이상 집에 대한 욕심이 생길 것 같지 않았지만, '서 있으니 앉고 싶고, 앉으니 눕고 싶고, 누우니 자고 싶다'는 인간 본연의 성향 탓인지 1년여 만에 더 넓은 평수의 아파트가 눈에 들어왔다.

"당초 30평이면 평생 충분할 것이라는 생각 자체가 오판이었습니다. 아이는 커가고 살림살이는 늘어나는데 생활공간이 부족해지는 걸 체감하겠더군요. 마침 대형 평수에 대한 부정적인 인식이 확산되던 시기였기에 같은 아파트 단지는 물론 지역 곳곳에도 대형 평수 매물이 넘쳐나던 차였습니다. 그런데 대형 아파트로 갈아탄 후 가격이 떨어질 것에 대한 걱정 때문에 막상 구입하기가 망설여지더라고요. 주변에서도 하나같이 '대형 평수는 사는 게 아니다', '전세로 마음 편히 살아라'와 같은 조언을 한 것도 이유였죠. 사실 무리해서 집을 사기보다는 기존 집을 팔고 그 돈으로 40평대 전세를 들어가기로 마음이 기울었던 상황이었습니다."

이대표는 최종 결정 전 마지막으로 나눔부자에게 전화를 걸어 이에 대한 조언을 구했다. 이제는 유일하게 믿고 있는 부동산 전문가의 의견을 구하는 과정이 필요하다는 판단에서였다. 내심 "그래, 네 말이 옳다."라는 공감의 피드백을 기대했지만, 나눔부자에게 돌아온 답은 '1가구 2주택'이었다. 풀이하면 '기존의 30평대 아파트를 전세로 주고 그 전세금에 저축금과 대출을 더해 40평대 아파트를 구입하라'는 조언이었다. '집은 평생 한 채면 충분하다'는 이대표의 평소 지론과는 완전히 대치되는 말이었다.

"집 1채 구입하는 데도 꼬박 20년이 걸렸는데, 집을 하나 더 구입하라는 말이 선뜻 와 닿지 않았습니다. 특히 기존 아파트에 시세의 80~90퍼센트에 해당하는 전세금을 끼면서까지 40평대 아파트를 구입하라는 말도 꺼려졌습니다. 쉽게 말하면 '전세금을 낀 집은 명의만 내 이름으로 돼 있을 뿐, 결국 남의 집이나 마찬가지' 정도라고 설명할 수 있을 겁니다. 거기다 각종 매체를 통해 소위 '대형 평수 아파트 위기론'이 확산되던 상황이었기에 더더욱 이해하기 어려운 조언이었습니다."

게다가 나눔부자는 한 술 더 떠 아예 당시 살던 아파트 단지 내의 40평대를 구입할 것을 권했다. 안 그래도 계속 대형 평수 매물이 쏟아지던 시기, 그것도 부동산 관련 지식이 백짓장이었던 이대표가 불안함을 느낀 것은 당연했다.

"처음에는 나눔부자 님 자체에 불신이 느껴질 정도였습니다. 하루에도 대형 평수 아파트가 위험하다는 기사가 계속 나오는데 어떻게 그러지 않겠어요? 그럼에도 불구하고 나눔부자는 확신을 갖고 40평 아파트 매수를 추천하시더군요. 한쪽은 사실만을 전달한다는 기자들이 쓴 공식적인 기사에서 대형 평수를 사지 말라고 하고, 다른 한쪽에서는 우리나라에서 손꼽히는 부동산 전문가가 하루라도 빨리 구입하라고 하니 어느 장단에 맞춰야 할지 미치고 팔짝 뛰겠더라고요."

나눔부자가 이대표에게 기존 33평 아파트에 더해 40평대 중·대형 아파트를 포함한 '1가구 2주택'을 추천한 이유로는 ▲중·대형아파트 희소성 제고 ▲소형 아파트에 비해 저평가, 향후 가격 상승 가능성 높음 ▲수도권 대세상승장 ▲실거주 등을 꼽을 수 있다.

먼저 중·대형 아파트 희소성 제고 부분을 살펴보자. 최근 10년 사이 중·대형 아파트 공급 물량은 10분의 1 수준으로 급락했다. 1인 가구 증가로 인해 건설사에서 소형 아파트 분양에 주력했기 때문이다. 여기에 지난 2000년대 초반 벌어졌던 대형 평수 아파트 가격 하락장도 한 몫 거들며 이에 대한 수요가 확 줄어들었다.

자, 상식적으로 생각해보자. 예전에 비해 1인 가구가 늘어났다고 하지만 여전히 중·대형 아파트에 대한 고정 수요는 꾸준히 발생하고 있다. 좀 더 자세히 들어가면 중·대형 아파트 수요가 지속적인 감소세를 기록하고 있는 것이 사실이지만, 그렇다고 과거에 비해 10퍼센트 수준으로 줄어들 만큼 매우 적은 상황은 아니라는 의미다. 다시 말해 10분의 1로 줄어든 최근 공급량은 수요 대비 크게 부족하다는 것이며, 이는 곧 기존 중·대형 아파트의 희소가치가 올라간다는 뜻이다.

또한 이 같은 중·대형 아파트 공급량 저하는 아파트 가격 하락과 궤를 같이 한다. 인기가 없으니 가격이 내려가는 자연스러운 수순을 밟는 것이다. 다만 이러한 저평가 분위기로 인해 매수자는 아파트를 상대적으로 저렴하게 구입할 수 있다는 장점이 있다. 또한 앞서 언급한 대로 지속적인 중·대형 아파트 수요와 맞물려 향후 가격 상승에 대한 기대감이 높다는 것도 긍정적인 부분이다.

부동산 의심병 이대표가 1가구 2주택? 이거 실화냐!

여기까지 다시 정리를 하면, '(소형 아파트 위주의 분양으로 중·대형 아파트 공급 물량 감소 + 중·대형 아파트 저평가) - (중·대형 아파트 희소성 증가 + 지속적인 중·대형 아파트 수요자 발생) = 미래 가격 상승 가능성 매우 높음'이란 공식이 성립된다. 여기가 핵심이다. 이 공식을 다시 한 번 확인하라.

"당시 나눔부자가 제게 40평대 아파트를 구입하라고 한 것은 먼저 중·대형 아파트의 수요는 결국 꾸준히 발생한다는 전제에서 출발합니다. 지금 본인 주변을 살펴보세요. 아마 대다수 사람, 심지어는 독립해 둘만 남게 된 부모님도 일정 규모 이상의 아파트에 살고 있을 것입니다. 현실적으로 1인 가구나 신혼부부가 아닌 이상 아이가 생기고 살림이 늘어나면 자연스럽게 큰 아파트가 필요해지기 때문이죠. 부모님의 경우 명절에 자식들이 오는 것을 고려해 넓은 평수를 구입하는 일이 많고요. 이렇게 중·대형 아파트에 대한 지속적인 수요가 있음에도 불구하고 당장의 수익을 내야 하는 건설사에서는 분양이 잘 되는 소형이나 준중형 아파트에 집중할 수밖에 없는 아이러니한 상황에 놓이게 됩니다. 10년 전에 비해 훌쩍 줄어든 중·대형 아파트 분양 물량이 이를 증명하고 있죠. 중·대형 아파트에 대한 수요는 그대로인데 이에 대한 분양이 줄어들었다면, 결국 희소성이 높아져 가격 상승으로 연결되는 것입니다. 삼척동자도 알 수 있는 내용이죠. 물론 저는 당시 삼척동자급도 되지 않을 만큼 부동산 관련 지식이 없었기 때문에 이러한 사실을 몰랐기에 구입을 망설였던 겁니다."

여기에 결정적으로 나눔부자가 가장 중요하게 생각하는 '대세상승장'이란 요소가 더해졌다. 나눔부자는 항상 부동산 투자의 제1원칙으로 대세상승장을 꼽는다. 대세상승장은 말 그대로 해당 지역의 모든 아파트 가격이 상승세에 돌입했다는 의미다. 이때는 어떤 아파트를 사도 가격이 오르기 마련인 시기가 바로 이때다.

"물론 저는 몰랐지만 나눔부자가 그때 제게 '지금 부평은 대세상승장이니 1채 더 구입해도 좋을 것'이라고 조언해주셨습니다. 사실 대세상승장이 뭔지도 몰랐지만 상승이란 단어 정도는 저도 아니까 그저 '아파트 가격이 오른다는 건가 보다' 정도로만 이해했습니다. 지금 돌이켜보면 당시 각종 호재가 맞물려 수도권 일대가 전체적으로 아파트 가격이 올라갈 때였죠. 아깝고, 또 아깝습니다. 지금 시계를 당시로 돌릴 수만 있다면 지금보다 몇 배는 큰 수익을 낼 수 있었을 텐데 말이죠."

나눔부자와의 면밀하고 반복적인 의견 취합 끝에 이대표는 결국 아파트를 더 구입하기로 결정했다. 현실적인 이사 편의성까지 고려해 1년 3개월 동안 살던 래미안부평 단지 내의 46평 아파트를 매매한 것이다. 2015년 2월의 일이었다.

당시 이대표가 구입한 내역을 자세히 살펴보자. 이대표의 래미안 부평 46평의 총 구입 가격은 5억 2900만 원이었다. 기존 33평 아파트의 전세금 3억 7000만 원에 아등바등 절약하며 모은 저축을 탈탈 털어 나머지 1억 5900만 원을 더한 금액이다. 현재 이대표가 살고 있는 아파트의 시세는 6억 원으로 7100만 원의 차익을 실현했다. 세금과 수수료를 제하고도 6000만 원 이상 시세 차익이 생긴 것이다.

"기존 33평에 비해서 상대적으로 증가폭이 작긴 합니다. 하지만 1년에 7000만 원의 가격 상승이 결코 적은 것은 아니죠. 연봉 7000만 원가량이니까요. 게다가 아직 중·대형 아파트 호재가 본격적으로 시작되지 않았다는 판단입니다. 참고로 현재 살고 있는 집을 담보로 대출을 받은 상태입니다. 2년 전 본격적으로 시작한 부동산 투자의 종자돈으로 쓰기 위해서 대출을 받은 것입니다. 결과론적이지만 당시 나눔부자의 조언대로 아파트를 옮긴 덕분에 대출을 더 많이 받을 수 있었기에 보다 폭넓은 투자가 가능했습니다."

부동산 투자는 '운'이 아닌 '노력'

결과적으로 2015년 2월, 이대표는 아파트 2채를 보유하게 됐다. 이후 아파트는 다각적인 지역 개발호재에 힘입어 각각 1억 4100만 원, 7100만 원씩 가격이 상승했다. 연봉 1억 원의 고수익자와 마찬가지인 셈이다.

자, 어떤가. 이제 부동산 공부에 대한 의욕이 샘솟지 않는가?

이대표는 '어차피 사야 할' 부동산을 구입한 것만으로 이 정도의 추가 수입을 올렸다. 본업인 사업으로 벌어들이는 돈은 여전히 착실하게 통장에 쌓이는 중이다. 그 어느 때보다 넉넉한 일상, 이대표는 단어 그대로 '행복'했다. 이쯤에서 많은 이들이 이렇게 말할 것이다.

"결과론적일 뿐이다."

맞다. 지금까지 모든 것은 결과론적이다. 어쩌면 그때 이후 아파트 가격이 폭락해 이대표가 집을 2채 산 걸 땅을 치고 후회했을지도 모른다. 하지만 이 역시 가정에 불과하다. 이쯤에서 한 번쯤은 정리하고 넘어가자.

만약 당신이 앞으로 현실로 닥쳐올 확률이 매우 낮은 불확실한 미래를 이유로 부동산 투자를 망설인다면 지금 당장 이 책을 덮어라.

다시 말하지만 부동산 투자는 '운'이 아닌 '확실한 근거(지식)'와 '경험' 그리고 이를 기반으로 한 '확신'으로 결정된다. 부동산 의심병 환자였던 이대표가 집을 2채를 구입한 것도, 나눔부자가 전국 곳곳에 아파트 30여 채를 보유하고 있는 것도 그들이 세운 명확한 투자 기준에 따른 것이다.

뚜렷한 부동산 투자 기준과 이를 뒷받침하는 수많은 근거들을 무시한 채 그저 이 모든 일련의 과정이 단순히 운에 기댄 결과론적인 주장이라고 여긴다면, 당신은 부동산 투자를 시작할 자격조차 없음을 기억해야 한다.

나눔부자의
촌철살인

부동산, 위기는 곧 기회가 될 수 있다

저평가된 대형 평수를 잡아라!

지난 2015년, 오랜 친구인 이대표가 나에게 부동산 관련 상담을 해왔다.
"같은 아파트 단지의 40평대로 옮기고 싶은데, 지금 대형 평수를 구입해도 괜찮은가?"

당시 이대표는 30평대에 거주하고 있었는데 아이들이 커가고 살림이 늘어남에 따라 40평대에 옮기고 싶다는 뜻을 전했던 것이다. 물론 1가구 2주택은 고려 대상이 아니었다.

이대표의 질문에 대한 정확한 답변에 앞서 나는 그의 인생을 아우르는 큰 그림을 그려줬다. 당시에는 수도권이 대세상승장이라고 여겨지던 상황으로 이대표가 살던 부평 역시 이에 해당되는 범주였다. 개인적으로 부동산 투자의 최적기에 대한 기준을 '대세상승장'에 두고 있던 차라 이대표가 새로 구입할 예정인 40평대 아파트는 물론 기존 거주지 역시 지속적인 가격 상승 확률이 높다고 판단됐다.

특히 과거와 달리 1인 가구의 증가에 따른 소형 평수 선호도가 높아짐에 따라 10년 이상 대형 평수가 상대적으로 저평가받고 있던 상황이라는 점에 주목했다. 부동산 가격은 소형 평수가 먼저 움직이는 것이 정설이다. 소형 평수에서 시작해 중형 평수로, 그리고 마지막으로 대형 평수의 가격이 변하는 것이다. 100퍼센트 일반화할 수는 없지만, 대다수의 상승장과 하락장 모두 마찬가지의 원리로 작동되는 경우가 많다.

지난 2015년은 수도권을 중심으로 아파트 가격이 상승세를 기록하던 시기였다. 2012년 이후 수년 동안 상승장을 보여주던 수도권 아파트는 점차 오랫동안 저평가받던 대형 평수에까지 영향을 받게 됐다. 이대표가 40평대 아파트 구입을 고민하던 때는 마침 대형 평수 아파트의 가격이 상승하기 시작했다는 판단이 들었고, 이에 더 늦기 전에 아파트를 구입할 것을 권했다.

여기서 한 가지 의문이 생긴다.

왜 사람들은 대형 평수에 대한 거부감을 갖고 있었을까?

사람은 기본적으로 작은 집보다 큰 집에 살고 싶어 하는 욕망이 있다. 그러한 심리가 반영된 것인지, 과거에는 소형 평수보다 대형 평수가 평단가가 오히려 높았던 적도 있었다. 그러나 이른바 '똘똘한 집 1채'를 외치며 최소 규모의 주택 보유가 옳다는 주장을 쏟아내는 각종 언론에 휩쓸려 기존 대형 아파트 소유주들의 투매가 계속됐고, 이에 따라 부동산 경기가 경색됨에 따라 대형 아파트 가격이 크게 하락하며 이에 대한 거부감이 생긴 것이다. 대중의 이러한 대형 평수 기피 현상이 해소되는 시기는 아파트 가격이 상승하고 난 걸 확인한 이후다. 이때 대형 평수를 구입한 사람은 고점에서 아파트를 매입하는 셈이다. 즉 저점에서 팔고 고점에서 구입하는 악순환의 반복이 결국 부동산 거부감으로 이어지는 모양새인 것이다.

때문에 올바른 부동산 투자자라면 거부감과 같은 감정적인 부분은 차치하고 지식과 정보를 기반으로 부동산 가격의 미래를 정확히 예측한 후 상승 기대치가 높은 물건을 선점해야 한다. 가격이 오르고 난 뒤에 구입하면 무슨 의미가 있겠는가? 재차 말하지만 아파트 투자는 과감한 결단에 따른 타이밍이 생명이다.

소형 아파트 가격이 오르고 중형 아파트가 오른 다음에 대형 아파트가 오르는 현상은 수년 전부터 부산이나 대구에서 미리 나타난 바 있다. 만약 33평과 46평의 가격이 얼마 차이 안 난다면 당신은 어떤 아파트에 거주할 것인가? 당시 대형 평수를 투자하기에는 좀 이른 감이 있는 시기였다. 매매가격과 전세 가격의 차이가 많아 투자금이 많이 들어가서 실질적인 투자 수익이 적었던 것이다.

그러나 이대표는 실거주의 목적이었기에 조금 일찍 선점을 했던 경우다. 다만 중요한 것은 대형 평수로 옮겨 거주를 하되 중형 아파트를 매도하지 말고 전세를 놓고 움직였다는 점이다. 중형 아파트 또한 아직 가격 상승의 여지가 많이 남아 있는 시점이라고 판단했기 때문이다. 여기에 더해 그동안 1가구 1주택에 해당됐던 이대표는 대형 평수 아파트를 구입하더라도 3년 이내에 기존 아파트를 매도하면 '일시적 1가구 2주택'으로 분류돼 양도세 감면 혜택 대상자로 분류된다. 쉽게 말해 이대표와 같이 거주지 변경이 아닌 투자를 목적으로 하는 경우에도 당시 부평의 상황은 매우 긍정적이었던 것이다. 나는 이러한 현상을 이미 지난 2010년을 전후해 부산과 대구에서 봐왔기 때문에 남들보다 한 발 빠른 판단을 내릴 수 있었다.

나는 이 모든 조건을 꼼꼼히 따져본 후 나의 친구 이대표에게 '30평대 아파트를 전세로 놓고 전세금에 저축을 더해 40평대를 구입하라'고 답했다. 결과적으로 이대표는 1가구 2주택자가 됐고, 이후 두 아파트의 가격은 약 2억 원 정도가 올랐다. 연봉 1억 원꼴이니 이만하면 나름대로 성공적인 조언이 아니었나 싶다.

'위기는 곧 기회'라는 말이 있다. 아파트 공급자인 건설회사에서도 소형 위주의 아파트를 주로 분양하고 있다. 다음 페이지의 [그래프1]에서 알 수 있듯 과거에 대형 평수를 위주로 공급(36.5퍼센트)하던 시기에 비해 지금은 큰 평수는 공급이 상당히 부족(8.13퍼센트)한 상황이다.

부동산 관련 상담을 많이 진행하며 깨달은 것 중 하나는 바로 '우리나라에는 생각보다 대형을 원하는 사람이 많다'는 사실이다. 아니 정확하게 말하자면 '새 아파트의 대형 평수'를 원하는 사람이 많다는 의미다.

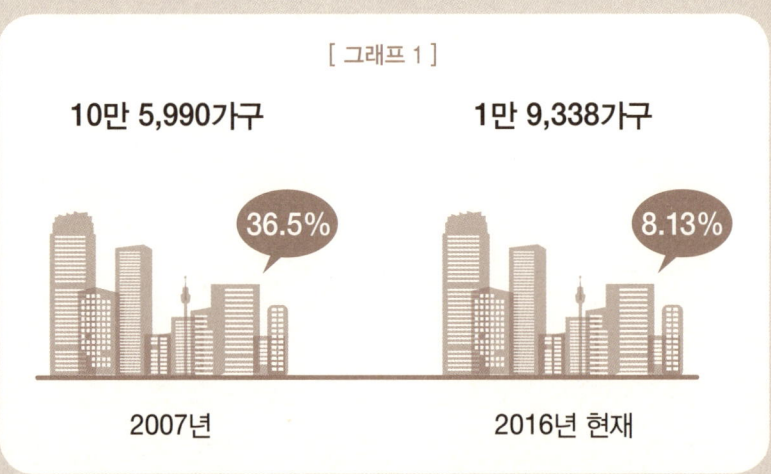

그러한 욕구를 채워주지 못하는 현실에 대형 아파트 가격이 상승한다는 확신만 가진다면 소형 아파트보다 빠른 속도로 상승하게 될 것이다.

이대표가 응암동 재개발 입주권을 덥석 구입한 이유는?

난 그저 미끼를 던진 것뿐이고, 넌 그걸 확 물어븐 거시여!

어떤 투자든 100퍼센트 확률은 '절대 없다'

　부동산에 대한 이분법적 인식 중 하나로 '1가구 1주택'을 꼽을 수 있다. 나와 내 가족들이 살 집 한 채면 충분하다는 기준 때문인데 정부 역시 1가구 2주택을 초과한 경우 추가 세율을 적용하여 가구당 최소 주택을 권장하고 있는 현실이다. 쉽게 말해 "한 가족에 아파트 한 채면 됐지 복수의 아파트가 왜 필요해?"라는 의미다.

　40년 가까이 부동산에 대한 불신을 품고 있던 이대표 역시 자신이 두 채 이상의 아파트를 보유하게 될 줄은 꿈에도 몰랐다. 나눔부자의 조언을 들은 후 래미안부평 33평과 46평을 연달아 구입했지만 마음 한 편에는 '과연 이것이 옳은 결정인가'라는 의구심이 끊임없이 생겨났던 것이다.

"평생 동안 1가구 2주택은 일부 부자들만이 경험하는 아주 특별한 일로 생각해왔습니다. 집을 1채 이상 구입하겠다는 건 생각조차 해본 적도 없고요. 그런데 나눔부자의 설명을 듣고 기존 집에 전세를 놓으면서까지 인기가 시들했던 대형 평수 아파트를 구입하게 됐습니다. 쉽게 말해 나눔부자의 부동산 지론이 그동안 제가 갖고 있던 부동산 불신을 불식시킬 만큼 설득력이 있었다는 뜻이죠. 물론 이후로도 크게 달라진 것은 없었습니다. 바늘 한 땀 들어가지 못할 정도로 견고했던 부동산 불신의 벽이 조금 헐거워졌다는 걸 빼고는 평소와 다름없는 일과 절약의 반복이었습니다."

1가구 2주택 상태였던 이대표는 당시만 해도 앞으로는 추가로 아파트를 구입할 계획이 전혀 없었다. 아파트를 1채 이상 보유하게 되면 그때부터는 비과세 혜택을 받을 수 없기 때문이었다. 게다가 온라인 마케팅 사업이 본 궤도에 오른 덕분에 생활에 별다른 불편이나 불만이 발생하지 않았다. 물론 이대표 삶의 기본 철학인 절약은 여전히 유효한 상황. 저축은 그의 가장 큰 취미 생활이자 유일한 투자였다.

"매달 꼬박꼬박 돈을 벌어서 가계부를 메꾸고 기타 보험료와 경조사비 정도를 빼면 나머지는 싹 다 통장에 저축을 했습니다. 그때는 그게 당연했으니까요. 아마 대부분의 대한민국 직장인이라면 대동소이한 삶을 살 거라고 생각합니다. 저와 비슷한 또래들은 1970~1980년대의 저축 독려 표어처럼 '저축이야말로 최고의 미덕'이라고 '세뇌'받으며 살아왔잖아요. 물론 당시에는 저도 그와 같은 생각이었지만, 부동산에 눈을 뜬 지금에는 당장 내일을 장담할 수 없는 인생에서 아직 오지 않은 먼 미래를 위한 무조건적인 저축을 하는 것이 옳다는 데 동조하기가 힘드네요."

여기서 분명히 짚고 넘어가야겠다. 이 책이 '저축이 잘못된 재테크'라고 주장하는 것은 절대 아니다. 다만 연이율이 사상 최저치를 찍고 있는 현실에서 보다 나은 수익을 보장받을 수 있는 투자재로 관심을 돌려보는 계기가 되길 바랄 뿐이다.

저축 VS 부동산, 당신에게 맞는 투자는?

저축과 부동산 투자 사이의 딜레마는 결국 '100퍼센트의 안정성을 가진 1퍼센트대의 확정 수익' VS '80퍼센트 내외의 확신에 따른 10퍼센트대 혹은 그 이상의 기대 수익'으로 정의된다. 안전하지만 상대적으로 적은 수익을 추구하느냐 다소 불확실한 요소가 있지만 높은 수익을 바라볼 것이냐의 문제인 것이다.

"부동산 투자에 대한 질문 중 반드시 포함되는 한 가지는 바로 '안정성' 혹은 '안전성'에 대한 부분입니다. 그들의 질문을 요약하면 결국 '은행 이자가 너무 적어서 다른 곳에 투자를 하고 싶은데 부동산은 100퍼센트 안전하고 1년에도 수십 퍼센트씩 수익을 낼 수 있느냐?'라는 내용이죠. 이는 수십 년 간 일부 전문가들이 주야장천 주장하는 '부동산 거품론'과도 맞닿아 있습니다. 이러한 부동산 거품론 탓에 부동산에 대한 막연한 불안감이 더욱 확산되기 때문이죠. 물론 저 역시 부동산이 100퍼센트 안전하다는 주장을 하고자 하는 게 아닙니다. 그렇게 말해서도 안 되고요. 여기서 반드시 전제해야 할 진리는 '세상에 100퍼센트 안전한 투자는 없다'는 것입니다. 다만 부동산은 최근 선풍적인 인기를 끌었던 비트코인이나 이더리움 같은 가상화폐나, 전통적인 투자 품목 중 하나인 주식, 펀드, 각종 원자재, 금·은 등과 비교해 부동산이 월등히 높은 안정성과 예측 가능한 범위 내에서의 기대 수익을 낼 수 있다는 장점을 갖고 있습니다. 저 역시 지금까지 투자한 20여 채의 아파트에 대해 100퍼센트 확신을 갖고 있지 않습니다. 개인적으로 해당 아파트가 80퍼센트 정도의 확률로 가격 상승을 기대할 수 있다는 판단이 들면 앞뒤 재지 않고 바로 구입하겠다는 기준을 세웠고, 이를 지켜나가고 있습니다."

좀 더 자세히 살펴보자. 서울 아파트 평균 가격인 5억 원을 갖고 A와 B가 각각 저축과 아파트 투자를 했다고 생각해보자.

먼저 A의 경우 종류에 상관없이 가장 높은 금리의 저축 상품에 투자했다고 가정했을 때, KDB산업은행의 KDB Hi 자유적금 36개월 상품(2017년 12월 18일 은행연합회 자료 기준)으로 이율 2.39퍼센트를 적용받는다. 지금 당장 5억 원을 해당 상품에 투자하면 3년 동안 대략 3600만 원의 이자를 받게 되는 것이다. 다시 한 번 말하지만 이는 '5억 원을 일시불로 3년 동안 정기적금에 넣어놓는 경우'에 해당된다. 참고로 보통예금의 경우 이자율은 1퍼센트를 한참 밑도는 수준이다.

그렇다면 B처럼 아파트에 투자했다면 어땠을까? 2장의 '나눔부자의 촌철살인'에서 계산한 바에 따르면 서울 지역 아파트의 평균 가격 상승은 2260만 원이다. 같은 비율을 적용해 3년이라 가정하면 6780만 원으로 A보다 약 두 배의 수익을 얻었다는 결론에 도달한다.

여기서 한 발 더 나아가보자. 만약 5억 원을 모두 투자하는 게 아닌 추후 다룰 '전세 갭투자'의 기법을 사용했다고 가정해보면, 5억 원의 아파트를 4억 원 전세를 놓을 경우 실질적으로는 1억 원의 투자가 이뤄지는 셈이다. 즉 내 돈 1억 원을 투자해 6780만 원의 수익을 올렸으니, 투자금 1억 원에 대한 수익률 67.8퍼센트를 실현한 것이다. 물론 여유 자금으로 똑같은 방식의 갭투자를 한다면 수익은 그만큼 더 높아질 터다. 이 책의 핵심 부동산 투자 기법인 갭투자는 앞으로 자세히 설명할 예정이다.

이쯤에서 '그럼 나는 돈을 조금 덜 벌어도 마음 편하게 100퍼센트 안전한 저축을 하겠다'고 결심한 독자들도 있을 것이다. 만약 자신이 3년 동안 5억 원을 은행에 묵혀놓을 수 있다면, 저축도 좋은 선택이다. 무엇보다 아무 리스크가 없다는 사실이 매력적이기 때문이다. 자신이 이런 투자가 가능할 만큼 넉넉한 경제 상황에 있다면, 그리고 조금의 리스크도 안기 싫다면 저축을 선택하길 권한다.

하지만 사실 이번 예처럼 극단적인 투자 사례는 퍽 드물다. 수억 원의 여유 자금이 있어 저축을 하거나 100퍼센트 자신의 돈으로 아파트를 사는 경우는 매우 적다는 것이다.

바로 이 지점에서 두 투자의 가장 큰 차이점이 나타난다.

A와 같은 저축투자는 100퍼센트 자신의 돈이 있을 때만(어떤 대출이건 이자율은 저축 상품보다 높다) 가능하지만, B의 아파트 투자는 자본금이 다소 부족하더라도 대출을 통한 자금 확충으로 투자가 가능하다는 점이다. 100퍼센트 완벽하게 투자 자금을 갖추기 어려운 현실에서 투자를 통한 이윤을 창출하기 위해서는 일부 본인 자본금에 대출을 더할 수 있는 부동산이 가장 효율적이고 실현 가능한 투자재라는 것이다. 앞서 짧게나마 언급한 '갭투자' 역시 부동산 투자 분야만의 강점 중 하나다.

모든 투자에 100퍼센트란 없다. 어떤 투자 분야도 일정 수준의 리스크를 전제로 깔고 시작한다. 괜히 '하이 리스크 하이 리턴(큰 위험 큰 수익)'이란 말이 있는 게 아니다. 각각 20~40채가량의 아파트를 보유하고 있는 이대표와 나눔부자 역시 이러한 사실을 확실히 인지한 후 이에 따른 모든 리스크를 오롯이 본인이 책임지겠다는 결심을 내리고 나서야 본격적으로 부동산 투자에 뛰어 들었다. 물론 그 기저에는 80퍼센트 이상의 확률로 기대 수익을 확신할 수 있는 부동산 지식과 경험이 우선 갖춰졌던 상황이었다.

누차 얘기하지만 부동산이야말로 '아는 만큼 버는' 투자 분야다.

비트코인 투자급의 불확실한 확률을 저축 수준으로 끌어올리는 것은 부동산에 대한 투자자의 열정과 지식, 경험에 따른 확신에서 비롯된다는 사실을 기억해야 한다.

투자와 도박을 헷갈리지 마라

아이스브레이킹icebreaking이라는 말이 있다. 얼음 깨기라는 뜻의 아이스브레이킹은 흔히 '어떤 일이든 처음이 가장 어렵다'라는 걸 비유할 때 쓰인다.

견고했던 이대표의 부동산 불신의 벽은 지난 2015년 2월 1가구 2주택을 선택함으로써 작은 균열이 생겼다. 무엇보다 부동산에 대한 막연한 두려움과 수십 년 동안 굳어진 고정관념이 변화의 계기를 맞이했다는 데서 그 의의를 찾을 수 있다.

"아무래도 1가구 2주택이 되고 보니 부동산을 바라보는 시각이 많이 달라지더라고요. 빚을 극도로 싫어했기에 모든 상품 심지어 아파트도 온전히 구입할 수 있는 돈을 모은 후에야 구입했는데, 당시 2채 중 1채는 매매가의 80퍼센트에 해당하는 전세금을 끼고 있었던 거죠. 그래서 사실 33평 아파트가 제 거라는 생각이 들지 않았어요. 만약 내일이라도 전세금을 빼주고 나면 결국 7000~8000만 원 정도밖에 손에 쥘 수 없기 때문이었죠. 그런데 시간이 조금 지나고 아파트 가격이 크게 상승하는 것을 확인하니, 아파트가 '집'이 아닌 '투자재'로 보이기 시작하더라고요. 한 달 전에는 전세금을 빼고 7000

만 원이었던 집이 반년 뒤에는 9000만 원, 1년 뒤에는 1억 1500만 원으로 가치가 올라간 거죠. 비록 오롯이 투자를 목적으로 1가구 2주택을 선택한 것은 아니지만 이를 통해 간접적으로나마 부동산 투자 수익을 경험할 수 있었습니다."

승승장구. 당시 이대표의 상황을 가장 잘 표현한 단어다. 빚 없이 구입한 46평 래미안부평에서 가족들과 행복한 일상을 누리고, 전세금을 끼고 있지만 본인 명의의 33평 아파트는 나날이 가격이 오르고 있었다. 여기에 고정 수입을 올릴 수 있는 안정적인 사업까지 제자리를 찾았으니 통장의 숫자가 차곡차곡 불어난 것은 당연했다.

"그동안 아등바등 열심히 살아온 것에 대한 보상이라는 생각이 들 정도로 나름대로 만족스러운 생활을 즐기고 있었습니다. 개인적으로 씀씀이가 큰 편도 아니었고, 수영이나 자전거 등 새롭게 붙인 취미 활동에도 제법 쏠쏠한 재미를 느끼던 차였거든요. 그렇게 안정적인 생활을 이어가다 보니 저도 사람인지라 한 단계 나은 수준의 삶을 영위하고 싶다는 욕심이 들더라고요. 뭐 솔직히 말하면 '돈을 많이 벌고 싶다'는 거였죠."

우리 솔직해지자. 지금 이 책을 읽는 당신도 결국 경제적 자유, 즉 돈을 벌고 싶은 것 아닌가. 이대표 역시 마찬가지다. 하지만 이미 정점을 찍은 온라인 마케팅 사업으로는 더 이상의 수익 창출을 기대할 수 없는 상황이었다. 이대표는 새로운 투자처를 고심했다. 하지만 어디 세상에 안전성과 수익성이 동시에 보장되는 투자재가 흔하랴. 부지런히 발품을 팔았지만 이대표는 끝내 자신의 기준에 맞는 투자처를 찾지 못했다.

"투자를 하기로 결심한 거니, 이왕이면 큰 수익을 얻을 수 있으면 좋겠다는 생각을 했습니다. 선물투자, 장외주식, 원자재투자 등 각양각색의 분야를 둘러봤지만 정작 투자의 가장 기본적이고 중요한 요소인 '안전성(혹은 안정성)'에 대한 부분은 쏙 빼놓고 오직 '높은 수익률'만을 강조하더군요. 제가 아무리 투자 문외한이라고 해도 그 정도 사리판단을 할 수 있는 기본적인 소양을 지니고 있습니다. 당시 모든 투자 제안의 핵심을 한 문장으로 요약하면 곧 '운에 맡겨라'였던 셈이죠. 운에 따른 투자, 듣기에 따라 다르지만 결론은 오직 한 가지입니다. '절대 하지 마라!'"

세계적인 투자가 워런 버핏Warren Buffett은 '투자에서 가장 중요한 요소는 첫째도 안정성 둘째도 안정성 셋째도 안정성'이라고 말한다. 물론 오직 안정성 하나만을 갖고 투자 결정을 하지는 않는다. 투자 자체가 수익을 목표로 하는 행위이기 때문에 수익성 역시 분명 핵심 요소 중 하나다. 그럼에도 불구하고 투자에서 가장 중요한 부분으로 안정성을 꼽는 것은 투자가 결코 도박이 아닌 까닭이다.

"투자는 도박이 아닙니다. 최근 단기간에 수백, 수천억 원을 몇몇 주식 투자 전문가들의 사기 행각이 줄줄이 밝혀진 사례가 이어지고 있는데요. 이 같은 사기극이 가능한 것은 사람들이 갖고 있는 투자 환상을 자극했기 때문이라고 생각합니다. 예컨대 '나는 몇백만 원으로 수십억 원을 만들었다'와 같은 주장을 접하며 갖게 된 허황된 꿈을 이루기 위한 일종의 도박이었던 셈이죠. 수십에서 수백 배에 달하는 수익을 얻는 경우가 있겠지만, 일반인이 이 같은 일을 경험할 기회는 길 가다 벼락을 연속으로 10번쯤 맞을 확률과 비슷할 것입니다. 투자는 100미터 달리기가 아닙니다. 백발이 성성해질 때까지 끊임없이 공부하고 때로는 가슴 졸이며 예기치 못한 실패를 통해 수없이 투자 방향과 기준을 변경해나가는 평생의 숙제와도 같은 게 바로 투자입니다. 자신의 노력 없이 편하게 큰 수익을 얻고 싶다는 생각은 말 그대로 '도둑놈 심보'라는 사실을 명심해야 합니다."

다행히 이대표는 도둑놈이 아니었다. 큰 수익률이란 달콤함에 혹할 만도 했지만 이대표는 전혀 흔들리지 않고 그 모든 제안을 한 귀로 흘려버렸다. 속으로 '그렇게 안전하고 확실하면 자기가 다 해먹지 왜 남한테 추천하냐?'라는 생각을 하면서 말이다.

나눔부자가 던진 응암동 재개발 입주권 덥썩 물어버리다

꽤 오랜 시간동안 새로운 도전(투자) 분야를 알아보던 이대표는 말도 안 되는 제안에 지쳐 내심 투자에 대한 결심을 접으려 했다. 마침 겨울의 끝자락, 봄의 초입에 놓인 시기였기에 머리도 식히고 생각도 정리할 겸 모처럼 가족들과 제주도로 여행을 떠나기로 했다.

"지금 냉정하게 다시 생각해봐도 당시 제가 세운 투자 기준이 까다롭다고 생각되지는 않습니다. 제게 선물투자를 제안했던 한 인사는 '세상에 위험하지 않은 투자가 어디 있느냐'고 지적하기도 했는데, 저 역시 어느 정도 공감하는 부분입니다. 다만 당시 제게 들어왔던 모든 투자 제안은 예외 없이 '수익률'을 전면에 내세웠습니다. 위험성에 대한 설명은 최대한 줄이고 '만약' 혹은 '성공하면'이란 단어로 시작되는 수익률의 나열이었죠. 그들이 바라본 저는 아파트 두 채를 보유하고 번듯한 온라인 마케팅 회사와 수십만 명의 회원들이 가입된 카페를 운영하는 사업가였기에 쉽게 돈을 투자하리란 판단했을 것입니다. 하지만 허투루 돈을 쓰지 않는 제 성향 덕분에 그 모든 허황된 제안들을 걸러낼 수 있었죠."

그렇게 투자에 대한 결심을 조금씩 정리하며 가족 여행을 만끽하고 있던 이대표에게 '운명적인' 문자 한 통이 도착했다. 나눔부자에게서 온 문자였다.

"이거 사요! 응암동 재개발 감정가 1억 1800만 원+프리미엄 3400만 원 실투자금 6940만 원."

참으로 간단하게, 필요한 용건만 적힌 내용이 전부인 문자였다. 아마 열이면 열 이 같은 문자가 온다면 상대방이 설사 가족이라고 할지라도 받아들이는 이는 매우 드물 것이다.

주변에서 끊임없이 들려오는 달콤한 투자 제안도 단칼에 거절해온 이대표의 경우야 더 말해 무엇하랴. 그런데 참으로 묘한 게 사람 마음이라는 말마따나 주머니 속 천 원짜리 한 장도 쉬이 쓰지 않는 이대표가 나눔부자가 추천한 응암동 재개발 아파트, 정확히 얘기하면 '입주권'을 구입하기로 결정했다.

"아마 그때는 제가 뭐에 홀렸었나 봐요(웃음). 각 분야에서 내로라 하는 전문가들이 제안하는 투자는 매몰차게 거절했는데 정작 나눔부자의 문자 한 통에 앞뒤 가리지 않고 매매 결정을 해버렸으니까요. 그 자리에서 계약금의 일부로 500만 원을 입금했어요. 지금 생각해보면 정말 잘한 일이지만, 당시에는 아내부터 걱정을 하더라고요. 주위에 물어보니 많은 사람들이 응암동에 대해 부정적인 의견을 내놓기도 했고요. 그러나 저에게는 한 가지 확실한 근거가 있었습니다. 바로 '나눔부자가 먼저 구입했다'는 사실이죠."

실제로 나눔부자는 자신은 물론 친누나를 비롯해 몇몇 최측근들에게도 이대표와 마찬가지로 응암동 재개발을 추천했다. 하지만 그중 실제 구매로 이어진 경우는 이대표를 포함해 겨우 두세 명 정도. 대다수 국민들이 느끼는 부동산 진입 장벽의 높이가 실감나는 수치다.

다시 한 번 이대표의 응암동 재개발 입주권 매매를 분석해보자.

당시 이대표의 재산은 크게 ▲1가구 2주택 ▲1억 원가량의 저축으로 나뉜다. 여기에 앞서 구입한 아파트 가격의 꾸준한 상승을 확인하며 부동산 투자의 가능성을 알아가던 차였다. 즉 부동산 투자에 대한 관심 제고와 실제 투자로 이어질 수 있는 유동자금 확보라는 조건에서 나눔부자란 결정타가 더해진 모양새였다. 실질적인 투자를 위한 자금(하드웨어)과 투자를 하기 위한 본인의 관심과 결심(소프트웨어)가 적절하게 어우러졌던 것이 당시 이대표의 상황이었다.

"당장 판매할 계획은 없었지만 부동산 소장님을 통해 매달 제가 보유한 아파트 시세 상승 정보가 들어왔던 까닭에 부동산 투자에 대한 의심이 점차 확신으로 바뀌던 시기였습니다. 거기에 열심히 일하고 절약해서 모은 돈도 제법 쌓였던 시기였죠. 어느 누구 하나 제가 확실한 근거를 제시하는 제안을 하지 못하던 차에 나눔부자가 '나도 샀으니 너도 하나 샀으면 좋겠다'며 응암동 재개발 입주권을 추천해주셨습니다. 전국을 무대로 부동산 투자를 하시는 분이 설마 손해 볼 물건을 구입하지는 않을 거라는 믿음에 저 역시 나눔부자의 뒤를 따르기로 결심했던 거죠."

나는 결국 부동산과 맺어질 운명이었나 보다

그렇게 제주 여행을 마치고 서울로 올라온 이대표는 곧바로 응암동을 찾아가 두말없이 부동산에 들러 일사천리로 입주권 잔금을 치렀다. 지난 2016년 3월 21일 이대표가 구입한 응암동 10구역 재개발 입주권의 가격은 프리미엄 3400만 원과 세금을 포함해 총 7200만 원. 당시만 해도 재개발이 뭔지도 몰랐지만, 그저 나눔부자를 믿고 따른다는 마음에 미끼를 덥석 물어버린 것이었다.

그렇다면 이대표가 투자한 응암동 재개발 입주권의 결과는 어떻게 됐을까? 결과론적으로 말하면 이대표는 입주권 구입 1년 후 이를 다른 이에게 매도했다. 당시 분양권 프리미엄은 8400만 원으로 그가 입주권을 구입했던 1년 전 프리미엄인 3400만 원에서 약 5000

만 원이 오른 가격이다. 겨우 1년 사이 연봉 5000만 원을 받은 것과 마찬가지인 셈이다. 참고로 현재 응암동 재개발 입주권은 5000만 원 이상의 프리미엄이 형성되어 있다.

왜 이런 결과가 나온 걸까? 여러 이유가 있지만 가장 중요한 요소는 '재개발에 대한 이해 부족'을 꼽을 수 있다. 지난 2015년 초는 이미 응암동 재개발에 대한 '관리처분인가'가 난 상황이었다. 다음 '나눔부자의 촌철살인'에서 자세하게 다룰 예정이지만 독자들의 이해를 돕기 위해 먼저 간단하게 정리하면 '관리처분 인가=사업 확정'으로 생각하면 된다. 즉 관리처분 인가가 났다면 재개발 사업이 리스크가 전혀 없다는 의미다.

하지만 지역 주민들을 비롯한 다수의 실구매자들이 과거 추진이 취소됐던 재개발 사업 건을 떠올리며 매매를 망설이고 있었던 탓에 해당 재개발 입주권이 미분양 사태를 맞이했던 것이다. 현재 1억 5000만 원 이상을 호가하는 프리미엄이 당시 3400만 원에 거래된 이유 역시 여기에 있다.

나눔부자는 응암동 재개발의 이 같은 상황을 정확히 간파하고 향후 사업이 진행되면 급격한 가격 상승을 확신했다. 저평가된 투자처를 알아볼 수 있는 지식과 통찰력, 그리고 이를 과감하게 결정할 수 있는 추진력이 더해져 이대표와 나눔부자는 불과 1년 만에 5000만 원 이상의 수익을 거둘 수 있었다.

나눔부자의
촌철살인

부동산 재개발의
허와 실

재개발의 핵심은 '관리처분인가' 밑줄 쫙!

재개발은 토지를 합리적이고 효율적으로 이용하고 도시 기능을 회복하기 위해 시행되는 사업으로 특히 도로와 주변 시설 환경이 불량한 구도심에 많이 시행하며 도시 및 주거환경정비법이 적용된다. 원래 재개발은 기존 거주지에 대한 환경개선을 주요 목적으로 한다. 하지만 어느 순간부터인가 재개발에 대한 인식이 소위 '부동산 대박'으로 여겨지며 각종 비상식적 사례가 빈번하게 발생하곤 한다. 모든 것은 과거로부터 나온다. 과거 수도권에서 나타난 폭발적인 상승장으로 인해 재개발에 대한 이른바 '묻지마식 투자'로 잃어버린 10년을 살아온 사람이 제법 많을 것이다.

예컨대 분양사가, 시공사가 선정됐다는 현수막을 내걸고 마치 재개발이 당장이라도 시작될 것처럼 분위기를 조성해 일반 투자자들이 투자를 했는데 정작 사업 확정이 이뤄지지 않았던 탓에 투자자들이 수년째 전전긍긍하는 상황처럼 말이다.

자, 이것이 무슨 의미인지 천천히 풀어가보자. 먼저, 다음 쪽 그래프를 보자. 해당 그래프에서 알 수 있듯 앞서 예시로 든 '시공사 선정'의 과정은 본격적인 재개발 사업의 핵심 요소가 아니다. 투자자들은 시공사 선정만 되면 다 된 것처럼 착각을 하는데, 해당 과정은 시공사와 MOU를 체결했다는 의미일 뿐이지 시공 그 자체를 책임진다는 것이 아니다. 또한 시공사 선정 후 관리처분까지 최소 3년에서 5년 이상이 걸리며 시공사가 바뀌는 경우도 허다한 만큼 '시공사 선정에는 아무런 의미를 두지 말아야 한다'는 사실을 강조하고 싶다. 대형 건설사 로고가 큼지막하게 박힌 현수막만 믿고 투자하는 것은 위험할 수 있기 때문이다.

하지만 많은 사람들은 이 같은 사실을 잘 모른다. 그저 시공사가 선정되면 해당 건설사가 곧바로 사업을 진행할 것이라 여긴다. 하지만 이후로도 사업 승인의 단계까지 도달하기 위해서는 넘어야 할 산이 너무 많다. 시행사 선정이 동네 뒷산 정도였다면 앞으로 남은 과정은 한라산, 백두산, 히말라야, 에베레스트 등 철저한 준비와 확신 없이는 넘을 수 없는 험준한 산과 같다.

결론적으로 '안전한 재개발 투자'의 적기는 바로 '관리처분인가'가 난 후라고 할 수 있다. 관리처분인가가 났다는 것은 ▲감정평가 완료 ▲분양가격 산정 ▲권리가액 인정 ▲비례율 산정 ▲공급면적 및 공급가격 산정 등 일련의 과정이 모두 끝났다는 의미다. 즉 관리처분인가는 확실한 투자가치를 판단할 수 있는 기준이 확립돼 재개발이 무산될 확률이 적은 시기를 가리킨다.

과거에는 관리처분인가가 난 시점에 엄청난 프리미엄이 붙어 있는 경우가 일반적이었다. 그러나 나와 이대표가 구입했던 응암동 재개발의

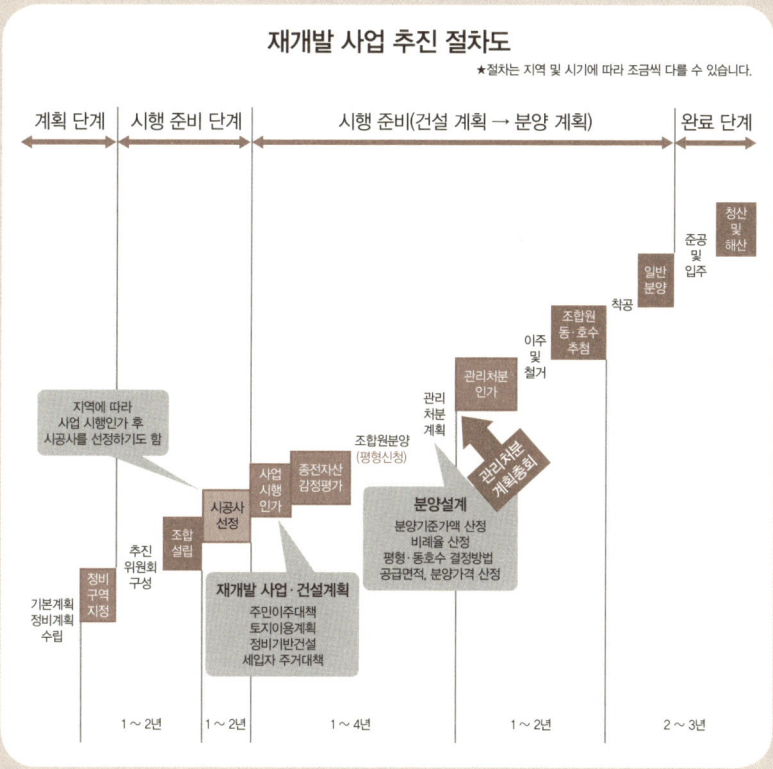

경우, 수도권 사람들이 과거에 겪은 수많은 재개발 난항의 기억으로 인해 부동산 가격 상승의 확신이 없었던 까닭에 매입을 망설이고 있었다. 결국 나와 이대표는 미분양된 해당 재개발 입주권을 저렴한 가격에 구입할 수 있었고 현재까지 5000만 원 이상의 수익을 기록하고 있다. 참고로 앞으로도 지속적인 가격 상승을 확신한다.

자, 여기서 한 발 더 나아가보자. 지금까지 설명한 관리처분인가는 앞서 언급한 대로 '안전한 재개발 투자의 적기'다. 쉽게 말하면 리스크를 최소화하는 데 초점을 맞춘 것이다. 응암동 재개발의 경우 보통 높은 프리미엄이 형성되어 있어야 하지만 오랫동안 이어진 재개발 불신에 따른 반사이익으로 입주권을 저렴하게 구입했던 극히 드문 사례다. 정리하면, 일반적으로 관리처분인가는 실거주자에게 적절한 매매 시기인 반면 투자자에게는 그리 높은 수익을 기대할 수 없는 '계륵'과 같은 타이밍이라는 뜻이다.

그렇다면 투자자에게 맞는 재개발 투자 적기는 언제일까? 다소 논란이 있을 수 있겠지만 나는 '관리처분인가 직전, 감정평가 발표 직후'를 재개발투자 시기라고 생각한다. 일반적으로 해당 지역의 기존 부동산 소유자들은 무조건 높은 수준의 감정평가액을 기대하기 마련이다. 하지만 대다수의 감정평가에서는 예상을 한참 밑도는 가격이 책정되는 것이 일반적이다. 때문에 소위 말하는 '대박'을 꿈꾸던 이들이 감정평가 후에 매물을 내놓는 경우가 많은데 이러한 '실망 매물'을 잡는 것이 재개발 투자의 정수라고 할 수 있다. 물론 이 같이 다소 리스크가 있는

'투자자식 재개발 투자'에는 다각적인 접근으로 해당 재개발 사업이 향후 확실히 진행될 것이란 판단이 전제돼야 한다. 앞으로도 수십 번 반복해서 강조할 그 말, '모든 투자에 100퍼센트란 없다'는 진리는 보다 높은 수익을 바라보는 재개발 투자에서도 동일하게 적용된다.

재개발 투자는 아파트 투자와 비슷하다. 아니 아파트 투자 그 자체다. 시기적으로 해당 지역 주민들이 부동산 투자에 대해 심리적으로 위축돼있어 프리미엄이 저렴하게 형성됨으로써 투자자들에게 기회가 주어지는 것이다. 이러한 상황을 감지했다면 망설이지 말고, 다소의 웃돈을 얹어주는 한이 있더라도 투자를 단행해야 한다. 재개발 지역의 부동산이 오른다는 사실을 누구나 인식했을 때는 이미 재개발이나 분양권 프리미엄이 높게 형성되어 투자수익율이 현격히 떨어질 수밖에 없다. 재개발 투자야말로 성공과 실패가 찰나에 교차되는 '타이밍의 싸움'이라는 사실을 기억하길 바란다.

부동산 투자의 무덤,
송도에서 발굴한 원석

송도가 부동산 투자의 무덤이라고? 천만에 송도야말로 '기회의 땅'이지!

부동산도 타이밍이다!

 나눔부자의 추천으로 지난 2016년 3월 구입한 응암동 재개발 입주권은 이대표가 본격적인 부동산 투자가의 길로 들어선 결정적인 계기가 됐다. 평생 목표였던 내 집 마련을 넘어 두 채의 아파트를 보유하고 맞벌이에 힘입어 통장에 여유 자금도 생긴 덕분에 가외 수익창출을 목적으로 투자에 눈을 돌리던 이대표에게 응암동 재개발 입주권은 부동산 투자의 불확실성을 확신으로 바꿔주는 근거가 됐던 것이다.

 "응암동 재개발 입주권을 구입한 후 수시로 부동산 소장님께서 시세를 문자로 보내주시더군요. 예컨대 'ㅇ월 ㅇ일 기준 입주권 프리미엄 5000만 원', 이런 식으로요. 그런데 3400만 원에 구입했던 입주권이 주 단위로 500만 원, 1000만 원씩 급격하게 오르기 시작하는 거예요. 시쳇말로 눈이 돌아갈 정도였죠. '이 맛에 부동산 투자를 하는구나'라는 말을 체감하게 된 첫 경험이죠."

실제 부동산 투자의 수익을 실현한 이대표는 이후 부동산에 푹 빠지게 된다. 만약 지금 이 글을 읽고 있는 당신이 보유하고 있는 입주권이 수백만 원씩 상승하고 있다는 내용의 문자를 받았다고 생각해보라. 부동산에 대한 관심, 나아가 믿음이 생기지 않으리라 장담할 수 있겠는가?

이대표 역시 마찬가지였다. 응암동 재개발 입주권 구매와 가격 상승을 경험한 후 부동산 투자야말로 '돈을 많이 벌고 싶다'는, 어찌 보면 자본주의 사회를 살아가는 인간으로서 가장 순수하다고 할 수 있는 바람을 보다 확실하게 이뤄줄 거란 믿음이 움트기 시작한 것이다.

"단지 남들보다 조금 더 일찍 입주권을 구입했다는 이유로 한 달 내내 밤을 새워가며 일해도 벌기 어려운 금액의 가외수익을 얻을 수 있었습니다. 물론 (부동산에서만큼은) 나눔부자에 대한 믿음이 있었기에 해당 투자를 결정한 것이지만 이렇게까지 놀라운 결과가 나오리란 예측은 하지 못했었죠. 지금 와서야 가능한 가정이지만 만약 제가 나눔부자의 제안을 받고도 수개월을 망설인 후 입주권을 구입했다면 2000~3000만 원 이상 비싸게 구입해야 했을 겁니다. 이때 깨달은 부동산 투자의 진리 중 하나가 있죠. 바로 '부동산은 타이밍이다'라는 사실입니다(웃음)."

모든 식재료에는 그에 맞는 철이 있다. 생물인 채소나 과일은 빠른 시간 내에 판매해야 제 가격을 받을 수 있다는 것이다.

'살아 있는 생물'이라고 말하는 부동산 역시 이와 같다. 타이밍을 놓치면 제 가격을 받을 수 없는, 그래서 정확한 판단과 바른 결단이 필요한 것이다.

망설임이 길어지면 수익도 줄어들기 마련

부동산도 마찬가지다. 부동산 투자자들 사이에서는 '투자를 가장 잘하는 사람은 부동산 전문가가 아니라 복부인이다'라는 우스갯소리가 있다. 전문가는 자신이 가진 지식으로 최적의 조건을 가진 물건을 고르느라 자칫 실기失期, 기회를 놓침하는 경우가 왕왕 발생하지만, 어느 정도의 성공 확률만 확인되면 소위 '불도저식'의 과감한 투자를 결정하는 복부인들이 상대적으로 수익을 올리는 사례가 많기 때문이다.

앞서 얘기했지만 투자에 100퍼센트란 없다. 물론 부동산이 수많은 투자 분야 중 안전·안정성이 우수한 것은 사실이지만 그렇다고 완벽한 확신을 가질 수는 없는 것이다.

"나눔부자는 늘 제게 '부동산 투자는 70퍼센트 정도의 확신만 있으면 바로 들어가야 한다'고 강조합니다. 괜히 부동산 투자 분야에서 복부인이란 신조어가 만들어 게 아닙니다(웃음). 부동산 특히 아파트는 그 가격이 아침과 저녁이 다를 정도로 유동적인, 살아 있는 생물生物과도 같기 때문에 분석은 꼼꼼히 하되 확신이 들면 곧바로 실행으로 옮겨야 합니다. 지난 20년 동안 부동산 가격이 하락한 적이 없다는 사실([그래프1] 참고)에 미뤄봤을 때, 오늘이 아닌 내일 더 가격이 비싸질 것이란 예측이 가능하기 때문입니다. 부동산 투자의 메커니즘은 의외로 간단합니다. 향후 아파트 가격이 오를 것이란 판단을 내릴 수 있는 근거(지식, 경험 등)와 이러한 판단을 되도록 빨리 실행으로 옮길 수 있는 실행력만 있으면 됩니다. 부동산 투자의 성패를 결정짓는 여러 요소가 있지만 그중에서도 타이밍은 수위에 꼽힐 만큼 매우 중요한 핵심임을 기억해야 합니다."

[그래프1] 전국 아파트 매매가격지수

부동산 투자에서 타이밍이 중요하다는 명제는 앞서 2장 '나눔부자의 촌철살인'과 맞닿아 있다. 수십 년 동안 지속적인 가격 상승세를 기록해온 우리나라 부동산 시장의 큰 흐름은, 진폭의 차이는 있을지언정 앞으로도 꾸준하게 아파트 가격이 오를 것이란 예측을 가능케 한다. 다소 과장해서 설명하면 지금 내가 사고 싶은 아파트는 오늘보다 내일 더 비싸진다는 뜻이다.

장사의 기본은 '되도록 싸게 사서 되도록 비싸게 판다'로 압축된다. 부동산 투자도 그 기본은 똑같다. 최대한 쌀 때 구입해 최대한 비쌀 때 필요한 사람에게 양도함으로써 최대의 수익을 창출해내는 것이다.

부동산이 가장 저렴할 때가 언제냐고? 그건 바로 오늘, 지금 이 순간이다.

부동산은 가장 정직한 투자재다

응암동 재개발 입주권으로 소위 말하는 '재미'를 본 이대표는 학창시절에도 하지 않던 공부를 시작했다. 그렇게나 싫어하던 공부였지만, 당장 현실의 돈을 벌 수 있다는 확신에 그 어떤 놀이보다 공부가 재미있게 느껴졌다. 그렇다. 이대표가 푹 빠진 공부의 과목은 바로 '부동산'이었다.

"만약 수능 성적에 따라 차등적으로 돈을 준다고 하면 전국 모든 고등학생들이 자발적으로, 열심히 공부를 할 겁니다. 입 밖으로 꺼내기 어려운 사실이지만 초·중·고등학교부터 수능, 대학, 직장 혹은 사업으로 이어지는 일련의 과정들이 향하는 목적이 결국 '돈'에 있다는 사실을 인정해야 합니다. 평생을 잘 살고 싶어서 입고 싶은 옷을 못 입고, 먹고 싶은 음식도 참아가며 절약했던 제게 돈은 삶의 목적 그 자체였습니다. 때문에 아등바등 살아가던 중 우연한 기회에 만난 부동산은 제게 새로운 기회이자 삶을 바꿀 계기로 여겨졌습니다. 나눔부자의 추천으로 실제 구입했던 응암동 재개발 입주권은 그러한 제 생각에 확신을 얹어줬죠. 그러니 부동산 관련 공부가 재미있을 수밖에요. 아는 만큼 벌 수 있는 부동산 투자 분야에서는 지식과 경험이 많은 사람이 시쳇말로 '갑'이거든요. 잠자는 시간까지 아껴가며 하루 열두 시간씩, 아니 잠자고 밥 먹고 화장실 가는 시간을 빼고는 전부 부동산 공부에 쏟아부었습니다. 학창시절에 이렇게 공부했으면 서울대가 문제였을까 싶을 정도였죠(웃음)."

부동산은 무작정 외워야 하는 '암기의 싸움'이 아니다. 매일 새로운 정보 확인을 기본으로 주변 개발 호재, 전·입출 인구 변동, 상권 변화 등 부동산 가격을 결정짓는 여러 요소 등을 토대로 부동산의 현재 가치와 미래 기대 가치를 판단하는 것이다.

"그때부터는 아예 화장실 갈 때와 밥을 먹을 때도 부동산 공부에 매진했습니다. 나눔부자 님을 비롯해 전국에서 손꼽히는 부동산 투자자들에 비해 많게는 수십 년 이상 늦게 뛰어들었으니 그만큼 더 열심히 해야 한다는 생각에서였죠. 공부한다고 하루 종일 컴퓨터를 켜놨더니 전기세가 꽤 많이 나왔다고 하면 너무 과장일까요(웃음)? 아무튼 그때는 수능을 한 달 앞둔 고3의 '사당오락(4시간 자면 대학에 붙고 5시간 자면 떨어진다) 정신'을 본받아 하루 서너 시간으로 수면 시간을 줄여가며 나머지 시간을 오롯이 부동산 공부에 투자했습니다."

부동산 분야를 공부하던 이대표는 참 세상이 좋아졌음을 새삼 깨닫게 됐다. 스마트폰 하나면 대부분의 부동산 정보를 확인할 수 있는 것은 물론 다른 부동산 투자자와 의견을 교환하고 실제 거래까지 진행하는 등 언제 어디서나 부동산 공부가 가능했기 때문이다.

발로 뛰는 거리만큼 내공은 쌓이리라

그런 이대표의 모습이 기특해서였을까. 아니면 하루 종일, 심지어 새벽 4시 30분에도 쉴 새 없이 쏟아지는 이대표의 질문 공세에 시달리다 백기를 든 것일까. 나눔부자는 이대표에게 자신과 함께 실제 부동산 임장을 해볼 것을 권했다.

"부동산 공부의 두 축 중 하나가 바로 경험, 즉 임장입니다. 실제로 부동산을 발로 뛰며 현장을 확인하는 거죠. 물론 임장을 단순히 현장 확인으로 규정지을 수는 없습니다. 그 지역 부동산 전문가와의 네트워킹 구축도 임장의 주요 목적입니다. 많은 사람들이 부동산을 그저 매매 중개소 정도로 여기곤 하는데 이는 굉장히 위험한 고정관념입니다. 적어도 해당 지역의 부동산만큼은 그곳에 있는 부동산 소장님이 그 내막을 누구보다 잘 알고 있는 최고의 전문가입니다. 때문에 모든 부동산 투자자들은 부동산 소장님을 단순한 매매 중개사가 아닌 '투자 파트너'로 대우하고 있습니다. 그들과 돈독한 관계를 유지함으로써 보다 빠르고 정확한 정보를 제공받을 수 있기 때문이죠. 물론 투자자의 부동산 매매로 부동산 소장님들이 돈을 버는 것은 사실입니다. 하지만 오히려 투자자가 그들에게 고마워하는 것이 우선돼야 할 것입니다. 소탐대실이란 사자성어처럼 지금 잠시 빳빳하게 세운 당신의 자존심 탓에 자칫 앞으로 내게 주어질 큰 기회를 놓칠 수 있음을 기억해야 합니다."

이대표의 말마따나 임장은 부동산 투자의 핵심 중 하나다. 실제 발로 뛰며 현장을 확인하고 해당 지역 부동산 전문가들과 유기적인 관계를 구축함으로써 점차 투자 범위를 넓혀 나갈 교두보를 마련할 수 있는 까닭이다. 괜히 나눔부자와 이대표가 1년 5만 킬로미터 이상의 자동차 이동거리를 기록하는 게 아니다.

"아마 우리나라 모든 직업에서 부동산 투자자보다 많은 이동거리를 전제로 하는 일은 드물 거라고 생각합니다. 그만큼 전국 방방곡곡을 직접 누빈다는 의미죠. 좋게 말하면 세상에서 가장 큰 물건을 판매하는 장돌뱅이 정도라고 할까요(웃음)? 가끔은 투자를 마치고 일부러 국도를 따라서 올라오곤 하는데, 부동산쟁이라서 그런지 곳곳에 세워진 아파트에 관심이 생겨서 즉석에서 임장을 하기도 했죠. 생각해보면 당연한 일이기도 합니다. 아니 물건을 사는데 상태를 실제로 확인하지 않고 그냥 구입할 수 없는 노릇 아니겠습니까? 임장은 부동산 투자의 매우 중요한 핵심 요소, 혹은 과정 중 하나입니다."

최근 부동산 투자의 트렌드 중 하나로 '속도'가 손꼽힌다. 생각해보라. 우리나라 방방곡곡 사람 살지 않는 곳이 없지 않은가? 더 나아가 사람이 살아가려면 반드시 집이 필요하다. 즉 '사람 사는 곳=집(아파트)'이란 공식이 성립된다는 뜻이다.

좀 더 자세히 알아보자. 만약 서울의 부동산 투자자가 부산 지역으로 임장을 떠난다면 이동 시간으로만 최소 8시간 이상(자가용 기준) 소모된다. 그것도 '순수하게' 이동 시간만 따졌을 때다. 임장 예정 지역이 서너 지역으로 불어나면 시간이 더욱 필요할 것은 인지상정. 시간과의 싸움이 필수적인 부동산 투자 분야에서 이는 다소 아픈 결과로 이어질 수 있다.●

물론 나눔부자와 이대표는 투자 결정 과정에서 임장을 굉장히 중요한 요소로 포함시킨다. 하지만 전국 수십, 수백 건의 투자 물건을 일일이 확인하기는 물리적으로 힘들다. 때문에 일부 물건의 경우 인터넷을 비롯한 기타 창구를 이용해 현황을 파악하기도 한다.

"제가 늘 하는 말이 있습니다. 부동산은 입금 순이다. 부동산이 내 소유가 되는 시기가 언제일까요? 바로 단돈 100만 원이라도 계

● 예컨대 임장 탓에 투자 시기를 놓쳐 물건을 매매하지 못하거나 상대적으로 비싼 가격에 매입해야 하는 경우가 발생할 수 있다.

약금으로 입금을 했을 때입니다. 다른 경쟁자의 진입을 원천차단 하는 효과를 기대할 수 있기 때문입니다. 물론 기존 소유자의 변심으로 위약금을 물고서라도 계약을 해지할 수 있겠지만, 지금까지 저는 그런 사례가 딱 한 번뿐이었습니다. 자, 그렇다면 빠른 입금을 결심하기 위해서는 해당 물건에 대한 '확신'이 필요하겠죠? 그런 확신은 지금까지 설명한 다양한 부동산 투자 관련 내용과 임장까지 아우르는 일련의 과정을 거쳐야 할 것입니다. 다른 경쟁자가 없거나 기존 소유주의 매매 의지가 확고하다면 다소 시간이 걸려도 괜찮겠지만, 급매와 같은 이유로 경쟁자가 다수거나 소유주의 마음이 오락가락한다면 최대한 빨리 계약서에 도장을 찍어버리는 게 상수겠죠? 그럴 때는 정말 시간이 돈이라는 말이 실감날 터입니다. 이럴 때 시간을 줄이기 위해서 정식 임장이 아닌 인터넷, 물건이 있는 지역의 부동산 소장님과 지인 등을 통해 아파트의 이모저모를 확인해보는 것도 한 방법입니다. 좋게 말하면 트렌디한 임장 방법 정도라고 할까요, 하하. 다시 한 번 강조하고 싶지만 부동산은 '입금 순'입니다. 또한 그 입금을 결심하기까지의 확신을 굳히는 것은 투자자 본인의 몫임을 명심해야 합니다."

송도가 부동산 투자의 무덤이라고?

래미안부평 2채와 응암동 재개발 입주권 구입으로 부동산에 대한 관심이 높아진 이대표는 이후 여건이 될 때마다 나눔부자와 만

남을 이어갔다. 다른 이들은 수강료를 내고 듣는 나눔부자의 강의 중간에 술을 마시러 도망가던(?) 예전과는 달리 이제는 착실한 모범생의 모습으로 부동산 공부를 파고들었다.

"공부가 그렇게 재미있는 것인지 몰랐습니다(웃음). 돈을 버는 준비 과정이라고 생각하니 엉덩이에 진물이 날 때까지 책상을 지켜도 마냥 즐거울 것 같은 느낌이더군요. 나눔부자가 강의를 한다고 하면 일정을 조정해서 대구까지 가는 일도 마다하지 않았습니다. 부동산에 대해 눈을 뜨기 시작했던 시기였죠."

이대표가 부동산 공부에 푹 빠져있던 무렵, 또 다시 나눔부자에게서 한 통의 연락이 날아들었다. 내용인즉슨 '송도 아파트를 구입하라'였다. 당시 나눔부자이 추천해준 물건은 2018년 9월 입주 예정인 '송도더샵센트럴시티'의 분양권. 응암동 재개발과는 다르지만 향후 아파트 소유 권리를 보장하는 분양권을 선구매하라는 의미였다. 하지만 응암동 건과는 달리 부동산에 쬐~끔 눈을 뜬 이대표는 '송도'라는 지역에서부터 거부감을 받을 수밖에 없었다.

"제가 아무리 부동산에 문외한이라고 해도 송도에 대한 부정적인 평가는 익히 들어서 알고 있던 차였습니다. 실제로 직접 알아본 결과 사업 초기인 2000년대 중후반 이후부터는 지속적인 하락세를 보인 것으로 확인됐고요(다음 쪽 [그래프2] 참고). 처음에는 나눔부자가 뭔가 잘못 알고 투자를 권한 건 아닌가라는 생각을 했습니다."

당시 이대표가 갖고 있던, 그리고 주변에서 들었던 송도에 대한

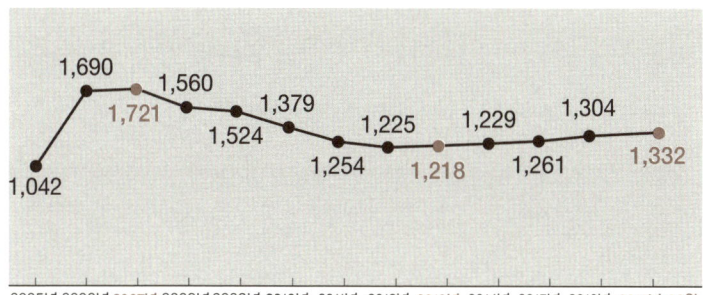

[그래프2] 송도 국제도시 3.3㎡당 아파트 평균 매매가 추이
(단위 : 만원, 자료 : 부동산114랩스)

평가를 한마디로 압축하면 '부동산 투자의 무덤' 정도로 설명할 수 있다. 그냥 하지 말라는 소리와 다름 아니었던 것. 이대표 역시 나름대로 직접 알아본 송도의 현황과 전망이 그리 좋지 않다는 결론에 도달했다.

"사실 송도는 평생 저와 인연이 없는 지역이었습니다. 제가 인천 쪽에 직장이 있는 것도 아니고 하다못해 가족이나 일가친척 하나 살고 있지 않았거든요. 오직 투자 목적으로 한정해도 도통 그 근거를 찾을 수 없었습니다. 1년에 수십만 원의 이자라도 받는 게 낫다는 생각이었습니다."

숨겨진 원석이 가득한 기회의 땅!

결과론적으로 결국 이대표는 지난 2016년 2월 송도더샵센트럴시티 분양권을 구입했다. 가장 큰 이유는 나눔부자 역시 해당 아파트 분양권을 먼저 구입했다는 데 있었다. 쉽게 말해 '나한테 한 푼 이득을 챙길 것도 아닌데 자신이 확신이 없다면 굳이 아파트를 구입하겠는가'라는 역설적인 확신이었던 것이다.

"제가 돈을 번다고 나눔부자 자신에게 땡전 한 푼 돌아가는 것이 없는데 스스로 확고한 확신이 없다면 먼저 물건을 구입하지 않았으리란 생각이었습니다. 자금이 부족해서 한 개밖에 못 샀을 뿐이지 여건만 됐다면 아파트 한 동을 싹 구입했을 정도로 해당 물건의 향후 가치 상승에 대한 자신이 있었던 거죠. 저보다 먼저 나눔부자가 아파트 분양권을 매수했다는 사실을 들은 후 투자를 결정했습니다. 송도에 한 번도 와보지도 않은 주변의 조언보다 수십 번 임장을 한 나눔부자의 판단이 훨씬 설득력이 있었기 때문이었습니다."

돌이켜보면 이대표가 송도더샵센트럴시티를 구입했던 시기는 송도 지역 부동산에 대한 저평가가 이뤄졌던 시기였다. 정부가 새롭게 발표한 부동산 정책의 일환으로 '대출 금리와 원금의 균등상환'이 본격적인 시행을 앞두고 있던 까닭에 매물이 쏟아졌기 때문이다. 초기 3000만 원을 호가하던 프리미엄이 10분의 1 수준으로 떨어지며 이대표는 약 300만 원에 해당 아파트의 분양권을 구입할 수 있었다.

자, 다음 그래프를 주목하자. [그래프3]을 보면 알 수 있듯 지난 5년 동안 송도의 아파트 평당 매매가는 지속적인 상승세를 기록하고

[그래프3] **송도 국제도시 1평당 아파트 평균 매매가 추이**
(단위 : 만 원, 자료 : 부동산114랩스)

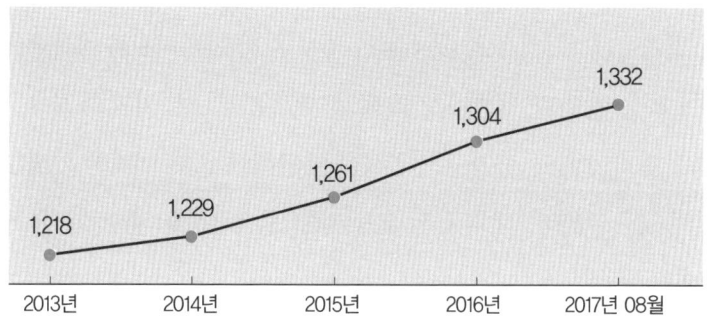

있다. [그래프2]에서 지난 2007년 1721만 원으로 고점을 찍고 급격하게 하락해 2013년 저점을 찍은 이후 꾸준히 가격이 오르고 있음이 확인된다. 앞서 표현한 '부동산 투자의 무덤'이란 평가는 바로 지난 2007년을 전후해 나온 '아주 오래된 주장'에 불과하다는 것이다.

"물론 몇 년 동안 가격이 올랐다고 앞으로도 가격이 상승하리란 보장은 없습니다. 하지만 사업 초기 소위 말하는 '투기꾼'들이 몰린 탓에 끼었던 거품이 꺼지며 이제는 실수요자를 중심으로 가격이 형성되는 시기라는 점을 고려했을 때 송도의 부동산 가격은 추후 완만한 상승 곡선을 그릴 확률이 매우 높다는 예측이 가능합니다. 아울러 이제 50퍼센트 이상의 사업 진행률과 더불어 국제기구와 학교, 기타 사회간접자본이 자리를 잡아가는 중이기 때문에 급격한 가격 하락은 없을 거라고 생각합니다."

나눔부자와 이대표가 대다수 사람들이 회피하는 송도에 투자한 이유가 보이는가? 부동산 투자는 과거의 기록과 현재의 상황, 미래의 계획이란 3가지 요소를 적절히 버무려 되도록 정확한 예측을 내놔야 하는 분야다. 풀이해보면 해당 지역 부동산의 과거 흐름을 토대로 현재 상황이 투자 적기인지를 판단해야 하며 여기에 개발 호재와 같은 미래의 계획을 덧붙여 최종 투자결정을 내려야 한다는 것이다.

나눔부자와 이대표는 송도의 지난 10년 이상의 부동산 가격 흐름을 통해 현재 해당 지역의 부동산이 저평가됐으며 향후 가격 상승 확률이 높다는 결론에 도달했다. 현재 나눔부자와 이대표는 송도에 각각 여러 채의 아파트를 보유하고 있다. 이 수치는 그 어떤 설명보다 더욱 신뢰할 수 있는 그들의 투자 근거가 아닐까.

부동산 투자자는 항상 '삐딱하게' 바라봐야 한다. 남들의 이야기에 휘둘리지 말고 자신만의 기준을 가져야 한다는 의미다. 나눔부자와 이대표가 남들과 별다르지 않은 시각을 갖고 있었다면 송도는 그들의 말마따나 그저 '부동산의 무덤'과 다름 아니었을 터다.

철저한 분석으로 부동산의 무덤에서 원석을 건져낸 나눔부자와 이대표의 삐딱한 시선과 기분 좋은 고집으로 구입한 아파트 3채가 지금까지 만든 총 수익은 2억 원에 이른다.

**나눔부자의
촌철살인**

부동산 저평가 지역을 잡아라!
'부동산 투자의 무덤' 송도에서
발굴한 원석의 가치

과거 송도는 '부동산 투자자의 무덤'이라고 불렸다. 송도 지역의 부동산 투자를 다룬 〈PD수첩〉을 보면 송도, 청라, 영종도에 소위 '묻지마 투자'를 하다가 심각한 타격을 입은 사람들의 이야기가 나온다. 물론 나 역시 그런 실패 사례를 모르는 것은 아니다. 해당 프로그램에 나온 이들의 이야기는 한결같다.

"송도는 쳐다보지도 마라."

송도에 다수의 아파트를 보유하고 있는 나는 이 같은 주장에 동의할 수 없다. 아니, 오히려 송도의 투자 시기는 바로 지금이라고 생각한다. '위기 속에 기회'라는 말마따나 송도의 부동산 상황이 딱 이와 같다. 신도시의 생성 과정은 「도입기-생성기-과도기-성장기-안정기」로 나뉘는데 도입기부터 과도기까지 약 10년 정도가 걸린다는 것이 일반적인 견해다. 송도 국제도시가 처음 태동한 것은 지난 2005년으로 어느새 10년이 훌쩍 넘어섰다. 시기상으로는 성장기에 들어서야 하지만, 송도는 예전에 생성된 다른 신도시에 비해 우여곡절이 많았던 탓에 이제 과도기의 끝자락을 지나가고 있다고 판단된다. 즉 과거의 주장과는 달리 송도의 향후 부동산 가격은 이제 완만하지만 지속적인 상승 그래프를 그릴 것이란 예측이 가능하다.

송도가 성장기의 초입에 들어섰음을 알 수 있는 근거에는 여러 가지가 있다. 내가 송도 부동산을 집중적으로 구입할 2015년 당시 많은 아파트가 미분양 상태였지만 절대적 가치가 저렴한 덕분에 해당 물량이 빠르게 소진되고 있었다. 또한 매스컴을 통해서 '삼둥이 아빠' 배우 송일국을 비롯해 영향력 있는 다수의 연예인들이 송도로 유입된다는 사실이 알려지며 대대적인 홍보가 이뤄짐에 따라 투자 관심 지역으로 급부상하게 됐다.

현실적인 개발 호재들도 이에 힘을 보탰다. '미래의 고속철도'로 불리는 GTX 개통과 다양한 국제기구의 입주가 예정되어 있었고 다수의 백화점 및 대형마트, 삼성바이오, 채드윅송도국제학교, 인천포스코고등학교, 연세대학교 송도캠퍼스 등이 들어서며 지역 전체의 품격을 한층 제고시켰던 것이다.

이러한 송도의 상황을 확인한 나는 거주형 위성도시의 역할을 하는 여타 신도시와는 달리 기업과 유통 그리고 학군이 어우러진 송도가 향후 '자립형 스마트도시'로 거듭날 것이란 확신을 가지게 됐다. 부동산 투자의 무덤이라고 불린 송도에 아파트 몇 채를 연달아 구입한 이유다.

투자자들 사이에는 10년 동안 가지고 있을 가치가 있는 곳 중 하나가 송도라 하나같이 이야기한다. 그것은 아직도 투자가치가 높은 곳 중 하나인 곳이 인천 송도라는 의미일 것이다.

특히 내가 본격적으로 송도에 집중적으로 투자를 한 시기는 지난 2016년 11월 발표된 이른바 '대출이자원금납부 부동산대책'으로 인해 전국 부동산시장이 얼어붙은 시절이었다. 다주택자들이 손해를 보더라도 갖고 있던 아파트를 소위 '내던지던' 때였다. 남들이 봤을 때는 그러한 시기에 아파트를 집중적으로 구입하는 내가 의아했을 것이다. 당시 송도 부동산은 말 그대로 '한겨울'이었기 때문이다. 4000만 원을 호가했던 분양권 프리미엄이 갑자기 300만 원으로 떨어지는 것은 예사였고, 오히려 '마이너스 프리미엄'까지 생기는 현상이 나타날 정도였으니 당시 송도 아파트 보유자들의 심정을 미뤄 짐작할 수 있을 터다.

남들은 매도를 하지 못해 안달이었지만 정작 나는 그런 그들에게 절이라도 하고 싶은 마음이었다. 매물이 넘쳐나니 나는 그중에서 좋은 물건만 쏙쏙 골라 저렴하게 구입할 수 있었던 까닭이다. 그때 매도자들은 최악의 부동산 시장에서 자신의 물건을 구입한 내게 고마움을 표했지만 오히려 나는 그들에게 감사 인사를 하고 싶었다.

나의 예상대로 불과 몇 개월 지나지 않았음에도 불구하고 송도 부동산 시장은 화창한 봄을 맞이했다. 85쪽의 [그래프3]에서 보듯 현재 송도의 아파트의 평균 가격은 지난 2013년 최저점을 찍은 후 꾸준한 상승세를 보여주고 있는 것이다. 사업 초기에 소위 '거품'에 해당하는 1평당 1721만 원까지 회복할 것이라 확신할 수는 없지만 실거주자 위주의 매매가 이뤄지고 있는 현재 송도 부동산 시장의 상황을 고려해봤을 때, 최소 3~4년가량은 상승장을 기록할 것이란 확신을 가져본다.

부동산 로망 찾아 떠난
강원도 임장

보기 좋은 떡이 꼭 먹기 좋지만은 않다

한국 사람들은 '물'을 좋아해

우리나라에서 가장 비싼 아파트를 찾고 싶다면 그저 한강변을 따라 드라이브를 한 번 하면 된다. 그러고 보면 대한민국 국민들은 참 물을 좋아하는 것 같다. 한강이 보이는 조망권 하나만으로도 한강변에 위치한 아파트들의 가격이 최소 10~20억 원을 호가하는 까닭이다.

"한 번쯤은 한강이 보이는 아파트에서 살고 싶다."

아마 대한민국 국민 대다수가 품고 있는 소망 중 하나일 것이다.

이대표 역시 이러한 로망이 있었다. 여건만 된다면 자신의 거주지인 인천을 박차고 나와서라도 한강이 보이는 아파트에서 살고 싶었다. 하지만 어디 세상살이가 그리 만만하랴. 불과 몇 달 전 통장 속 돈을 탈탈 털어 부동산 투자에 올인한 이대표에게 수십억 원에 달하는 한강변 아파트는 언감생심이었다.

"사업이 자리를 잡아감에 따라 점차 생활에 안정감도 생기고 나눔부자의 조언에 따라 투자 및 매수했던 아파트와 입주권을 통해 가외수익을 실현하며 돈 버는 재미에 푹 빠져 있었습니다. 평생 처음으로 그렇게 안정적인 일상을 누리기 시작했을 때만 해도 또 다른 바람이 생기리란 예상은 저 스스로도 하지 못했었죠. 그런데 저도 결국 '사람 욕심 끝이 없다'는 속담 아닌 속담을 피해가지 못했습니다. 좀 더 나은 삶을 위해 보다 많은 돈을 벌고 싶다는 새로운 목표가 생긴 거죠. 한강이 보이는 아파트는 그러한 목표의 상징과도 같았습니다."

하지만 이름만 대면 알 만한 한강변 아파트는 이대표의 전 재산을 현금화하더라도 매수할 수 없을 정도였다. 물론 가능한 모든 대출을 받는다면 매수가 가능했겠지만, 만약 이대표가 그런 선택을 했다면 '매일 아침 한강을 바라보며 하루를 시작하는 하우스푸어'의 팍팍한 삶으로 전락했을 것이다.

"제가 살고 싶은 아파트는 생각보다 훨씬 가격이 비싸더군요(웃음). 이렇게 저렇게 각을 재봐도 도저히 계산이 나오지 않는 격이라고 할까요. 나눔부자 강의의 핵심 중 하나인 '전세 갭투자(이하 갭투자)'를 활용해서라도 일단 제 명의로 등록을 해보려고 시도해봤는

데, 전세 맞춤과 대출 이자, 3억 5000만 원가량의 갭 자금 마련 등 갭투자에 필수적 요소들에 대한 확신을 가질 수 없었습니다. 깔끔하게 포기했죠. 잠시 여담을 덧붙이자면, 지난 2016년 4~5월 사이에 제가 직접 임장했던 한강변 아파트들은 불과 1년 6개월 사이에 1~2억 원 이상의 가격 상승을 기록했습니다. 그때 2~3억 원 정도 대출을 받아서라도 매수했다면 고스란히 수익으로 이어졌겠죠. 당시만 해도 아직 갭투자를 해본 적이 없었던 탓에 과감한 결단이 부족했음이 아쉬울 따름입니다."

이번 장 '나눔부자의 촌철살인'에서 자세히 다룰 예정이지만, 갭투자에 대해 먼저 간략하게 설명하고자 한다. 갭투자의 원리는 간단하다. 아파트 가격에서 전세자금을 뺀 나머지 금액으로 매수를 하는 것.

예를 들어, A라는 아파트의 매매가격이 5억 원이라고 가정해보자. 일반적으로 전세금은 매매가격의 적게는 80퍼센트에서 많게는 90퍼센트 이상의 비율로 형성된다. 여기서 A아파트의 전세금 시세가 매매 가격의 80퍼센트인 4억 원이라고 했을 때, 아파트의 명의를 본인 앞으로 등기하기 위해 필요한 실재 투자 자금은 1억 원이라는 결론이 도출된다. 갭투자의 가장 기본적인 구조다.

물론 이대표가 임장했던 한강변 아파트의 경우는 이보다 훨씬 갭이 크다. 단순히 따져 15억 원의 아파트에 전세 80퍼센트 비율로 갭투자를 한다고 했을 때, 순수하게 3억 원의 자금이 필요한 셈이다. 당시 래미안부평 45평, 응암동과 송도 입주권을 구입했던 시기였기에 이대표의 통장에는 3억 원은커녕 3000만 원도 없었다. 다소 아쉽지만 그의 로망이 이뤄지기까지는 제법 오랜 시간이 걸릴 듯하다.

"그래도 제 결정을 절대 후회하지는 않습니다. 제 투자 철학 중 하나가 바로 소크라테스의 '너 자신을 알라'거든요. 저 스스로가 감당할 수 있는 범위를 명확히 설정하고 그 안에서만 투자를 하겠다는 뜻입니다. 그런 관점에서 봤을 때 한강변 아파트들은 제 투자 기준을 훌쩍 뛰어넘었던 셈이죠. '결과적으로 가격이 올랐으니 그때 샀어야 했다'와 같은 가정은 아무 소용없는 생각입니다. 지금 당장의 결과만 갖고 과거 결정까지 자책한다면 자신에게 너무 가혹한 강박관념이 아닐까요? 지나간 일에 연연하지 말고 일련의 과정을 가슴에 새긴 후 더 나은 투자 물건을 찾는 데 사용한다면, 이러한 실패의 경험조차 농작물을 키우는 비료로 재탄생할 수 있다고 생각합니다."

꿩 대신 닭, 또 다른 로망을 찾아가다

현실적인 자금 문제에 부딪힌 이대표의 한강뷰view 아파트에 대한 로망은 결국 조금 먼 미래의 목표로 미뤄졌다. 그의 첫 번째 로망이 무산된 순간. 하지만 '꿩 대신 닭'이라는 말따나 이대표에게는 또 다른 부동산 로망이 있었으니, 역시 '물'과 관련된 것이었다.

"제가 속된 말로 '없이 살아서' 그런지 평생 동안 물과 가까이 살고 싶다는 바람을 품고 있었습니다. 한강뷰 아파트를 둘러봤던 것도 그러한 이유였죠. 결국 돈 문제 탓에 '일단' 첫 번째 목표는 잠시 미뤘지만, 두 번째 로망은 이룰 수 있을 것 같았습니다. 바로 동해 쪽에 위치한 아파트를 세컨드하우스로 쓰는 것이었습니다."

상상해보자. 매일 아침 푸르디푸른 동해를 바라보며 향긋한 커피 한 잔으로 하루를 시작하는 일상. 생각만으로도 절로 미소가 지어질 만큼 행복한 일상임이 분명할 것이다. 하지만 이대표처럼 주거주지가 아닌 별장 용도로 사용하기 위해서라면 그보다 비효율적인 로망도 없을 터다. 물론 이대표가 소위 '재벌급'의 경제력을 갖췄다면 상황이 달라지겠지만 말이다.

"아이고, 지금 돌이켜보면 아무 의미 없는 목표였습니다. 통장에 있는 돈까지 탈탈 털어서 아파트와 입주권을 산 마당에 별장으로 쓸 오션뷰 아파트라니, 말도 안 되죠. 하지만 당시에는 이런 상황을 받아들이지 못할 만큼 '일단 가보고 결정하자'라는 이상한 오기가 있었습니다."

이대표는 자신의 이러한 로망을 나눔부자에게 이야기하며 강원도 임장을 함께 가자는 제안을 던졌다. 마침 당시 이대표가 송도 아파트 분양권 구입 후 수개월 동안 수도권을 중심으로 나눔부자와 임장을 다니던 때였기에 점차 다른 지역의 임장도 고려하던 차였다. 이에 나눔부자는 이대표의 제안을 흔쾌히 받아들였다. 나눔부자 역시 가까운 시일 내에 원주혁신도시의 임장을 계획하고 있었던 것이었다.

"아마 저 스스로도 오션뷰 아파트를 별장으로 쓰고 싶다는 바람이 다소 억지였음을 알고 있었던 것 같습니다. 그저 나눔부자의 확인을 받고 싶은 마음이었을까요. 거기에 더해 그동안 너무 앞만 보며 빡빡하게 달려온 제 삶에 잠시 쉼표를 찍고 싶어 강원도 임장을 핑계로 일종의 '휴가'를 계획했던 거죠. 며칠 쉬었다 올 요량으로 자동차 트렁크에 낚시도구 일체를 챙겼을 정도였죠."

하지만 가벼운 여행을 계획했던 이대표의 당초 목적과는 달리 나눔부자와 함께 떠났던 강원도 임장은 그를 본격적인 부동산 투자자의 길로 인도하는 결정적인 계기가 된다. 참고로 이번 에피소드는 다음 장의 주요 내용인 '저평가 지역, 대전에 주목하다'와 연결된다.

각자의 준비를 끝낸 이대표와 나눔부자는 지난 2016년 7월 17일 강원도 임장을 떠났다. 이른 새벽에 출발했음에도 불구하고 금세 한여름 열기가 차 안을 후끈하게 달굴 정도의 찜통더위가 이어지던 시기였다.

첫 목적지는 나눔부자가 예전부터 벼르고 있었던 원주기업도시 개발 예정지였다. 이대표와의 이번 임장 역시 강원도 행정 중심지이자 평창올림픽을 계기로 교통 편의성이 크게 제고될 원주 지역 부동산의 투자가치가 높아지리란 예상을 실제로 확인하기 위함이었다.

"서로 목적이 달랐습니다. 저는 그동안 제가 갖고 있던 로망인 오션뷰 아파트인 양양의 '선라이즈빌'을 직접 눈으로 확인하고 겸사겸사 회나 한 접시 먹으면서 낚시나 즐길 계획이었습니다. 반면 나눔부자의 경우 원주와 춘천 지역의 부동산 임장을 위해 길을 나선 거였죠. 사실 나눔부자님이 원주와 춘천부터 들리자고 했을 때, 그냥 대충 둘러보고 빨리 양양이나 가고 싶다는 생각뿐이었습니다(웃음). 그때만 해도 수도권 임장을 다니던 중이었기에 내심 지방 도시의 부동산은 투자가치가 낮다는 편견을 갖고 있었거든요. 게다가 포털 사이트 검색을 통해 확인한 원주기업도시 예정지의 모습이 그냥 학교 운동장처럼 휑하기만 하더라고요. 아파트도 없는 곳을 왜 가는 건지 이해할 수 없었죠."

나눔부자의 권유에 마지못해 따라갔던 원주혁신도시 개발 예정지는 이대표의 예상대로 '황무지' 혹은 '허허벌판'에 불과했다. 하지만 나눔부자는 미리 준비해 간 자료를 펼치고 스마트폰으로 필요한 정보를 검색하면서 이곳저곳을 둘러봤다. 이어 차를 타고 원주 시내에서 예정지까지의 이동 시간을 확인하고 부동산 중개소에 들러 현지 부동산 관계자들의 의견을 경청했다. 이후 방문한 춘천에서도 비슷한 과정을 거쳤다.

"지방 도시에서의 임장은 수도권과는 또 달랐습니다. 수도권의 경우 기업도시와 같은 대규모 개발에 따른 투자가 그리 많지 않아 개별 아파트 혹은 재개발 사업을 중심으로 임장을 해왔습니다. 반면 수천억 원, 때로는 그 이상의 예산이 투입되는 지방의 기업도시 개발사업은 이와는 다른 접근이 필요했습니다. 예컨대 현재까지 나와 있는 사업 계획이 제대로 진행되고 있는지, 그렇다면 어느 정도까지 완료됐는지, 또한 향후 계획이 변경되거나 추가될 부분은 없는지 등 정부 및 유관기관이 공개하는 자료를 토대로 정확한 교차 확인이 병행되어야 하는 거죠. 사실 아직까지도 그러한 정보를 세밀하고 정확하게 분석하지는 못하지만, 당시 경험은 전국 부동산 투자자로 나서기 전 훌륭한 예습이 됐습니다."

현실과 로망의 거리는 '이역만리'

두 사람의 여정은 나눔부자가 목적으로 했던 원주, 춘천 지역 임장을 마친 후에야 비로소 이대표의 로망이 머물러 있는 양양으로 이어졌다. 처음 이대표가 염두에 둔 아파트는 양양의 정암 해수욕장 바로 앞에 위치한 선라이즈빌이었다. 짙푸른 동해와 불과 20미터 떨어진 곳에 솟은 선라이즈빌은 이대표의 오랜 로망인 오션뷰 아파트의 정석과도 같았다.

"검색을 통해 알게 된 선라이즈빌은 제 로망을 그대로 옮겨놓았다는 확신이 들 정도로 완벽한 조건을 갖고 있었습니다. 통유리 너머로 보이는 파도의 넘실거림은 충분히 만족스러웠고 마음 내키면 언제라도 수영복 하나 입고 바다에 뛰어들 수 있을 만큼 동해와 가깝다는 사실도 좋았습니다. 제가 '별장'이란 분에 넘치는 사치품을 구입하기로 결심할 만큼 가격이 매우 저렴하다는 점도 장점이라고 생각했습니다. 당시 확인했던 선라이즈빌의 매매 가격은 5000~6000만 원 사이였거든요. 100퍼센트 온전히 매수하는 가격이 그 정도라니, 수도권에서는 상상도 할 수 없는 가격이었습니다."

하지만 정작 아파트를 둘러본 나눔부자는 해당 아파트에 대해 부정적인 의견을 내놓았다. 나눔부자가 내린 선라이즈빌의 평가는 '향후 가격 상승에 대한 기대는 있지만 갭투자 물건으로는 부적합하다'였다. 실거주자의 경우 저렴한 가격 대비 미래 가격 상승 기대도 기대할 수 있어 매수에 긍정적이지만, 투자라는 측면에서 봤을 때 그리 매력적이지 않다는 의미다.

나눔부자의 이러한 진단은 전세가 필수적인 갭투자를 전제로 한다. 실거주자가 많지 않은 지방 도시에서 전세를 맞추는 일 자체도 어렵지만, 이곳에 거주하길 원하는 경우 4000만 원에 전세를 들어오느니 차라리 5000만 원을 주고 매수하는 선택을 할 확률이 높다는 것이다. 즉 갭투자 물건으로는 그다지 좋은 조건이 아닌 셈이다.

"실제로 선라이즈빌에 살고 있는 이들은 대다수가 지역 주민들이었습니다. 제가 확인한 범위 내에서는 투자자가 없었죠. 나눔부자의 말대로 실거주자 위주의 매매가 이뤄지고 있다는 사실을 확인했습니다. 이에 더해 마지막으로 나눔부자가 덧붙인 한마디, '여기에 1년에 며칠이나 묵을 거 같아요?'라는 질문에 퍼뜩 정신이 들더군요. 제가 너무 어린애처럼 고집을 피우고 있었다는 걸 알게 된 거죠."

물론 이대표가 처음 선라이즈빌을 선택했던 이유는 '투자'가 아닌 '여가'에 있었다. 그런 면에서 봤을 때 선라이즈빌이 갭투자에 적합하지 않더라도 이대표 본인이 강력하게 원했다면 매수해도 뭐라

할 수 없는 상황이었다. 하지만 이대표는 자신의 눈으로 직접 확인한 로망과 현실 사이의 괴리를 절실히 체감했다. 자신의 로망을 이루기 위해 필요한 자금 5000만 원이면 웅암동 재개발 입주권과 같은 투자 물건을 한두 개가량 매수할 수 있는 금액이었음을 새삼 깨달은 것이다.

"기회비용이라고 하죠. 같은 돈으로 최고의 결과를 내기 위해서는 결국 최적의 선택을 해야 합니다. 제가 돈이 많았다면 얼마 정도 여유 자금을 빼서 별장을 구입해도 상관없었겠죠. 하지만 당시 저는 5000만 원이 있지도 않았고, 선라이즈빌을 매수하기 위해서는 대출까지 받아야 하는 상황이었습니다. 이 역시 한강뷰 아파트와 마찬가지로 제 능력을 넘는 로망이었던 셈이죠."

다만 나눔부자는 진작부터 이러한 사실을 모두 알고 있었다. 그런 나눔부자가 굳이 강원도 임장을 따라 나섰던 이유는 이대표 스스로가 직접 부동산 투자의 현실에 부딪혀보길 바라는 마음에서였다. 나눔부자의 바람대로 이대표는 로망은 그저 로망으로 머물러 있을 때가 아름답다는 것을 인정했고 결국 매수를 포기했다. 아파트 바로 옆에 위치한 1박에 10만 원 안팎인 펜션이면 이대표 자신의 로망을 충족시키기에 충분했던 것이다.

다만 결과는 예상과는 완전히 반대로 나타났다. 3월 중순, 선라이즈빌의 시세는 1억 4000만 원에 형성됐다. 그것도 1층이! 의미 없는 가정이지만 만약 이대표가 해당 물건을 매수했다면 1억 원 이상의 수익으로 이어졌을 것이다. 나름대로 명확한 근거에 입각해 투자 여부를 결정했지만, 예상과는 다른 결과가 나왔던 것이다.

부동산, 참 알 수 없는 녀석이다.

한정된 자금을 발판으로 최적의 성과를 거둬야 하는 부동산 투자자라면 누구보다 계산적이어야 한다. 다행히 이대표는 셈에 밝았고, 자신보다 지식과 경험이 많은 선구자의 조언을 귀담아 들을 줄 아는 열린 자세도 갖추고 있었다.

강원도행 열차가 갑자기 대전으로 간 이유는?

이른 새벽부터 부지런을 떨었던 덕분일까. 원주와 춘천, 양양까지 임장을 끝마쳤음에도 불구하고 시간은 겨우 오후 3시에 불과했다. 여기까지 온 마당에 기수를 다시 집으로 돌리기는 아쉬웠기에 두 사람은 양양 바로 옆 동네인 속초로 운전대를 돌렸다. 두 사람 모두 이번 속초행의 주제를 '휴식'으로 협의한 뒤였다.

"오후 3시까지 식사도 하지 않고 임장을 했던 터라 꽤 시장했던 상태였습니다. 이왕 이렇게 된 거 조금 더 참고 속초 명물인 '생선구이집'에서 늦은 점심을 먹기로 했죠. 때늦은 여행이라고 생각하니 사뭇 들뜨기까지 하더라고요."

하지만 습관이란 참 무서웠다. 국도를 따라 속초 시내에 들어선 두 사람의 눈에 가장 먼저 띈 것은 바로 아파트 분양 홍보 현수막이었다. 두 사람의 다음 행선지가 정해지는 순간이었다.

하지만 금강산도 식후경이었다. 점심을 훌쩍 넘겨 오히려 저녁에 가까운 시간까지 아무것도 먹지 못해 심하게 허기진 상태였기에 일단 식사부터 하기로 했다. 하지만 사람 운명은 얄궂었다. 두 사람이 선택한 생선구이집이 하필이면 시내 입구에서 봤던 속초e편한세상 아파트 바로 옆에 위치해 있었던 것이다.

"아무 생각 없이 찾아왔던 생선구이집이 식사 후 임장을 가기로 했던 아파트 바로 옆이라는 사실에 저와 나눔부자 모두 실소를 금치 못했습니다. '부동산이 정말 내 운명인가'라는 생각이 들 정도였죠. 그때 암묵적으로 나눔부자와 휴식에 대한 계획에 전폭 수정을 가했습니다. 결국 또 부동산 임장을 떠났던 거죠."

두 사람은 식사를 마치고 산책 삼아 속초e편한세상과 속초아이파크 인근 부동산 중개소를 방문해 관련 정보를 알아보기 시작했다. 이대표는 내심 양양의 선라이즈빌과 같이 저렴한 가격을 기대했지만, 해당 아파트는 입주권의 프리미엄만 3000만 원에 달할 정도로 높은 가격이 책정되어 있었다. '지방의 아파트는 무조건 저렴하다'는 이대표의 인식이 편견이었음이 확인된 것이다.

"서울이나 기타 수도권 도시에 비해 상대적으로 작은 지방 도시에서 프리미엄만 3000만 원이 붙었다는 사실을 듣고 속으로 정말 깜짝 놀랐습니다. 이는 곧 속초도 부동산 투자에 대한 가치가 있다는 의미였기 때문이죠. 물론 비슷한 가격대를 형성하고 있는 수도권의 다른 물건을 구입하는 게 더 낫다는 판단에 매수를 하지는 않았지만, 지방 도시 부동산 투자 가능성을 직접 확인한 뜻깊은 경험이었습니다."

또한 다음으로 찾은 속초 아뜨리움에서 이대표는 또 다른 부동산 분양 제도인 '후분양제'를 접하기도 했다. 후분양제는 아파트 착공과 동시에 진행되는 일반적인 선분양제와는 달리 아파트가 모두 완공된 후 분양을 진행하는 제도를 말한다. 두 제도 모두 일장일단이 있지만 후분양제의 경우 직접 아파트의 상태를 확인할 수 있는 까닭에 좀 더 소비자에게 친화적인 제도로 인정받는다. 속초 아뜨리움이 바로 이 후분양제로 분양을 진행했던 것이다.

"후분양제도를 처음 알게 됐다는 사실만으로도 이번 강원도 임장은 성공적이었다 할 만큼 많은 것을 보고, 느끼고, 배울 수 있었습니다. 나눔부자와 떠난 첫 지방 부동산 임장이었던 점도 기억에 남고요. 무엇보다 그동안 수도권을 중심으로, 아니 수도권'만' 생각했던 부동산 투자의 범주가 전국으로 넓어질 수 있는 계기가 됐다는 데 의의를 두고 싶습니다. 역시 고기는 뜯어야 맛이고, 부동산 투자는 임장을 해봐야 진정 살아 있는 경험이 된다는 확신을 가질 수 있었습니다."

아이러니하게도 두 사람은 서울에서 200킬로미터 이상 떨어진 속초를 갔음에도 불구하고 정작 바다를 구경조차 하지 못했다. 지역 내 아파트 이곳저곳을 돌아다니다 보니 어느새 하늘에는 휘영청 밝은 달이 걸려 있었던 것이다. 그렇게 허름한 숙소에 몸을 뉘인 두 사람은 소소한 수다를 나누며 하루를 마감하는 듯했다.

하지만 아직 강원도 임장의 최종 반전이 기다리고 있다. 나눔부자의 갑작스러운 제안과 이대표의 적극적인 동의가 이뤄지면서 '대전광역시 임장'이 결정됐던 것이다.

이대표의 첫 부동산 갭투자가 이뤄지는 대전 임장이 시작된 시간, 지금은 밤 9시 20분이었다. 대전으로 향하는 이대표의 차에는 꺼내지도 않은 낚시 도구들이 고스란히 담겨 있었다.

나눔부자의
촌철살인

부동산 투자의 핵심,
'전세 갭투자'

'위험하다' VS '하기 나름'

드디어 나왔다. 이번 장에서는 이제는 많은 이들이 알고 있는 부동산 투자 기법 중 하나인 '전세 갭투자(이하 갭투자)'를 다뤄보고자 한다.

먼저 전제를 깔고 시작하자. 나와 이대표 두 사람이 보유하고 있는 60여 채의 부동산은 거의 이 갭투자를 활용한 투자 케이스에 해당된다는 점이다.

갭투자를 간단히 설명하면 이렇다.

예컨대 서울에 위치한 3억 원의 집을 구입할 때 90퍼센트에 해당하는 금액의 전세를 낀다고 가정해보자. 이 경우 3억 원의 집을 매수하는 데

실투자 비용은 시세의 10퍼센트인 3000만 원만 마련하면 된다는 결론이 나온다. 아무 문제없이 전세를 맞추고 3000만 원의 투자 자금만 마련한다면 2장의 예시에서 계산한 것처럼 1년 평균 2260만 원의 가격 상승을 기대할 수 있게 되는 것이다.

조금 더 들어가 보자. 만약 당신에게 3억 원의 자금이 있다면 선택지는 크게 ▲대출이나 전세금 등을 끼지 않고 부동산 지분을 100퍼센트 모두 본인이 갖는 경우 ▲갭투자로 복수의 아파트를 매수하는 경우의 두 가지로 나뉜다.

앞의 경우를 분석해보자. 대출이나 전세금 없이 아파트 가격을 일시불로 지불한 경우 별도의 추가 지출 없이 1년 평균 2260만 원의 가격 상승을 오롯이 흡수할 수 있다. 이것이 전부다.

다음으로 갭투자의 경우를 살펴보자. 앞선 예시대로 서울 평균 아파트 가격인 3억 원의 아파트 5채를 각각 2억 7000만 원의 전세를 맞춰서 구입했다면 총 10채 아파트를 (세금과 비용 제외) 보유하게 된다. 이 경우 비록 각 아파트마다 2억 7000만 원의 부채(전세금)를 끼고 있지만 소유주인 당신은 매년 2260만 원×10채 = 2억 2600만 원의 수익(양도세 제외)을 올릴 수 있다는 계산이 나온다. 단, 이러한 경우 다주택자로 분류가 되는데, 이렇게 되면 부동산 관련 세금이 달라진다. 이는 마지막에 자세히 설명하겠다.

자, 그렇다면 잠시 생각해보자. 혹시 위의 두 사례 분석을 통해 갭투자의 장점을 깨달은 바가 있는가? 다음 문단으로 가기 전, 먼저 스스로 생각해본 후 나름의 답을 내보길 바란다.

각자의 답을 내렸다면 이를 기억한 후 다시 본론으로 돌아가자.

실제 사례 분석을 통해 확인할 수 있는 갭투자의 장점은 크게 두 가지다. 첫 번째는 같은 자금으로 훨씬 많은 투자 물건을 확보할 수 있다는 것이고, 두 번째는 전세금이란 부채는 2년 뒤 원금을 상환해야 할 의무가 있을 뿐이지 그동안 이자가 발생하지 않는 '무이자 대출'이라는 점이다. 또한 이 전세라는 이름의 무이자 대출은 2년 뒤 또 다른 대출처(전세자)를 구함으로써 대출 기한(전세 기간)을 연장할 수 있다는 특징이 있다. 정리하면, '본인의 자금에 무이자 대출을 더해 복수의 투자 물건을 매수함으로써 이윤을 극대화할 수 있다'는 게 갭투자에 대한 압축이다.

하지만 명明이 있으면 암暗도 있는 법. 갭투자가 오직 장점만 있었다면 아마 우리나라 모든 국민들이 진작 부동산에 대한 스트레스를 벗어 던졌을 것이다. 이제부터는 갭투자에 대한 부정적인 요소들을 함께 확인해보자.

갭투자의 가장 큰 딜레마는 바로 '가격 상승에 대한 확신'이다. 갭투자의 목적은 결국 부동산 가격 상승에 따른 수익 창출이다. 즉 지속적인 가격 상승이야말로 갭투자에서 반드시 필요한 요소인 셈이다.

이쯤에서 많은 사람들이 '당장 내일의 일도 장담하지 못하는 상황에서 어떻게 아파트의 수년 후 가격을 정확히 예측할 수 있겠는가'라는 의구심을 제시할 것이다.

그 말이 맞다. 나 역시 어떤 아파트라도 '100퍼센트 확실하게' 가격이 오를 것이라 단언할 수 없고, 단언해서도 안 된다. 만약 그렇게 말하는 이가 있다면 '사기꾼'일 확률이 매우 높다.

아파트는 살아 있다. 생물이다. 아주 작은 외부 여건에 의해서도 가격이 요동친다. 정부의 부동산 정책과의 연관성을 말할 필요도 없을 정도로 밀접하게 연결되어 있다.

누차 강조하지만 모든 투자에 100퍼센트는 없다. 나 역시 오랜 공부와 경험을 통해 얻은 지식을 기반으로 독자적인 분석을 거친 후 일정 수준의 확신이 생기고 나서야 비로소 실전 투자에 나서는 것이다. 물론 그러한 투자 결정에 따른 리스크는 오롯이 내 어깨 위에 얹히는 숙명과도 같다. 물론 각종 통계 자료와 부동산 빅데이터 그리고 투자자들의 투자 동향을 살펴보면 어느 정도 예측은 할 수 있기 때문에 리스크의 두께를 한껏 줄일 수 있다.

여기에 더해 '전세 맞춤'이란 현실적인 문제도 있다. 갭투자의 3요소는 ▲매도자 ▲매수자 ▲세입자(전세)로 구성된다. 팔려는 사람도 있고 구입하려는 사람이 있어도 정작 세입자가 없으면 갭투자가 성립되지 않는 식이다. 때문에 갭투자 물건의 기준 중 하나가 바로 '전세 맞춤이 용이한가'라는 부분이다. 이러한 기준의 판단에는 좋은 학군(교육), 우수한 주변 환경(상권), 회사 혹은 학교와의 인접성(교통) 등을 꼽을 수 있다. 정리하면 갭투자 물건을 결정할 때 투자자는 전세가 잘 들어올 수 있는 여건을 가진 아파트를 고르는 안목이 있어야 한다는 것이다.

이러한 이유로 많은 사람들은 '갭투자는 위험하다'는 성급한 결론을 내린다. 이 같은 현상은 잊을 만하면 나오는 '부동산 거품론'과 맥이 맞닿아 있다. 언젠가는 부동산 가격이 내려갈 것이기 때문에 갭투자를 한 사람들은 그때 가서 아파트를 팔아도 전세금조차 내줄 수 없을 거란 논리다. 물론 그럴 수도 있다. 내가 어찌 아니라고 장담하겠는가?

세계적인 성공 철학의 거장인 고故 나폴레온 힐Napoleon Hill은 자신의 저서를 통해 '도전 없이 성공 없다'는 주장을 펼친다.

부동산 투자 역시 마찬가지다. 나 역시 부동산 투자를 시작한 후 마음 한편에 어느 정도의 불안감을 안고 산다. 혹시 모를 부동산 가격 하락이란 리스크에 대한 부담감인 셈이다. 때문에 나는 그러한 불안을 없애기 위해 하루 서너 시간의 수면을 제외하고 꾸준히 관련 지식을 쌓고 1년 5만 킬로미터의 임장을 다니는 등 부동산 공부를 게을리하지 않는다. 내가 부동산 투자 10년차를 맞이한 지금까지 단 한 건의 금전적 손해를 경험하지 않았던 이유다.

부동산 투자에 있어 갭투자가 '전가의 보도'는 결코 아니다. 사실 이 갭투자의 기원이 자금이 부족한 서민들이 팍팍한 현실을 탈피해보고자 만든 일종의 고육책에서 시작된 것이다. 우리나라에 전 세계 어디에서도 볼 수 없는 '전세'라는 부동산 계약 분야가 생긴 까닭도 같은 맥락이다.

나 역시 돈 없고 백 없는 평범한 서민 중 한 사람일뿐이다. 다만 나와 다른 사람들과의 차이점은 부동산 관련 공부와 투자 경험을 통해 얻은 확신을 실제 투자로 연결시킨 '결심'이 있었다는 것이다.

나는 이 책을 읽은 독자들이 갭투자를 비롯한 어떤 부동산 투자에도

'무작정' 뛰어들길 원하지 않는다. 그저 이 책이 독자들의 팍팍한 삶을 바꿔줄 수 있는 작은 계기가 되길 바라는 마음뿐이다.

> **나눔부자's Tip**
>
> **부동산 투자자의 숙명, 다주택자에게 부과되는 세금 계산법**
>
> 특별히 이번에 서울 중과세를 기반이 아닌 전국에 통용되는 일반적 과세로 설명한다.
> – 1가구 1주택인 경우, 2년 소유 시 비과세이다.
> – 1가구 2주택의 경우 중 일시적 1가구 2주택에 해당되는 경우(먼저 산 주택 구입 1년 후에 다른 주택을 추가매입한 다음 먼저 산 주택을 3년 이내 매도할 경우 비과세이다).
>
> **2018년 양도소득세 기본세율**
>
> 기본적으로 부동산 양도세는 과세 기간이 1년이다. 1월 1일부터 12월 31일까지 잔금 기준과 등기일로 빠른 날로 양도차익이 발생하면 누적된다는 것이다.
>
> | 과세표준 | 세율 |
> |---|---|
> | 1200만 원 이하 | 과세표준의 6% |
> | 1200만 원 초과 4600만 원 이하 | 72만 원+1200만 원 초과금액의 15% |
> | 4600만 원 초과 8800만 원 이하 | 582만 원+4600만 원 초과금액의 24% |
> | 8800만 원 초과 1억 5000만 원 이하 | 1590만 원+8800만 원 초과금액의 35% |
> | 1억 5000만 원 초과 3억 원 이하 | 3760만 원+1억 5000만 원 초과금액의 38% |
> | 3억 원 초과 5억 원 이하 | 9460만 원+3억 원 초과금액의 40% |
> | 5억 원 초과 | 1억 7460만 원+5억 원 초과금액의 42% |

만약 3억 원에 매입해 3억 5000만 원에 매도하게 되면 5000만 원(계산하기 편하게 비용과 250만 원 기본공제 등은 계산하지 않음.)의 양도차액이 생긴다. 5000만 원의 과세표준 기본세율이 24퍼센트구간이므로 1092만 원이 나온다. 과세 기간이 1년이므로 한 번에 많은 수익을 내는 것보다 여러 개를 투자하여 과세 기간 동안 충분이 혜택을 보기 위해서는 분산 투자와 매도 시기를 잘 맞추어야 한다. 한 해에 3억 원의 양도소득을 내는 것보다 3년에 걸쳐서 1억 원씩 양도소득을 나눠 내는 게 유리하다. 한 해에 3억 원의 양도소득을 낸다면 9460만 원의 양도세를 내야 하지만 3년에 걸쳐 1억 원씩 양도소득을 낸다면 6030(2010×3)만 원의 세금만 납부하면 되기 때문에 3430만 원의 세금을 줄일 수 있다.

2부 실전 투자 편

바늘구멍 통과한
대왕소금 이대표, 부동산 투자로
2년 만에 10억 원 벌다

'구슬이 서 말이라도 꿰어야 보배'라고 했다.
아무리 부동산에 눈을 떴다고 하더라도 실천으로 이어지지 못하면
그저 머릿속 지식에 불과할 뿐이다. 바로 이 지점,
실질적인 투자 시행 여부에서 부동산 투자의 성패가 결정된다.
하지만 수억 원에 달하는 부동산에 대한 투자를 결정하기란
쉽지 않다. 머리로는 충분히 이해하지만,
정작 내 주머니 속 돈이 나가는 일은 극도로 꺼려지는 까닭이다.
누군가 부동산 투자로 많은 돈을 벌었다는 이야기는
다양한 통로를 통해 심심치 않게 들려오지만
그들은 언제, 어떤 물건을, 얼마에 샀는지 등
이른바 '핵심정보'는 하나도 공개하지 않는다.
'수박 겉핥기'라는 속담에 꼭 맞는 짝이다.
반면 이대표는 이 책을 통해 그간 자신이 직접 투자한 내역을
소상히 밝히고 있다.
그것도 실명으로! 이대표가 2년 동안 어떻게 10억 원을 벌었느냐고?
그 질문에 대한 답을 아주 친절하게 풀이해준다.

'다음은 이곳이다!'
저평가 지역, 대전에 주목하라!

바늘구멍 통과한 이대표의 첫 갭투자 도전

속초에서 무려 300킬로미터, 오밤중 대전행은 웬 말인가?

첫 동반 지방 임장이었던 강원도 일정을 마친 이대표와 나눔부자는 마지막 기착지인 속초의 한 숙소에서 빠듯한 하루를 마무리하던 중 갑작스럽게 대전행을 결심했다. 정말 '뜬금없이'라는 표현 그대로였다. 그것도 다음 날도 아닌, 모든 일정이 마무리된 밤 9시가 지난 시간이었는데, 급작스레 속초에서 대전으로 향했던 것이다.

"부동산 전문가인 나눔부자와 그 제자인 제가 할 얘기가 따로 있겠습니까? 당연히 부동산 얘기를 했죠. 다른 때에는 제가 궁금했던 부분을 나눔부자에게 물어보거나 커리큘럼에 따라 강의를 듣는 게 일반적이었는데, 그날은 처음으로 지방으로 임장을 떠났던 터라 다소 마음이 들떴던 것 같습니다. 부동산은 물론 개인적인 이야기까지 버무려 한참을 수다를 떨고 있었는데 문득 '나눔부자가 주목하는 다음 대세상승장은 어디인가?'라는 궁금증이 떠오르더라고요. 조심스럽게 나눔부자에게 질문을 던졌더니 대뜸 '대전'이라고 답하더라고요. 서울이나 기타 수도권 주요 도시 중 한 곳이 아닐까 했던 제 예측이 또다시 보기 좋게 엇나간 꼴이었죠. 사실 저는 수도권, 특히 서울과 경기도 일부를 제외한 나머지 지역은 그저 '시골'이라고 생각했습니다. 다른 부정적인 의미가 아니라 '부동산 투자지로서는 매력적이지 않다'는 지극히 개인적인 생각을 갖고 있었다는 말입니다. 하지만 나눔부자가 대전을 언급하니 갑자기 관심이 확 생기더라고요. 믿고 따르는 부동산 스승님의 말씀이었기 때문이겠죠, 하하."

물론 이대표가 투자했던 지역(송도, 강북 지역의 재개발 구역, 부평 등) 역시 가격이 떨어지지는 않았다. 다만 이대표가 던진 질문의 핵심인 '대세상승장'과 맞닿아 있는 '저평가 지역'이 바로 대전광역시였을 따름이다.

"나눔부자의 설명에 따르면 대전의 현 상황은 대세상승장 가능성이 높은 저평가 지역이라고 설명할 수 있습니다. 저평가 지역은 '매수자 우위시장'●으로 가격을 조정하기 쉽고 전세 가격이 높아 투자금이 적게 들어간다는 장점이 있습니다. 투자 금액이 적게 들어간다는 것은 대세상승장에 가격이 올라갈 때 수익률을 극대화할 수 있다는 의미와도 이어집니다. 저평가 지역에 미리 매입해서 대세상승장을 기다리는 전략으로 미래를 먼저 선점해나가는 전략이 바로 대세상승장을 목전에 둔 대전 부동산 투자에 맞는 방침이라고 확신하는 이유입니다."

나눔부자가 가장 강조하는 '부동산 투자의 최적기'가 바로 이 대세상승장이다. 지난 2009년 대구와 2013년 부산에 이어 현재는 대다수 수도권 지역에서 대세상승장을 확인할 수 있다. 대세상승장은 말 그대로 해당 지역 부동산 가격이 전반적인 상승세에 놓여 있다는 의미다. 조금 과장해서 말하면 '대세상승장 지역에서는 어떤 아파트를 사도 가격이 오른다' 정도로 생각하면 된다.

"나눔부자가 부동산 투자 적기 순위를 매길 때 항상 수위에 올려놓는 조건이 '대세상승장'입니다. 좀 더 정확히 설명하면 '대세상승장에 돌입하기 직전'이 최적의 부동산 투자 타이밍이라는 것입니다. 나눔부자가 판단하기에 대전에서 대세상승장 형성의 분위기를 느꼈던 겁니다."

부동산 투자로 돈을 벌겠다, 되도록 많이

가끔 사람들은 '귀신에 홀린 듯'이란 표현을 쓴다. 이성적으로 설명할 수 없는 기운에 이끌려 나도 모르게 어떤 행동을 한다는 의미다. 전국에서 내로라하는 짠돌이 2명(아마 두 사람은 부동산 투자로 수

- 매수자 우위시장은 매도 물량이 많아 매수자가 소위 말하는 '갑甲'의 위치에서 매매를 주도할 수 있는 상황으로 이해하면 된다.

천억 원을 벌더라도 결코 짠돌이 생활을 벗어나지 못할 것이다)이 이미 셈을 치른 속초 숙소에서의 안락한 휴식을 포기하고 300킬로미터 이상 떨어진 대전으로 향했던 그날이 꼭 그랬다.

"지금 생각해도 제가 왜 그렇게 서둘렀는지 의아합니다. 어차피 새벽 시간이라 어디 돌아다니지도 못할 텐데 뭐가 그리 급했었는지, 참…. 최대한 좋게 해석해보자면 첫 번째로는 나눔부자 님과의 부동산 얘기가 너무 재미있어서 밤새 대화를 나눌 생각이었는데, 그럴 바에는 대전으로 이동하면서 차 안에서 수다를 떨면 시간을 아낄 수 있겠다는 판단이었습니다. 두 번째는 제가 한시라도 빨리 대전에 가고 싶다는 이상한 오기가 생기기도 했고요. 이미 대전에 대한 관심이 동했던 차였기에 잠도 오지 않을 만큼 흥분되어 있던 상황이었거든요(웃음)."

물론 나눔부자 역시 이대표의 이러한 의견에 적극 동의를 표했기에 갑작스러운 오밤중 300킬로미터 대전행 대장정이 시작될 수 있었다. 이렇듯 부동산에 대해서만큼은 짝짜꿍이 퍽이나 잘 맞아 떨어지는 콤비다. 밤 9시에 강원도에서 대전까지 임장을 가자고 강짜를 부리던 이대표나, 그러한 제자의 모습이 기특해 기꺼이 자리를 털고 동행에 나선 나눔부자나, 두 사람 모두 부동산의 마력에 흠뻑 빠져 있음을 새삼 깨닫게 된 사건이었다.

"돈이 아니면 저나 나눔부자가 그 시간에 강원도에서 대전까지 나설 일이 절대 없죠. 설사 아무리 재밌는 유흥거리가 있다고 하더라도 말이죠. 제가 늘 얘기하는 부분이지만 저는 돈을 벌기 위해, 돈을 벌고 싶어서 부동산 투자에 관심을 갖기 시작했습니다. 모든 분야의 투자도 마찬가지지만 특히 부동산 투자는 남들보다 더 부지런해야 보다 좋은 결과물을 기대할 수 있기 때문에 때로는 시간에 상관없이 생각을 곧바로 행동으로 옮기는 과감한 결단도 필요하다고 생각합니다."

새벽부터 시작된 고된 일정을 모두 마친 밤 9시. 아마 대다수 사람들은 그 무엇보다 휴식이 간절한 상황일 것이다. 하지만 나눔부자와 이대표는 속초에서 300킬로미터 이상 떨어져 있는 대전까지의 임장을 기꺼이 받아들였다. 바로 그곳에 '돈'이 머물러 있는 까닭이다.

지금 이 책을 읽고 있는 당신, 왜 부동산 투자에 관심을 갖는가?

나눔부자와 이대표가 한밤중에 갑작스럽게 대전 임장을 떠났던 이유, 날것 그대로 표현해 '돈을 많이 벌고 싶다'는 자본주의의 첫 번째 목표와 다름 아닐 터다.

돈은 결코 점잖지 않다. 돈의 본질, 나아가 돈을 벌고 싶다는 자신의 '욕망'을 잘 포장하려 할수록 그 목표는 달성하기 어려운 신기루와 같아질 것이다.

나눔부자와 이대표의 부동산 투자 목적은 명확하다.

"부동산 투자로 돈을 벌겠다, 되도록 많이."

때문에 두 사람은 좌고우면하지 않고 자는 시간을 쪼개 부동산 공부를 하고 휴대전화 배터리를 하루에도 수차례씩 충전해가며 시세를 확인한다. 강원도 일주를 마친 날 밤에 곧바로 대전을 향해 운전대를 잡을 만큼 '부동산 투자자로서의 성실함'도 갖췄다.

돈을 정면으로 바라보자. 돈의 본질을 정확히 직시하고, 돈을 벌기 위해서라면 시쳇말로 '개똥밭에서라도 구를 수 있는 마음가짐'을 장착하자. 사회적 시선이 두려워 돈이 갖고 있는 순수한 가치에서 눈을 돌린다면, 우리나라 국민 대부분을 차지하는 소위 '서민'들이 평생 바라마지 않는 경제적 자유는 영영 요원한 일이 될 것이다.

대세상승장 대전, 물꼬 트기만을 기다린다

나눔부자와 이대표가 강원도 임장을 마치고 대전으로 향하던 2016년 7월 17일, 영동고속도로의 한 터널에서 큰 사고가 있었다. 대전으로 향하던 이대표 일행 역시 극심한 교통체증에 의아하던 차에 뉴스를 통해 안타까운 사고 소식을 전해 들었다.

"해당 사고를 접한 모든 국민들이 저희와 같은 마음이었을 겁니다. 정말 안타깝고 비통했죠. 뉴스만으로도 운전대를 잡고 있는 게 무서워 휴게소에서 쉬어야 했으니까요. 다시 한 번 이 자리를 빌려 애도의 뜻을 표하고, 다른 한 편으로는 모두의 안전운전을 기원하고자 합니다."

다소 씁쓸한 마음을 품고 나눔부자와 이대표는 차를 돌려 길을 크게 우회했다. 서너시간이면 충분하리라 예상했던 대전행은 결국 새벽 4시가 훌쩍 넘은 시간이 돼서야 끝이 났다. 아무리 돈이 좋아도 인간인 이상 꼬박 24시간 동안 깨어 있다면 몸이 지친다. 두 사람의 체력은 한계에 다다랐고, 결국 가장 먼저 눈에 띈 허름한 모텔을 잡은 후 곧바로 골아 떨어져버렸다.

다음 날인 2016년 7월 18일 오전 10시, 두 사람의 첫 대전 지역 임장이 시작됐다. 전날 물을 부어놓은 컵라면은 국물이 하나도 없을 정도로 이미 면이 탱탱 불어버린 상황. 눈물을 머금고 음식물 쓰레기통에 투척해버린 후 인근 국밥집에서 대전 임장을 위한 연료를 채웠다.

나눔부자와 이대표가 가장 먼저 찾은 지역은 대전의 둔산동이었다. 둔산동은 노태우 전 대통령 시절, 이른바 '1기 신도시 조성사업'으로 만들어진 대전의 신도시다. 대전정부청사를 비롯해 대전시청과 서구청, 대전고등법원, 명문 중·고등학교, 백화점, 대형마트 등이 들어서 있는 둔산동은 오랫동안 대전 행정·경제·교육 중심지 역할을 수행해왔다. 특히 우리나라 최고의 과학기술대학교인 '카이스트'와 국내 과학기술의 선봉장인 '대덕연구단지'가 있어 연봉이 높은 고학력자가 많이 거주하는 지역이라는 특징이 있다.

대전은 아직 저평가 중

대전 지역은 과거 대구보다 높은 아파트 평균 시세를 형성하고 있었지만 현재는 1억 원 이상 저렴하게 형성돼 있는 상황으로 나눔부자는 이러한 자료를 토대로 '대전은 저평가'되어 있다는 판단을 내렸던 것이다.

"당시 나눔부자는 이미 1년 전부터 대전 아파트에 꾸준히 투자를 진행해왔었습니다. 지난해 7월 18일 기준 세 개를 보유하고 있었고 이후로도 계속 대전 지역 아파트를 매수해 2018년 1월 현재 8채를 갖고 계시죠. 제 입장에서 나눔부자가 매수한 부동산 개수는 본인이 그만큼 확신이 있었다는 의미로 받아들여졌죠. 솔직히 부동산 전문가라고 큰 소리치며 이런저런 듣기 좋은 말을 늘어놓는 이들의 주장은 조금도 믿음이 가지 않습니다. 정작 그들은 그곳에 단 한 채의 아파트도 갖고 있지 않거든요."

각종 분야의 투자 관련 강의가 연일 호황을 누리는 것은 어제오늘 일이 아니다. '어느 누가 어떤 투자를 해서 수십, 수백억 원을 벌었더라'와 같은 소문이라도 돌면 당사자의 주장은 거의 '진리'로 받아들여질 정도다. 최근 이른바 '청담동 주식부자 사건'으로 불렸던 희대의 사기가 가능했던 것도 이와 같은 맥락이다.

쉽게 말해 '정말 돈 되면 자기만 하지 왜 남한테 가르쳐주겠느냐' 란 명제에 대한 의구심을 어떻게 없애주느냐가 핵심인 것이다. 그런 점에서 이대표의 부동산 투자 결정은 충분히 납득할 수 있는 근거가 존재한다. 바로 '나눔부자의 선매수'가 그것이다.

"나눔부자 자신이 먼저 수채의 아파트를 구입한 지역을 추천한다. 이것보다 확실한 근거가 있을까요? 누차 말씀드리지만 제가 돈을 번다고 나눔부자에게 땡전 한 푼 이득이 돌아갈 일이 없는데 굳이 투자를 권할 이유가 없습니다. 물론 오랜 시간 이어져온 개인적인 친분이 있었기에 나눔부자의 권유를 믿고 따를 수 있었던 것이 가장 기본적인 요소였죠. 하지만 무엇보다 뜬구름 잡는 주장이 아닌 실제 눈에 보이는 서류(아파트 매수 기록)가 있었기에 투자를 결정할 수 있었습니다."

나눔부자가 이대표 한 명에게만 이러한 투자 권유를 한 것은 아니다. 주변의 여러 사람들, 특히 응암동 재개발 입주권의 경우 친누나에게 먼저 매수를 권했지만 가족조차 그의 말을 따르지 않았다. 이에 나눔부자는 특히 가까운 지인 몇몇에게 응암동 재개발 입주권을 추천했고 그중에서도 이대표를 포함한 극히 일부만이 이를 매수해 적게는 5000만 원에서 많게는 1억 원가량의 수익을 만들어냈던 것이다. 평소 나눔부자의 지론을 간단히 설명하자면 이렇다.

"전국 수백 만 개에 달하는 아파트를 내가 다 살 수도 없는데, 남들보다 조금 더 일찍 알게 된 부동산 정보를 공유해서 다 같이 잘살면 좋겠다."

오전 10시 이후 두 사람은 둔산동에 위치한 부동산 중개소를 찾아다니며 본격적인 임장을 나섰다. 부동산 매매의 중개 수수료로 수익을 올리는 부동산 중개소에서 투자자를 환영하는 것은 당연한 수순. 하지만 의외로 많은 부동산 중개소에서 두 사람의 방문을 마뜩치 않게 여겼다.

"처음 찾아간 부동산 중개소에서는 대뜸 '여기 뭐 먹을 게 있다고 왔슈?'라며 그냥 나가라고 하더군요. 나눔부자의 얘기를 들어보니 대전의 중개소장들 중에는 투자자를 그리 좋게 생각하지 않는 경우도 있다고 하시더라고요. 물론 그때를 제외하고는 그렇게까지 문전박대를 당하지는 않았지만 생각보다 많은 중개소에서 '여기에 왜 투자를 하려고 하느냐'고 반문을 할 정도로 별반 호재가 없다고 하더군요. 나눔부자에 대한 믿음이 살~짝 흔들렸던 순간이었습니다(웃음)."

그렇게 두 사람은 둔산동 일대의 부동산 중개소를 샅샅이 훑었다. 어떤 중개소에서는 직접 아파트를 보여주기도 했고, 또 어떤 중개소 소장은 도안갑천지구 친수구역 개발사업 현장에 함께 나서기도 했다.

자, 주목하자. 바로 이 '도안갑천지구'가 대전 지역 부동산의 향후 흐름을 결정할 핵심이다. 서울로 따지면 한강변이 새롭게 개발되는 도안갑천지구 관련 사업은 오랜 시간 갈등을 빚은 끝에 최근 서서히 해결의 물꼬를 튼 모양새를 보이고 있다. 대전 지역 주민들은 물론 부동산 투자자들 역시 해당 사업의 진행을 손꼽아 기다리고 있는 상황이다.

이에 나눔부자는 몇 년 전부터 이와 연관된 정보를 수집하는 동시에 각종 서류를 검토하고 관계자와의 면담을 갖는 등 대전 지역에 주목해왔다. 이렇듯 오랜 분석 끝에 나눔부자는 대전 부동산 시장이 현재 저평가를 받고 있다는 사실과 동시에 향후 대세상승장에 오를 확률이 높다는 판단을 내렸고, 총 8채의 아파트를 매수한 것이다.

30평 아파트 1000만 원에 구입하기

　대전 임장의 핵심 사건은 두 사람이 오후 늦은 시간에 들른 일곱 번째 부동산 중개소에서 터졌다. 중개소장을 따라 둔산동의 국화아파트를 둘러본 이대표가 급매로 나온 물건에 말 그대로 '꽂혀버린' 것이다. 나눔부자 역시 매우 긍정적이었다.

　"일단 시세보다 500만 원 이상 가격이 저렴하게 나온 매물이었습니다. 당시만 해도 대전 지역의 부동산 시장이 좋지 않았던 까닭에 기존 소유주가 급매로 내놓은 것이죠. 평생 갭투자를 한 번도 해본 적이 없어서 조금 망설였는데 옆에 있던 나눔부자가 나서서 조율을 하더군요. 지금 생각해도 놀랍기만 합니다."

　그때까지 실질적인 부동산 매매의 기술을 잘 모르던 이대표를 대신해 나눔부자가 전면에 나서서 중개소장과 매도자, 전세 입주자와의 대화를 이끌어 나갔다. 때로는 밀고, 때로는 당기는, 소위 말하는 '밀당'의 진수를 선보인 것이다.

　자, 부동산 투자의 현실을 바로 아래 대목에서 확인할 수 있다.

　결과적으로 나눔부자는 국화아파트 30평의 처음 매수 조건인 ▲급매가 2억 2500만 원 ▲전세금 2억 원에서 각각 ▲매도가 500만 원 하향 ▲전세금 1000만 원 상향의 합의를 이끌어냈다. 결국 이대표는 최종적으로 급매가 2억 2000만 원에 전세금 2억 1000만 원에 해당 아파트를 구입했다. 실질적으로 들어간 현금은 갭 1000만 원이 전부였다.

나눔부자 가라사대 '부동산 중개소장님과는 동업자다. 분위기는 주도하되 절대 수직적인 관계를 형성하려 하지 마라.' 반드시 기억해야 할 현실적 투자 기법이다.

"참 사람일 한 치 앞도 모른다는 말이 맞는 것 같아요. 아니 강원도 임장을, 그것도 그냥 낚시나 할까라는 가벼운 마음으로 떠났던 제가 엉뚱하게 대전에서 대뜸 아파트를 매수하게 될 줄 누가 알았겠습니까? 아내에게 전화를 걸어서 이런 사실을 얘기했다가 한소리 듣기도 했으니 남들이 봤을 때는 무모하게 여겨질 만도 했을 겁니다. 남이 보면 무모한 것 아니냐고 핀잔 줄 수 있겠지만 저는 5개월간 부동산 투자 공부를 한 결과를 대전 부동산 시장에서 실행으로 옮기게 되었습니다. 비록 1000만 원이지만 처음 스스로 투자를 결정하는 첫 투자인데 두렵지 않았다면 거짓일 것입니다. 두려움을 이기고 첫 투자를 하고자 마음먹게끔 한 것은 그동안 스스로 용기를 낼 시간을 준 나눔부자의 배려와 마지막 순간, 실전 투자를 눈앞에서 보여주며 투자의 길로 들어서도록 손잡고 끌어당겨준 인도가 있었기에 가능했습니다. 물론 발품 팔며 서울과 경기도, 인천, 강원도까지 다니며 지역별 시장을 조금이나마 알게 된 임장의 중요성이었습니다."

그렇다면 이대표의 첫 갭투자의 현황을 어떨까?

현재 국화아파트 99제곱미터, 즉 30평의 매매가는 2억 6000만 원을 호가한다. 지난해 7월 18일에 갭 1000만 원으로 매수했으니 불과 1년 6개월 만에 4000만 원, 400퍼센트의 수익률을 기록한 셈이다.

　대전에서 단 하루 만에 진행된 첫 갭투자는 이대표가 부동산 투자자로 전업하게 되는 결정적인 계기가 됐다. 이후 이대표는 서울과 송도, 동탄2, 일산, 부산, 부천, 대전을 중심으로 부동산 투자를 이어나가고 있다.

　나눔부자와 이대표가 강원도 임장을 떠나며 차에 실었던 낚싯대는 대전 갭투자 이후 집 베란다 한구석에 처박혀진 채 아직까지 본래 구실을 하지 못하고 있다. 부동산 투자, 더 정확히 설명하면 부동산 투자를 통해 돈 버는 재미에 빠진 이대표에게 낚시는 더 이상 흥밋거리가 아니었던 것이다. 아니 오히려 부동산 투자의 행보를 방해하는 모든 요소는 이제 이대표에게는 적폐나 다름없이 여겨질 정도다. 그의 오랜 취미인 낚시 역시 돈의 마력을 이기지는 못한 셈이다.

　이처럼 기회는 부지불식간에 찾아온다. 이대표가 아무 생각 없이 떠났던 강원도 임장(이라고 쓰고 여행이라고 읽는다)이 어느새 대전으로 무대를 옮기더니 덜컥 아파트를 매수하기에 이르렀던 것처럼 말이다. 만약 그날 첫 갭투자 결정을 하지 않았다면 지금 20채의 아파트를 보유하고 매년 수억 원의 수익을 올리고 있는 부동산 투자자 이대표의 모습은 존재하지 않았으리라.

　기억하자. 부동산 투자자에게 망설임은 사치다.

**나눔부자의
촌철살인**

'인디언 기우제' 같은 뜬구름 잡는 예언(?)에 귀 기울이지 마라

부동산 거품론과 저평가, 대세상승장의 상관관계

대전은 전국 광역시 중 유일하게 아파트 평균 시세가 오르지 않고 있는 유일한 도시다. 내가 늘 강조하는 투자의 적기인 '대세상승장'이 아직 오지 않았다는 의미다. 최근 내가 대전에 주목하기에 앞서 지난 2011년 이와 비슷한 논쟁이 있었다. 바로 '대구 대세상승장'이다. 다음 쪽의 [그래프1]을 먼저 보자.

다음에 나올 [그래프2]에서도 알 수 있듯 대구 지역 부동산의 평균 시세는 2억 원 중반에서 무려 5억 5000만 원까지 올라간 것이 확인된다. 이것이 바로 대세상승장의 대략적인 흐름이다.

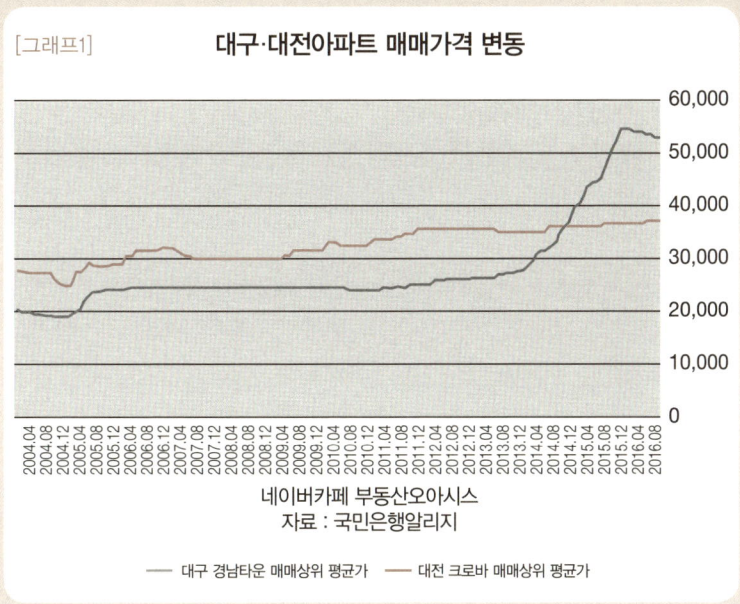

한편 대구 투자자들이 가장 활발하게 활동했던 바로 이 시기에, 반대쪽에서는 소위 '부동산 거품론자'들이 대구 지역 부동산의 몰락을 예견하는 아이러니한 상황이 발생했다. 참고로 대구 지역 부동산 시세는 지난해 잠시 상승세가 주춤했던 시기를 지나 현재는 안정기에 들어섰다는 평가가 정설로 받아들여지고 있다.

나는 이러한 부동산 거품론자들을 접할 때마다 인디언 기우제를 보는 느낌을 강하게 받는다. 인디언 속담 중에는 '인디언이 기우제를 지내면 반드시 비가 내린다'는 말이 있다. 이 속담의 숨겨진 의미는 '인디언들은 기우제를 지내면 비가 올 때까지 계속한다'는 것이다. 쉽게 말해 '언젠가는 일어날 사건의 시점까지 기도를 계속하고 그 결과를 자신들의 정성으로 포장한다' 정도가 된다.

부동산 거품론자들의 주장도 이와 같은 맥락이다. 부동산은 하루에도 수차례 가격조정을 받는다. 그 기간이 수개월 혹은 연단위라면 변화의 진폭이 훨씬 크다. 물론 지난 30여 년간의 우리나라 부동산 가격 변동을 그래프로 그려보면 전체적으로 오름세를 기록하고 있다. 이건 자료로도 확인할 수 있는 '팩트'다. 하지만 일정 시기만 들여다보면 잠시 가격이 하락하는 경우도 있다. 부동산 거품론자들은 바로 이러한 자료의 왜곡을 통해 자신들의 주장에 정당성을 부여하곤 하는 것이다.

국민은행 부동산 자료에 따르면, 대구 부동산 시세는 2016년 초 정점을 찍은 후 몇 개월 정도 '미세하게' 하락세를 기록한다. 수치로 제시하면 2011년 2억 5000만 원짜리 아파트가 2016년 1월 5억 8000만 원을 찍고 2016년 7월 5억 5000만 원에 거래되고 있는 상황이다. 결과적으로 5년 동안 3억 원의 가격 상승이 일어났는데도 불구하고 최근 3000만 원의 가격 하락을 근거로 들어 '부동산 거품론'을 주창하며 자신들의 말이 맞았다고 '우기는' 모양새인 것이다.

그렇다면 나도 한 번 인디언 기우제를 지내볼까?

"대전 지역 아파트 시세는 반드시 오른다."

다시 본론으로 돌아와, 앞쪽의 [그래프1]은 대구대표단지와 대전대표단지 아파트 매매가격 변동율이다. 그래프에 따르면 2014년 말까지 대전크로바아파트가 5000만 원 이상 대구 아파트보다 비쌌음을 알 수 있다. 그러던 것이 지난 2011년을 기점으로 대구가 대세상승장을 타면서 역전됐고 심지어 가격이 1억 원 이상 비싸다는 것을 확인할 수 있다. 심지어 대구경남타운아파트는 30년이 넘은 아파트여서 대전크로바아파트보다 10년 이상 노후된 아파트였다. 대전의 대세상승장이 시작되면 현재 형성된 대구경남타운아파트 시세를 넘어설 가능성이 높은 이유인 것이다.

내가 최근 그 어느 때보다 대전 부동산의 대세상승장을 확신하는 이유는 또 있다. 대구와 부산의 대세상승장을 경험한 나는 수도권을 거친 후 지난 2015년을 전후해 대전 부동산 시세가 오를 것이라 예상했지만 그 시기에 있어 변수가 하나 발생했다. 이른바 '세종시 입주폭탄' 탓에 대전 지역 부동산 가격이 억제된 것이다.

하지만 이로 인해 세종시 아파트 가격이 많이 상승했고 분양권 프리미엄도 상당히 오른 탓에 분양을 받으려 해도 당첨이 어렵다는 단점이 생겼다. 결국 세종시 아파트 가격이 상승하면서 상대적으로 저렴하고 인접성이 좋은 대전 아파트로 수요가 몰릴 가능성이 높다는 것이다. 또한 세종시 인프라가 아직도 150만 인구의 대전에 비해 매우 부족하다는 점도 대전 부동산 흐름에 호재로 작용할 전망이다. 최근 전세 가격이 저렴하다는 이유 하나만으로 세종시로 거주지를 옮긴 사람들이 다시 대전으로 되돌아오는 현상이 확인되는 것도 대전의 대세상승장 예측에 힘을 실어준다.

나는 약 2년 전부터 주변 지인들에게 대전 아파트 매수를 권했으나 '지은 지 20년이 넘은 아파트를 왜 추천하냐고 핀잔을 듣기도 했다. 그러나 그 아파트는 서울의 강남과 같이 학군과 공공기관이 몰려 있는 대전의 중심이기 때문에 오래된 아파트라도 투자처로 좋은 곳이었다. 아파트를 제외한 주변 여건이 워낙 좋았던 까닭에 전세 가격이 높은 데 비해 상대적으로 매매가격이 낮아서 높은 투자 수익률을 기대할 수 있었던 물건이었다. 물론 나는 망설임 없이 해당 아파트를 매수했다.

현재 나는 대전 곳곳에 아파트 8채를 보유하고 있고, 매수가와 현재 시세를 기준으로 했을 때 지금까지 2억 4000만 원의 수익이 기대되는 것으로 확인됐다. 한 채당 2년 기준, 평균 3000만 원의 수익을 올린 셈이다. 부동산 거품론자들의 인디언 기우제와 같은 뜬구름 잡는 소리를 한 귀로 흘려듣고 오직 나만의 판단과 경험으로 얻은 소중한 수익이다.

투자의 목적은 '돈',
냉혹한 돈의 논리를 세워라

부동산 투자자의 심장은 얼음으로 만들어져 있다

등기부등본의 중요성, '두말하면 입 아파'

　첫 갭투자인 대전 국화아파트 매입을 마친 이대표는 모든 면에서 확연하게 달라졌다. 그동안은 그저 나눔부자를 따라 부동산 투자를 '흉내' 냈던 정도였다면 이후부터는 진지하게 부동산 투자자의 길을 걷게 된 것이다.

　"물론 첫 갭투자 물건이었던 국화아파트를 통한 수익 창출은 1~2년의 시간이 지나 실현된 결과물입니다. 당시만 해도 가격 상승을 확신할 수 없었죠. 하지만 처음 시도가 어려웠다 뿐이지 이후로는 부동산 투자에 대한 인식이 긍정적으로 달라졌고, 곧 공격적으로 투자를 하게 됐습니다. 무엇보다 (전세금을 끼지만) 시세의 1000~3000만 원의 투자금이면 아파트 한 채를 매수할 수 있다는 사실이 매력적으로 다가왔습니다. 지금도 마찬가지지만 저는 '부동산은 어디 도망가지 않는다'는 구식 격언을 꽤 믿는 편이기 때문에 눈에 보이는 투자인증서(등기부등본)가 있어야 마음이 놓이거든요."

하지만 마음만 앞선 이대표가 본격적인 부동산 투자자의 길을 걷기에는 장애물이 너무 많았다. 앞서 얘기한 투자인증서, 즉 '등기부등본'●에 대한 해석조차 되지 않았던 것이다.

"제 집 등기부등본을 봐도 도통 무슨 소리인 줄 모르는 백지 상태였다고 하면 이해가 빠를 것 같습니다. 그때는 그저 '빚 없고 내 명의로 되어 있는 내 집'임이 확실했으면 그만이라는 생각이었거든요. 하지만 부동산 투자의 가장 기본인, 예컨대 초등학교에서 배우는 '산수'의 덧셈·뺄셈과 같은 등기부등본에 대한 해석 능력은 반드시 필요한 소양이라는 걸 너무 늦게 깨달았던 거죠. 사실 그리 어려운 건 아닙니다. 처음 배울 때만 조금 낯설게 느껴질 뿐 한 번만 그 내용을 확실히 이해하면 이후부터는 쓱 훑어보는 것만으로도 해당

● 등기부등본이란? 부동산등기부는 부동산에 관한 권리관계 및 현황이 등기부에 기재되어 있는 공적 장부다. 즉 대상 부동산의 지번, 지목, 구조, 면적 등의 현황과 소유권, 저당권, 전세권, 가압류 등의 권리설정 여부를 알 수 있는 자료인 셈이다. 부동산등기부에는 토지등기부와 건물등기부가 있으며, 표제부·갑구·을구로 구성되어 있다. 표제부에는 부동산의 소재지와 그 현황이 나와 있고, 갑구에는 소유권 및 소유권 관련 권리관계(예: 가등기, 가처분, 예고등기, 가압류, 압류, 경매 등)를, 을구에는 소유권 이외의 권리관계(예: 저당권, 전세권, 지역권, 지상권 등)를 표시한다. 참고로 을구의 해당 사항이 없는 경우도 많다. ─네이버 지식백과 발췌

대법원 인터넷등기소

물건에 대한 모든 내용을 단번에 알 수 있는 '부동산 투자자의 눈'이 생길 것입니다."

부동산 매매는 큰 금액이 오가는 이른바 '대형 거래'에 해당하는 것을 물론 권리관계가 복잡한 경우가 많아 안전한 투자를 위해서는 철저한 권리 분석이 전제되어야 한다. 부동산의 가장 기본적인 정보와 관련 사항들이 기재되어 있는 등기부등본이 '부동산 투자의 기본 서류'로 불리는 이유도 이 같은 맥락에서 찾을 수 있다. 과거에는 직접 공공기관을 찾아가야 하는 번거로움이 있었지만 이제는 '대법원 인터넷등기소'를 통해 누구나 쉽게 열람·발급할 수 있다. 등기부등본의 종류는 크게 집합건물과 단독주택으로 나뉜다.

먼저 토지나 아파트·연립주택 같은 집합건물의 등기부등본은 부동산의 소재 지번, 건물의 동·호수만으로도 발급이 가능하고 이에 대한 권리분석도 등기부등본만으로도 충분하다.

반면 단독주택일 경우에는 건물등기부등본 외에 토지등기부등본도 같이 발급을 받아야 한다. 토지 위에 어떤 권리관계가 설정되어 있는지가 명확하지 않아 추후 예기치 못한 피해를 당할 수 있는 까닭이다.

이러한 피해를 예방하기 위해서는 부동산 매매에 있어 ▲계약 체결 전 ▲중도금 납부 시 ▲잔금 납부 시 등 순차적인 계약 과정마다 등기부등본을 확인하는 것이 좋다. 또한 잔금 납부와 동시에 소유권 이전 등기가 가능한지 여부도 반드시 확인해야 한다.

"등기부등본 분석 능력은 부동산 투자의 가장 기본적인 지식입니다. 1980~2000년대를 관통한 '수학의 정석'과 같은 느낌이라고 할까요? 다른 분야의 투자와는 달리 부동산은 등기부등본만으로도 투자 대상의 과거와 현재를 정확하게 알 수 있습니다. 물론 미래에 대한 판단, 즉 가격 상승 여부는 자신의 경험과 부동산 관련 지식의 축적에 따라 예측의 가부可否가 결정되는 부분입니다."

거창하게 말했지만 이대표는 하루, 아니 단 두어 시간 만에 등기부등본의 기본적인 분석을 할 수 있을 정도의 지식을 획득했다. 물론 세세한 예외 조항이 덕지덕지 붙은 등기부등본의 경우 그때마다 별도의 공부가 필요한 것은 현재도 마찬가지지만, 적어도 해당 물건의 투자를 결정할 수 있을 만큼의 분석은 충분히 가능해졌다.

'초석이 튼튼한 집은 천년을 간다'는 말에서 알 수 있듯, 기초와 기본의 중요성은 두말할 필요가 없을 터다. 당신이 부동산 투자를 계획하고 있다면 가장 먼저 해당 물건의 등기부등본을 확인해야 하는 이유다.

부동산 투자, 단호한 돈의 논리를 세워라

등기부등본에 대한 지식을 습득한 이대표는 마치 전가의 보도를 손에 쥔 기분이었다. 등기부등본의 해석이 가능해지자 그동안 눈에 보이지 않던 것들이 보이기 시작했다. 그동안 시세 중심으로 물건을 선별해왔던 기준의 허점을 확인할 수 있었던 것이다.

"예전에는 그저 시세의 변동 정도만 살펴보는 수준이었다면 이제는 등기부등본을 통해 해당 물건에 저당권은 안전한지, 현재 전세금이 얼마인지, 기타 다른 문제는 없는지 등을 객관적으로 확인할 수 있게 됐습니다. 쉽게 말해 보다 정확한 분석으로 안전한 투자가 가능해지게 된 셈이죠. 등기부등본 관련 공부를 하게 된 후 그동안 나눔부자가 추천했던 물건들을 하나하나 확인해보니 그제야 그 이유를 알 수 있었습니다. 공통적으로 저당 혹은 근저당이 깨끗한 경우에 해당됐다는 거였죠. 나눔부자는 물론 세계적인 투자자들이 투자의 가장 중요한 요소로 꼽는 '안전성' 및 '안정성'에 대한 최종 확인 절차가 바로 등기부등본의 권리 분석이었던 것입니다."

이대표는 이제는 하루 일과가 되어버린 부동산 시세를 수시로 체크하는 와중에 관심이 생긴 물건이 있으면 곧바로 등기부등본을 열람해 필요한 정보를 확인하며 가장 현재에 가까운 부동산 공부를 지속해나갔다. '현재 시세 확인→등기부등본 분석→임장→매수 결정'이란 부동산 투자의 정석적인 프로세스를 완성할 수 있는 기반을 마련한 것이다.

"아직 아는 것보다 할 게 더 많은 건 두말할 필요도 없지만, 부지런히 나눔부자를 따라다닌 덕분에 부동산 투자에 관한 일련의 과정을 진행할 경험과 지식을 어느 정도 습득할 수 있었습니다. 이후로는 나눔부자가 대략적인 지역 혹은 아파트를 정해주면 그다음부터는 독학으로 물건을 분석한 후 관련 내용을 검수받는 방식으로 부동산 투자 공부를 해나갔습니다. 그런 와중에 몇몇 물건들에 대해서는 '투자해도 괜찮겠다'는 확신을 갖게 됐지만 아쉽게도 정작 자금이 부족해 실제 실행에 옮기지는 못했습니다."

다른 즐거움을 뒤로하고 열심히 공부한 학생의 성적이 올라가는 건 당연한 이치다. 같은 맥락에서, 돈을 버는 것을 지상 최대 과제로 여기는 이대표가 이를 악물고 자신의 일상을 '올인All-In'해 부동산 관련 공부를 했으니 긍정적인 결과가 나올 확률이 대폭 높아지는 것도 마찬가지다. 대전에서의 첫 갭투자 이후 지속적인 공부로 부동산 투자 성공에 대한 확신이 생긴 이대표는 결국 특단의 결심을 하게 된다.

"아직은 많이 부족하지만 나눔부자에게 수시로 부동산 숙제를 검사받으면서 '아, 이 물건 참 괜찮다'라고 감탄했던 투자처를 단지 돈이 없다는 이유로 꽤 많이 놓쳤습니다. 하지만 앞서 응암동 재개발 입주권을 비롯한 몇몇 부동산 투자에 자금을 투입하느라 추가 투자의 여력이 없었던 상황이었기에 그저 안타까움에 벙어리 냉가슴만 앓고 있었죠. 본업인 온라인 사업의 수익도 고정 지출로 모두 나가야 했기에 도저히 가욋돈이 생길 구멍이 없었습니다."

여기서 이대표는 부동산 투자자로서 대담한 한 발을 내딛기로 결심한다. 그렇게 '빚'을 극도로 혐오하던 그가 대출을, 그것도 자신의 평생 목표였던 내 집 마련의 결과물인 래미안부평 46평을 담보로 잡힌 것이다. 부족하지만 악착같은 짠돌이 생활로 그럭저럭 빚 없는 삶을 꾸려오던 이대표에게는 더없이 큰 사건이었다.

"정말 오랫동안 고민에 고민을 했습니다. 이게 맞는지, 혹시라도 투자가 잘못되어 내 집마저 날아가는 건 아닌지, 오만가지 걱정이 앞선 탓에 결심을 내리기까지 참 오랜 시간이 걸렸습니다. 하지만 지금이 아니면 평생 부동산 투자를 할 수 없을 거란 생각에 과감하게 대출을 받아 자금을 마련하기로 결심했습니다. 특히 앞선 부동산 투자 가부 결정 이유와 마찬가지로, 나눔부자도 첫 투자 자금을 마련하기 위해 당시 살던 집을 담보 잡혔다는 사실을 듣고서 최종 결론을 내리게 됐던 것입니다."

이대표는 4년 전 나눔부자가 그랬던 것처럼 자신의 집, 래미안부평 46평을 담보 잡혀 3억 2300만 원의 대출을 얻었다. 당시 이율은 2.92퍼센트로 1년 1617만 원, 한 달 134만 8000원의 이자 및 원금 상환을 했다.

자신만의 부동산 투자 기준을 만들어가다

　대출로 든든하게 투자 자금을 채운 이대표는 실질적인 부동산 투자 물건을 알아보기 시작했다. 나눔부자 역시 가르침을 곧잘 따라오는 제자의 성공을 위해 적극적인 조언을 아끼지 않았다. 다만 이 과정에서 나눔부자는 자신의 의견을 크게 부각시키지 않기 위해 노력했다고 한다. 그는 어디까지나 물꼬를 터주기 위한 화두를 던져주는 역할을 할 뿐, 올바른 부동산 투자자로 거듭나기 위한 몫은 오롯이 이대표에게 있다는 생각에서였다.

　"처음에는 이상함을 느끼지 못했는데 어느 날인가 나눔부자가 예전과는 달리 제 이야기를 듣는 데 집중하고 있다는 생각을 했습니다. 제가 투자처를 물어봐도 예전처럼 '어느 지역 어떤 아파트 몇 동 몇 호를 사라'와 같은 확답을 하지 않고 그저 '어디 쪽이 괜찮다던데 알아보세요'라는 식으로만 말씀하시더군요. 나중에 안 사실이지만 부동산 투자자로서 제 소양을 키워주기 위해 그렇게 계속 숙제를 내주셨던 거였습니다. 덕분에 수도권 일대 아파트의 시세와 등기부등본은 싹 다 훑어봤던 것 같아요(웃음)."

　그렇게 나눔부자가 툭툭 던지는 힌트를 따라 자신만의 투자 기준을 만들어가던 이대표가 최종 선택한 지역은 바로 인천이었다. 매일 부동산 관련 뉴스를 체크하던 중 '8,934세대 전국 최대 단일 재건축 단지'라는 타이틀을 내건 이른바 '구월 힐스테이트'가 눈에 확 들어왔던 것이다. 2016년 8월 초의 일이었다.

"지극히 개인적이지만, 남자라면 '최대'라는 문구에 한 번쯤은 눈길이 가기 마련이라고 생각합니다. 저 역시 마찬가지였죠. 입주가 완료된 지 이미 수년이 지났고, 매매가와 전세 갭이 2500만 원으로 93퍼센트에 달하며 초등학교를 품고 있는 대단지에 지하철역이 개통을 앞두고 있는 매력적인 단지였습니다. 쉽게 말해 갭투자에 용이한 조건이라는 의미입니다. 나눔부자님도 긍정적인 의견을 내놓으며 '보는 눈 많이 늘었네요'라고 말씀해주셨습니다. 뒤돌아볼 필요 있나요? '못 먹어도 고'였죠(웃음)."

이대표는 앞서 공부한 등기부등본 지식을 기반으로 매물로 나온 물건 중 가장 안전하고 확실한 투자처를 확인했다. 최종적으로 이대표가 선택한 물건은 구월 힐스테이트 2단지 34평형으로 매수가 3억 2000만 원, 전세 2억 9500만 원의 조건이었다. 갭 2500만 원이었던 셈. 이대표는 지난 2016년 8월 4일 해당 아파트의 매수를 끝마쳤다. 현재 구월 힐스테이트 34평형의 실거래가는 약 3억 5000~8000만 원 선이다. '보물을 발견했다'고 생각했던 당초 기대에 비해서는 다소 적은 상승폭을 기록하고 있는 것이 사실이다.

"어떻게 항상 부동산 가격이 팍팍 오르겠어요. 그래서도 안 되고요. 조금씩이라도 가격이 오르고 있다는 점이 중요하다고 생각합니다. 물론 세금 등을 생각하면 아직 가격이 상승해야 하는 것은 사실입니다. 하지만 계속 강조했듯, 이러한 리스크 역시 부동산 투자자가 감당해야 할 자신의 선택에 따른 결과입니다. 비록 구월 힐스테이트의 투자 결과가 아직은 기대치에 미치지 못하지만 여전히 가격 상승 여지가 남았다고 판단되는 만큼 조금 더 긴 호흡을 가져갈 생각입니다."

자, 이쯤에서 조금 아픈 이야기를 꺼내볼까 한다. 이대표가 구월 힐스테이트를 구입했던 시기는 마침 기존 전세 세입자의 계약이 만료된 시기였다. 즉 새로운 소유주인 이대표와 기존 세입자 간에 재계약을 체결해야 하는 상황이었던 것이다. 첫 갭투자였던 대전 국화 아파트 세입자의 경우는 기존 계약을 승계했던 까닭에 별도의 전세금 조정이 없었지만, 구월 힐스테이트는 2년 동안 시세가 크게 오른 상황이었다. 갭투자의 핵심은 얼마만큼 매수가와 전세금의 차이를 최소화하느냐가 관건인 만큼 적어도 시세에 맞는 상향 계약이 필수적이었던 것이다.

이에 이대표는 기존의 2억 4000만 원에서 5500만 원이 오른 2억 9500만 원의 전세금을 설정했다. 당시 시세가 3억 원 안팎이었으니 크게 무리한 요구는 아니었지만, 세입자 입장에서 5500만 원이란 돈을 마련하기는 녹록치 않은 일이었으리라.

계약금의 일부를 먼저 입금하고 원래 소유주와 실제 만나 대략적인 구두 협의를 마친 이대표는 실제 물건의 상태도 확인하고 세입자와 재계약 문제도 의논할 겸 자신이 구입한 아파트를 찾았다. 평일 오후였지만 스케줄 근무자였던 기존 세입자 가족의 가장은 마침 집에서 휴식을 취하고 있었다.

힘겨운 대한민국 가장의 현주소

문제는 여기서 발생한다.

척 봐도 후줄근한 옷차림에 피곤에 찌든 얼굴, 아이들의 왁자지껄한 소리에 휴식마저 제대로 취하지 못하고 이대표를 맞이하는 세입자의 지친 모습을 마주하고 만 것이다. 오직 절약만을 강조하며 악착같이 살아온 과거 자신과 다르지 않던 세입자의 상황은 칼날이 되어 이대표의 가슴으로 날아들었다.

"야근을 마치고 지하철이나 버스를 타고 퇴근할 때, 맞은편에 앉은 중년 남성이 까무룩 잠든 모습을 본 느낌이라고 할까요. 저 역시 세입자와 마찬가지로, 아니 더 힘든 삶을 살아왔기에 그의 힘겨움을 십분 공감할 수 있었습니다. 아니나 다를까. 전세금 상향 문제를 꺼냈더니 정말 세상이 무너진 듯한 표정을 짓더군요. 어떻게든 2000~3000만 원이라도 깎아보려고 부탁하는데 차마 그 앞에서 거절을 못하겠더라고요. 아주 잠깐 '그냥 처음부터 갭이 좀 컸다고 생각할까?'라는 고민도 해봤지만, 일단 어떤 확답도 내리지 않고 자리를 떠났습니다."

이후 이대표는 실제 계약을 일주일가량 앞두고 '인간적인 고민'에 빠졌다. 자신이 조금만 양보하면 한 가족이 최소한 2년 정도는 편하게 살 수 있다는 사실이 자꾸 생각나 하루에도 수십, 수백 번씩 결정이 흔들렸다.

고민은 길었지만 결심을 빠르고 단호했다. 결국 이대표는 시세에 맞는 전세금으로 재계약을 요청했다.

"저는 돈을 벌기 위해서 제 돈과 노력, 시간을 아파트에 투자했습니다. 그에 따른 리스크 역시 오롯이 저의 몫이죠. 만약 아파트 가격이 떨어지거나, 심지어 현상 유지가 되는 수준이라면 저는 손해를 감수해야 합니다. 때문에 소위 말하는 '분산투자'와 같이 여러 채의 아파트 투자를 통해 수익 창출을 도모하고 있죠. 전세금 상향폭을 조절하면 그 아파트에 살던 세입자들이야 좋겠지만, 저는 부정적인 영향을 받을 수밖에 없습니다. 제가 그들로 인해 불이익과 위험을 떠안을 수는 없는 노릇이었습니다. 게다가 그 금액이면 다른 아파트의 갭투자가 가능할 정도였고요."

이대표의 이 같은 선택은 응당 '너무 냉정하다'라는 비판을 받을 수도 있다. 인간적으로 말이다.

하지만 이대표의 입장에서 한번 생각해보자. '내 집 마련'이란 목표를 이루기 위해 수십 년 동안 자신을 희생하며 살아왔던 그에게 집은 거주지 이상의 의미가 맺혀 있던 공간이다. 자신의 소유물 중 가장 소중한 집을 담보로 대출을 받아 부동산 투자를 한 이대표에게 양보라는 미명 아래 또 다시 그의 희생을 강요할 정당한 이유를 댈 수 있는가? 그 누구도 이에 대한 답을 할 수 없을 것이라 확신한다.

누차 얘기하지만 이 책의 목적은 '부동산 투자로 돈을 버는 방법'을 공유하기 위함이다. 돈을 벌기 위해서는 반드시 돈의 논리를 따라야 한다. 돈을 벌기 위해서는 '남'이 아닌 '나'를 중심으로 기준을 설정해야 한다는 의미다. '부동산 투자자의 심장은 얼음으로 만들어져있다'는 우스갯소리가 결코 농담만은 아닌 이유다.

"저도 같은 사회 속에서 함께 살아가는 구성원 중 하나인데 그들의 힘겨운 입장을 이해하지 못할 리가 없죠. 마음으로는 천 번, 만 번이라도 전세금을 동결하고 싶지만 저는 자선사업이 아닌 투자를 하고 있는 투자자입니다. 오랜 고민 끝에 전세금을 올리기로 결정을 내렸죠. 다만 직접 얼굴을 볼 자신이 없어서 부동산 중개소장님께 대신 부탁을 했습니다."

끝내 기존 세입자는 다른 곳으로 이사를 떠났다.

"사실 조금 답답합니다. 5500만 원 전세금이 부담된다고 하더라도 자신의 주생활 지역과 멀어짐으로써 받는 불편을 감수하느니 차라리 다소 무리를 해서라도 8000만 원을 마련해 아파트를 매수하는 편이 훨씬 나았을 거라는 게 제 생각이기 때문입니다. 매수 아파트를 담보로 8000만 원을 대출받았을 때, 이율 3.5퍼센트를 기준으로 다소 높게 잡아도 이자가 한 달 22만 원이 채 안됩니다. 그마저도 원금을 상환하면 줄어들겠죠. 반면 2년 동안 전세금 5500만 원을 모으려면 한 달 평균 200만 원을 저축해야 합니다. 아파트 가격 상승 가능성을 배제하더라도 어느 것이 더 나은 선택일까요? 각자 대답이 다를 수 있겠지만 저는 100퍼센트 후자라고 확신합니다."

'인생은 선택의 연속이다'라는 라틴어 문구처럼 우리네 삶은 순간순간 선택의 기로에 놓이곤 한다. 이렇듯 찰나의 선택이 가져올 나비효과는, 현재가 되기 전까지 어느 누구도 그 결과를 알 수 없다.

이대표가 매수한 구월 힐스테이트의 기존 세입자 역시 마찬가지다. 그가 무리해 대출을 내서 아파트를 매수했다고 반드시 행복해진다는 보장은 없다. 당시 그의 결정처럼 다른 지역으로 이사를 갔음에도 불구하고 삶의 질이 오히려 더 나아졌을 수도 있다. 하지만 확실한 사실은 수년 동안 걸어서 회사와 학교를 다니던 기존 세입자 가족들이 출퇴근 혹은 등하교에 좀 더 많은 시간을 할애해야 한다는 것이다. 게다가 만약 또 다시 전세로 입주했다면 2년 뒤 상승하게 될 전세금에 대한 걱정에서도 자유로울 수 없다.

부동산 투자자는 결코 다른 이의 눈물과 희생을 딛고 돈을 벌지 않는다. 그저 냉정한 돈의 논리에 따라 법과 시장경제에 어긋나지 않는 선에서 수익을 창출하고 있을 뿐이다.

부동산 투자자는 오직 자신의 기준과 판단에 따라 투자한다. 물론 투자에 따른 기대 수익과 당연하게 따라붙는 리스크 모두 투자자 자신의 몫이다. 부동산 투자자의 어깨에 얹힌 리스크를 나눠서 짊어질 생각이 없다면 그들을 비난할 자격이 없다는 사실을 명심해야 한다.

**나눔부자의
촌철살인**

역지사지, 내가 전세자라면
어떤 집을 선호하겠는가?

부동산 투자자가 말하는 '갭투자하기 좋은 물건의 조건'

처음 내 집 마련에 성공한 사람들은 대부분 집을 첫사랑처럼 대하며 많은 것을 투자한다. 집 곳곳을 깔끔하게 리모델링할 때까지만 해도 평생 그곳에서 살 거라 다짐하지만 어디 사람의 마음이 항상 한결같을 수 있으랴. 난생처음 갖게 된 내 집인지라 샘솟듯 애정이 넘쳐흘러 거금을 주고 리모델링을 마쳤지만 이직, 출산 등 여러 가지 이유로 인해 불가피하게 이사를 선택하는 경우가 많다. 이럴 때 이른바 '본전 생각'이 나는 것은 인지상정. 하지만 아파트 매도 시 이러한 리모델링에 대한 부분은 대부분 인정을 받지 못하는 편이다. 특히 대전처럼 오랫동안 아파트 가격이 오르지 않은 저평가 지역은 매수자 우위시장이 형성되는 까닭에 원하는 시세보다 낮은 가격에 매매가 이뤄지는 경우가 잦다.

갭투자는 아파트의 매입과 동시에 전세를 맞추는 것을 전제로 한다. 때문에 매매 계약 당일 입주할 전세 세입자를 반드시 확보해야 한다. 만약 집이 낡아 전세가 들어오지 않는 탓에 일단 매수를 한 후 리모델링을 거쳐 전세를 놓는 경우, 집값을 모두 지불하고 리모델링을 해야 하기 때문에 단기간이라도 많은 자금이 필요하다. 그러나 이미 리모델링을 마친 집은 매매 대비 전세 가격 갭만큼의 금액만 있으면 투자가 가능하기 때문에 전 소유주가 수리를 마친 집을 찾는 것이 좋은 갭투자 물건을 선별하는 가장 중요한 기준으로 꼽힌다. 본인이 전세를 구하는 세입자라고 가정한 후, '조금 비싸지만 리모델링이 완료된 집 VS 다소 저렴하지만 낡은 집' 중 어느 경우를 선택할 것인가에 대한 답을 생각해보면 별도의 설명이 필요 없을 것이다. 물론 이러한 아파트의 경우 2년 혹은 수년 뒤 매도를 할 때도 계약이 수월하게 이뤄질 확률이 높다.

집의 노후화를 제외하면 흠잡을 데 없는 물건을 만났을 때를 보자. 이러한 물건의 경우 수리를 하더라도 시세 차익을 실현할 수 있는 집을 보는 능력을 키워야 한다. 자금이 조금 있다면 처참하게 더러운 집을 매입하는 방법도 좋다. 집이 오래되어 전체를 수리해야 하는 경우 그것을 이유로 가격을 많이 깎을 수 있기 때문이다. 집주인도 자기 집이 다른 집에 비해서 훨씬 조건이 나쁘다는 사실을 알기 때문에 흥정이 다소 쉽게 이뤄지는 일이 많다.

나는 대전의 한 아파트를 다른 집보다 2000만 원 정도 가격을 저렴하게 매입한 후 세입자용으로 900만 원 정도 투자해 리모델링한 경험이 있다. 결과론적으로 나는 시세 대비 1000만 원가량을 싸게 매수한 것이다. 해당 아파트는 깔끔하게 리모델링을 마친 후 신혼부부에게 시세보다 800만 원 높게 전세금을 책정했다. 결국 다른 물건 대비 갭투자가 1800만 원 이상 빠진 것이다. 생각의 차이로 실질적인 투자금 절감 효과를 이끌어낸 사례다. 반대로 내가 집을 매도할 경우 낡은 상태 그대로 내놓는 것보다 일단 본인 돈으로 리모델링을 한 후 매수자를 찾는 방법도 있다. '보기 좋은 떡이 먹기도 좋다'는 옛 선조들의 말은 부동산 투자 분야에서도 여전히 유효하게 작용된다.

작은 평수를 찾는 신혼부부 맞춤형 투자도 한 방법이다. 25평짜리 집은 신혼부부가 가장 많이 찾는 규모의 보금자리다. 이러한 신혼부부들이 선호하는 물건은 바로 '올 리모델링'을 마친 집이다. 아기자기하게 꾸며진 신혼집은 두근거리는 신혼생활을 시작하는 초보 부부의 로망이다. 특히 신혼부부들은 대부분 전세자금 대출을 이용해 집을 마련하는 상황이 일반적이다. 전세 계약서를 첨부하면 전세금의 80퍼센트까지 저금리로 대출이 가능하기 때문에 집이 마음에 든다면 조금 전세금이 비싸더라도 해당 아파트를 선택하는 경우가 많다. 또한 신혼부부는 자녀가 없고 맞벌이 부부가 대다수인 까닭에 집에 있는 시간도 별로 없다. 따라서 집 상태가 처음 그대로 유지된다는 장점이 있어 전세가 만기된 후 매도 혹은 재계약에 유리하게 작용하곤 한다.

"갭투자하기 좋은 물건의 조건은 무엇인가?"
당신이 전세 세입자라면 어떤 아파트를 선호할 것인가를 생각하면 바로 정답이다. 자녀가 있다면 학군이 좋은 지역을 우선 찾아보고, 아직 아이가 어리다면 주변에 공원이나 편의 시설이 있는지 여부를 따진다. 본인이 직장인이라면 직장과의 인접성과 교통편의성 등을 최우선 순위에 올릴 테고, 어르신이라면 간단하게 운동할 수 있는 야산이나 천변 주변을, 주부라면 마트나 시장이 가까운 지역을 선택할 확률이 높다. 즉 갭투자는 해당 지역의 특성(교통, 학군, 상권, 자연환경 등)을 가장 잘 파악한 후 그에 맞는 물건을 고르는 것이 중요하다는 의미다.

이런 조건을 충족하는 지역은 매매가격이 높고 자연스럽게 전세가격도 비싸다. 현지인들이 아파트가격이 오르지 않는다고 생각할 때는 전세가격이 높아도 전세로 거주하는 습관이 있다. 그러나 그만큼 전세 가격이 높게 형성된 상황은 곧 선호도가 크다는 것과 일맥상통한다. 쉽게 말해 이러한 지역의 부동산 가격이 상승하기 시작하면 제일 먼저 가격이 오르고 상승폭도 가장 클 확률이 높다는 뜻이다.

지금까지 말한 갭투자하기 좋은 물건의 조건은 다음과 같다.

1. 학군이 좋고 학원이 가까운 곳에 밀집된 지역
2. 직장과 거주가 근접해 있는 지역(직주근접 지역)
3. 교통이 발달되어 출퇴근 혹은 등하교가 용이한 지역
4. 상권이 발달되어 문화생활이 활성화된 지역
5. 건강을 책임질 수 있는 공원과 산이 어우러진 지역

부동산 투자의 4요소,
'교통 · 교육 · 상권 · 환경'

나무가 아닌 숲을 보는 눈을 키워야 한다

꿀이 있는 곳에 벌이 꼬이기 마련

아파트 담보대출을 기반으로 본격적인 부동산 투자자의 길을 걷기로 결심한 이대표의 상황은 말 그대로 일수불퇴(一手不退), 이제 뒤로 돌아갈 길은 없었다. 자칫 삐끗하면 자신이 평생을 바쳐 일군 가장 소중한 결과물인 집을 잃을 수도 있었던 백척간두에 놓인 모양새였던 것이다.

"이러지도, 저러지도 못해 전전긍긍했다고 할까요. 아파트를 담보로 대출을 받고 호기롭게 우리나라 최대 아파트 단지 내 물건을 구입하기까지 했지만, 마음 한 편에서는 '정말 괜찮을까?'라는 자문이 끊임없이 이어지고 있었던 거죠. 하지만 돌이킬 수는 없었습니다. 아니, 되돌리고 싶은 마음이 없었다는 표현이 더 적절할 것 같습니다. 이미 부동산 투자의 가능성을 '직접' 경험한 제게 인생에 단 세 번만 온다는 기회임이 분명하다고 확신했던 까닭입니다."

그렇게 이대표는 짧은 망설임을 딛고 부동산 투자자로의 다음 걸음을 준비했다. 그동안 이대표가 해왔던 부동산 공부가 소위 '초급편'이었다면 이제는 보다 현실적인 내용으로 구성된 '고급편'을 수학할 차례였던 것이다. 물론 이대표의 옆에는 그의 영원한 부동산 스승, 나눔부자가 있었다.

"제가 또 누구한테 수업을 받겠습니까. 당연히 나눔부자죠. 돌이켜보면 그간 나눔부자가 제게 꾸준히 설파한 주요 내용을 요약하면 '부동산에 대한 마인드 개선' 정도로 압축할 수 있을 것 같습니다. 아무리 좋은 커리큘럼이라고 해도 학생이 준비되어 있지 않다면 소용이 없는 것처럼 소위 '부동산 의심병'을 먼저 걷어내지 않으면 부동산 투자는 평생 요원한 '돈벌이'인 셈이죠. 때문에 무엇보다 가장 먼저 본인이 그간 갖고 있던 부동산 투자에 대한 편견 혹은 고정관념을 깨뜨리는 과정이 필요한 것입니다."

본격 부동산 투자자를 선언한 이대표는 이후 나눔부자와의 만남 횟수를 부쩍 늘렸다. 나눔부자 역시 자신의 가르침을 곧잘 따라오는 제자의 성장을 돕기 위해 조언을 아끼지 않았다. 이제는 이론을 현장에 접목시킨 실전 부동산 투자 과정으로 들어간 것이다.

"사실 예전에 몇 번 임장을 다닐 때도 각 물건에 맞는 설명을. 해주시긴 했습니다. 그런데 정작 제가 그걸 알아들을 수 있는 지식이 부족하고, 무엇보다 부동산 투자 자체를 받아들일 준비 자체가 되어 있지 않았던 탓에 그냥 흘려들어 버렸던 거죠. 머리가 나쁘면 몸이 고생한다는 말마따나 다소 늦은 결심으로 인해 시간은 물론 돈을 벌 수많은 기회를 날려버린 셈이죠. 지금 돌이켜보면 제가 과거에 왜 그렇게 부동산에 대해 거부감을 갖고 있었는지 스스로가 원망스러울 정도입니다."

이대표만을 위한 나눔부자의 실전 부동산 투자 강의는 임장을 기본으로 이뤄졌다. 가상의 투자 물건을 직접 방문하고 그에 대한 투자 가치를 평가하는 식이다. 쉽게 말해 A라는 아파트를 둘러보고 해당 물건의 장단점을 분석한 후 최종 투자 결정을 내리는 것이다.

"처음에는 서울과 수도권을 비롯해 제가 거주하는 부평, 부천, 인천을 돌아다녔습니다. 거리상의 문제도 있었고 무엇보다 이제부터는 제 스스로의 판단으로 투자를 하겠다는 목표가 있었기 때문에 짧은 시간 동안 보다 많은 물건 분석을 실시하고자 했기 때문입니다. 처음에는 그저 과거 시세의 흐름을 토대로 미래 가격 상승을 예측하는 정도에 불과한 분석 결과서가 전부였지만, 나눔부자가 일일이 '빨간펜'을 들어준 덕분에 빠르게 실전 투자 분석 기법을 익힐 수 있었습니다."

부동산은 단독 투자 대상 아냐

　부동산 분석에 있어 나눔부자가 항상 강조한 부분은 '나무가 아닌 숲을 보라'는 속담이다. 단순히 아파트의 외형이나 브랜드, 과거·현재 시세 등 1차원적인 요소를 중시하는 것은 달을 가리키는 손가락을 보는 격이다.

　아파트의 가격을 결정하는 요소는 여러 가지가 있다. 물론 앞서 말한 1차원적인 요소, 즉 아파트 준공 시기나 브랜드, 내부 인테리어 등도 가격을 좌우하는 요인으로 꼽힌다. 하지만 궁극적으로 아파트의 가격 상승을 견인하는 핵심은 바로 '사람', 보다 정확히 표현하면 '수요자의 유무'라고 할 수 있다. 아무리 좋은 제품이라도 소비자가 없으면 그저 악성 재고에 불과한 것처럼, 아파트 역시 그곳에 살기를 원하는 이가 없다면 절대로 높은 가격을 책정할 수 없다는 사실은 불문가지일 터다.

　"부동산 투자자의 아파트 매수가 갖는 의미는 복합적입니다. 문서에 명시되어 있는 확정된 규모의 집을 본인의 소유로 한다는 기본적인 사실과 더불어 향후 부동산이 위치한 지역에서 발생하는 호재나 악재까지 같이 구입하는 겁니다. 예컨대 아파트 매수 후 1년이 지나 도보 3분 거리에 대형마트가 새로 들어섰다고 가정해보겠습니다. 이렇게 되면 매수 당시에는 그저 아파트였던 투자 물건이 대형마트 건설이라는 호재에 힘입어 '대형마트와 가장 가까운 아파트'로 가치가 상승하게 되는 겁니다. 반면 예상치 못한 악재가 발생해 아파트 가격이 떨어지는 상황도 여러 경우의 수 중 하나입니다. 즉 부동산 투자는 단순히 물리적인 아파트 혹은 토지를 매수하는 것이 아닌 미래의 가치 변동에 대한 기회비용을 획득하는 것입니다."

향이 진한 꽃일수록 품고 있는 꿀의 양은 더 많기 마련이다. 달콤한 꿀을 담뿍 머금은 꽃밭에 많은 벌이 꼬이는 자연의 이치처럼, 부동산 투자자 역시 다른 사람들이 관심을 가질 만한 좋은 조건의 물건을 선별해 자신의 울타리 안에 가둘 역량을 키워야 한다.

아파트 가치 판단 기준 '부동산 투자의 4요소'

부동산 투자로 수익을 창출하기 위해서는 물건을 저렴하게 매수해 가격이 오른 후 필요한 이에게 차익을 남겨서 매도해야 한다. 참고로 부동산 투자 과정에서 고정 지출로 꼽히는 세금, 부동산 중개수수료, 법무사비, 대출이자 등도 고려해야 한다.

부동산 투자 수익을 올리기 위해서는 좋은 조건의 물건을 매수해야 하는 것이 전제되는데, 이때 아파트 가치 판단의 기준이 되는 것이 바로 '부동산 투자의 4요소'다.

나눔부자가 꼽는 부동산 투자의 4요소는 바로 '교통, 교육, 상권, 환경'이다. 참고로 나눔부자와 이대표가 중요하게 생각하는 요소의 중요도를 나열해보면 교통 ≥ 교육 〉 상권 〉 환경 순이다.

당연하지만, 투자에 가장 좋은 조건의 아파트는 바로 이 네 가지 요소를 모두 충족시키는 물건일 것이다. 하지만 수백, 수천만 가구를 헤아리는 우리나라 아파트 중 이를 모두 갖춘 소위 '완벽한 아파트'는 극히 드물다. 예컨대 아파트 주변에 학교와 학원 등의 교육 기관이 많은 지역은 상대적으로 유흥과 문화를 중심으로 형성되는 상권이 약할 수밖에 없고 어르신들이 선호하는 이른바 '공기 좋은' 외곽이나 산자락과 맞물려 있는 아파트는 필연적으로 도심에 비해 교통이 불편해지는 식이다.

"부동산 투자는 결국 부동산의 미래 가치 상승의 기회비용을 매수하는 것입니다. '싸게 사서 비싸게 판다'는 장사의 기본과 같죠. 때문에 물건을 볼 때 향후 가격이 오를 여지가 있는지 따져봐야 합니다. 그런데 이게 참 아이러니한 부분입니다. 제가 산 건 분명 아파트인데, 정작 아파트의 가격이 올라가는 이유는 외적인 요소에 기인하는 경우가 많기 때문이죠. 쉽게 말해 아파트 자체만으로는 가격이 오르기 힘들다는 뜻이죠. 아파트의 현재는 물론 미래 가치를 가늠할 수 있는 부동산 투자의 4요소가 더욱 중요한 까닭입니다."

자, 이제 본격적으로 부동산 투자의 4요소를 살펴보자. 참고로 해당 요소마다 본인의 상황이라고 가정하면 더욱 이해가 빠르다.

먼저 '교통' 부분이다. 아파트 투자에서 교통 분야가 갖는 의미를 풀이하면 크게 ▲이동 편의성 ▲직장(주요 생활권)과의 인접성으로 나눌 수 있다. 참고로 이 둘은 서로 밀접한 연관성을 갖고 있지만, 보다 자세한 설명을 위해 각각 사회간접자본과 거리라는 서로 다른 기준을 적용한 것이다.

내 직장과 집의 거리는 얼마인가?

이동 편의성을 좀 더 세분화해보자.

이동 편의성은 '자가차량 이용 시: 도로망이 잘 정비된 지역인가', '대중교통 이용 시: 종류와 노선이 풍부한가'로 정리할 수 있다. 예컨대 지방 출장이 많은 경우 고속도로와 연결된 지역의 아파트를 선호하고, 자가 차량이 없는 사람에게는 대중교통 노선이 풍부한 동네가 좋은 조건으로 여겨진다. 즉 이동 편의성이 확보된 아파트는 삶의 질이 높아진다고 할 수 있다. 결론적으로 도로망과 대중교통 노선 등의 사회간접자본이 완비돼 이동 편의성이 높은 아파트는 향후 가격 상승 가능성이 높다는 분석이 가능하다.

지금부터 설명할 '직장 혹은 주요 생활권과의 인접성'은 나눔부자와 이대표가 가장 중요하게 여기는 부분이다. 쉽게 생각해보자. 우리나라에서 아파트 가격이 가장 비싼 동네, 두말할 필요 없이 강남이다. 강남은 명실공히 대한민국 경제와 문화의 중심지이며 수많은 국내 주요 기업들이 밀집해 있다. 즉 수십만 명에 달하는 직장인들이 강남으로 출퇴근을 하고 있는 것이다.

"저 역시 직장과의 인접성이야말로 아파트 가치를 판단하는 가장 중요한 요소라고 생각합니다. 예전에 제가 짠돌이 생활을 할 때는 교통비 몇천 원을 아끼겠다고 몇 시간을 걸어서 출퇴근했습니다. 그때는 그게 돈을 버는 최고의 방법인 '절약'인 줄 알았죠. 그런데 그런 생각은 오히려 돈을 낭비하는 결과로 이어졌습니다. 제가 걷는 시간 동안 돈이 줄줄 새고 있었던 거죠."

우리는 일을 해서 돈을 벌고, 그 돈을 소모하며 삶을 이어간다. '시간이 돈'이라는 말마따나 출퇴근 시간이 긴 것은 결코 긍정적인 결과로 이어지지 않는다. 이렇듯 교통이란 요소는 비단 부동산 투자자뿐만 아니라 실거주자나 세입자에게도 매우 중요한 부분이다.

그렇다면 부동산 투자의 4요소 중 첫 번째인 교통에 대한 내용을 정리해보자.

부동산 투자자의 입장에서 교통이란 요소를 충족시키는 물건의 조건은 ▲사회간접자본(도로망, 대중교통 노선 등) 완비에 따른 이동 편의성 확보 ▲기업 밀집 지역과의 인접성 등을 꼽을 수 있다. 이러한 조건을 갖춘 아파트의 경우 지속적인 수요가 보장되는 만큼 향후 부동산 가격 상승 여지가 충분하다.

좋은 부동산 투자 물건(아파트) 고르기의 첫 단계, 교통의 중요성은 아무리 강조해도 부족하지 않을 것이다.

지역별 특성 파악 필수

교통에 이어 부동산 투자의 4요소 중 교육, 상권, 환경에 대해 알아보자.

두 번째로 다룰 교육 분야는 대한민국만의 특수한 부동산 가치 평가 조건이라고 할 수 있다. 우리나라는 전 세계 그 어디에서도 보지 못할 만큼 교육열이 매우 높다. 아니, 차라리 '비정상적'이란 표현이 적절할지 모르겠다. 일부 스타 강사의 경우 연봉이 수십억 원 이상에 달하고, 소위 '강남 학부형'으로 불리는 이들은 아들의 운전기사와 스케줄 비서를 자처한다. 강남의 대치동과 강북의 목동은 학원가가 밀집되어 있어 교육 환경이 우수하다는 이유 하나만으로도 전국에서도 손꼽히는 아파트 평균 가격을 형성하고 해당 지역에 사는 학생들은 많게는 10개 이상의 학원과 과외를 받는 일상을 반복한다.

이쯤에서 욕 한번 시원하게 먹어보고 다시 시작해보자.

부동산 투자자들은 이러한 우리나라의 비정상까지 파고든다. '교육=돈'이라는 공식은 부동산 투자에서도 여전히 유효하기 때문이다.

이대표가 아파트 담보대출을 받은 자금으로 구월 힐스테이트 이후 연달아 투자한 대전아파트 두 채가 바로 이 경우에 해당된다.

"오랜 고민 끝에 구월 힐스테이트 다음 투자 물건의 주제는 '교육'으로 잡았습니다. 나눔부자의 추천으로 첫 갭투자를 했던 대전에 빠져있던 차였는데, 특히 대전의 둔산동과 월평동이 교육으로 유명하기도 했던 까닭입니다."

구월 힐스테이트를 구입한 후 이대표가 나눔부자로부터 실전 투자 강의를 가장 많이 진행했던 곳이 바로 대전이다. 현재 저평가된 지역인 덕분에 매수자 우위장이 형성돼 갭투자에 적합한 물건이 많았고, 추후 대세상승장에 돌입할 확률이 높다는 판단이었다. 때문에 실전 투자 강의와 실제 투자를 병행하기 위해 두 사람은 2016년 8월 내내 대전에서 살다시피 했던 것이다.

"살던 집을 담보로 마련한 자금이었기에 실패는 있을 수 없다는 다짐이었습니다. 이에 철저한 분석을 기반으로 확실한 투자 물건을 고르는 데 많은 시간을 할애했죠. 대전이 저평가 지역이기도 하고 가까운 시일 내에 대세상승으로 돌아설 가능성이 농후하다고 하지만 그것만으로는 부족했습니다. 때문에 나눔부자와 실전 투자 강의 차 대전 지역 곳곳을 임장을 다니며 제가 그동안 배운 지식으로 나름대로의 분석을 하며 물건의 옥석을 가리고자 노력했습니다. 그때 잡은 주제가 앞서 말한 부동산 투자의 4요소 중 '교육'이었던 거죠."

이대표는 땡볕 아래서 한 달 내내 임장을 다니느라 고약한 발 냄새가 가득 밴 당시의 꼬질꼬질한 운동화를 세탁도 하지 않은 채 그대로 간직하고 있다. 그때만큼 무언가에 몰두해본 적은 처음이었기 때문에 자신이 나태해질 때마다 그 신발을 보며 당시의 경험을 되새김질하기 위함이다.

"거창하게 포장했지만, 사실 이후 몇 개월 동안 그 신발이 어디 있는지도 모를 정도로 바쁘게 살아왔습니다. 밑창이 헐렁거리고 신발 코에 구멍이 뚫려서 다른 신발로 바꿔 신고 다녔던 참이죠. 한참 뒤에 신발을 발견했는데, 발 냄새가 어찌나 심하던지 구역질이 날 정도였습니다. 그냥 휴지통에 던졌는데, 오며가며 그 신발을 보니 35도가 넘는 폭염에도 하루 몇 시간씩 뛰어다니며 물건을 확인했던 기억이 생생이 떠오르더라고요. '나도 참 열심히 살았구나'라는 생각이 들더군요. 그래서 휴지통에서 신발을 다시 꺼내서 신발장 한

편에 잘 모셔놨습니다. 제가 직접 발로 뛰어서 찾은 물건의 가치에 대한 증거가 바로 그 신발이라고 생각됐기 때문이죠(웃음)."

새 신발은 아니지만 아직 한창 신을 수 있었던 신발이 망가질 정도로 부지런히 발품을 팔며 이대표가 최종 선택한 물건은 '둔산동 청솔아파트(34평)'와 '월평동 황실타운아파트(32평)'였다.

정부대전청사를 가운데에 두고 각각 오른쪽과 왼쪽에 자리 잡은 두 아파트는 '교육'이란 명확한 공통점을 갖고 있다. 즉 '아이가 학생인 가정'을 상대로 투자를 한 것과 마찬가지인 셈이다.

둔산동 청솔아파트를 기준으로 1.5킬로미터 내에 ▲대전샘머리초등학교 ▲한밭초등학교 ▲탄방초등학교 ▲대전문정중학교 ▲삼천중학교 ▲충남고등학교가 위치해 있으며, 월평동 황실타운아파트를 중심으로 반경 2.5킬로미터 거리에는 ▲월평중학교 ▲남선중학교 ▲서대전고등학교 ▲만년고등학교 ▲전둔산여자고등학교가 들어서 있다.

"두 아파트 모두 도보로 5~10분 거리에 너댓 개의 교육 기관이 들어와 있는 것은 물론 다수의 학원이 모여 있는 이른바 '교육 밀집 지역'입니다. 부동산 투자의 4요소 중 교육 분야에서는 매우 훌륭한 조건을 갖춘 셈이죠. 이러한 지역의 아파트의 경우 매년 지속적으로 새로운 학생들이 입학하기 때문에 전세 수요가 꾸준하다는 특징이 있습니다. 쉽게 말해 갭투자에 특화되어 있다는 의미죠. 또한 두 아파트 모두 고등학교를 졸업한 학생을 둔 기존 소유주로부터 매수했다는 공통점이 있습니다. 바로 앞에 말한 입학생과 마찬가지로 졸업생 역시 매년 발생하기 때문에 2016년 초 아이가 고등학교를 졸업한 후 각자의 사정으로 이사를 계획하던 소유주로부터 각각 300, 500만 원의 에누리를 협의해 매수한 것입니다."

특화 고객 집중 공략 전략

이대표는 2016년 9월 초와 중순에 청솔아파트와 황실타운아파트를 차례로 매수했다. 당시 두 아파트의 투자 내역을 살펴보면 ▲청솔아파트-매수: 2억 2900만 원, 전세: 2억 1500만 원 ▲황실타운아파트-매수: 2억 3500만 원, 전세: 2억 2000만 원이다.

현재 두 아파트의 시세는 각각 2억 5000만 원과 2억 6500만 원이다. 전자는 아직 기대만큼의 가격 상승을 기록하지는 못했지만 1년 6개월 만에 2100만 원의 차익을, 후자의 경우 인근 지역의 호재와 맞물려 무려 3000만 원이 올랐다.

'교육은 돈이 된다'는 안타깝지만 피할 수 없는 대한민국만의 경제 논리에 대한 증명이다.

"저 역시 아이를 키우는 아버지입니다. 예전부터 '아이들에게 공부를 강요하지 말아야지'라는 다짐을 갖고 살아왔음에도 불구하고 입학할 때가 되니 좋은 학군에 대한 욕심이 생기더군요. 아이들이 명확한 거부를 표시하면 모를까, 그전까지는 조금이라도 더 나은 교육 환경을 만들어주고 싶은 게 부모로서의 솔직한 마음이었습니다. 이왕이면 좋은 학군에서 공부할 수 있도록 해주고자 고민했던 거죠.

다행히 원래 살던 지역이 교육적으로 우수한 편이었던 까닭에 이사를 하지는 않았습니다. 만약 제가 사는 곳이 그런 조건을 충족시키지 못했다면 '무리를 해서라도' 다른 아파트를 찾아갔을 것입니다."

'내리사랑'이라 했다. 우리나라에서만 유독 높은 교육열의 한 이유 역시 이와 같은 맥락일 것이다. 부모는 자식에게 보답을 바라지 않는다. 또한 자신보다 더욱 소중한 존재로 여긴다. 그러한 부모의 입장에서 몇천만 원, 혹은 몇억 원이란 돈은 그리 중요한 가치를 가지지 못한다. 부동산 투자의 두 번째 요소인 교육의 중요성에 대한 씁쓸한 단상이다.

부동산 투자 요소의 나머지는 바로 상권과 환경이다. 이는 말 그대로 상권이 활성화된 지역이나 자연환경 혹은 공원과 같은 조경지가 인접한 아파트에 해당된다. 두 요소 역시 부동산 투자의 요소로 당당히 꼽히는 만큼 중요한 것은 사실이지만, 교통과 교육에 비해 현장에서는 상대적으로 중요도가 떨어진다.

"상권과 환경도 부동산 투자에서 빼놓을 수 없는 핵심 중 하나입니다. 하지만 이를 우선순위로 올려놓는 경우가 그리 많지 않다는 사실은 상권이나 환경보다 교통과 교육이란 요소가 더욱 중요하다는 증명과 마찬가지입니다. 실제로 교통과 교육은 우리의 일상과 밀접한 관계가 있기 때문에 아파트는 기본적으로 이러한 요소를 충족시켜야 합니다. 반면 상권의 대표적인 예시인 대형마트나 백화점, 기타 위락시설 밀집지역 등은 우리가 매일 이용하는 곳이 아니며,

상대적으로 연배가 높은 어르신들이 선호하는 환경 중심 아파트의 경우는 수요 자체가 적은 편입니다. 정리하면 교통과 교육을 기본으로 나머지 두 요소인 상권과 환경까지 아우르는 물건은 최선이지만, 오직 상권과 환경에 특화된 아파트는 매력적인 투자 물건이 아니라는 의미입니다."

아울러 지금까지 설명한 부동산 투자의 4요소는 현재 부동산 가격을 결정짓는 근거이기도 하지만, 앞으로의 가격 상승폭을 결정짓는 것이기도 하다. 예컨대 투자 물건 주변에 지하철이 들어온다거나 국내 유명 대학 캠퍼스(예를 들어, 연세대학교 송도캠퍼스)가 조성되면 아파트 가격이 크게 올라가는 식이다. 때문에 부동산 투자 결정 시 아파트의 현재 조건을 꼼꼼히 확인해야하는 것은 물론 미래 발생 기대감이 높은 호재를 미리 알아보는 과정도 병행해야 한다.

**나눔부자의
촌철살인**

좋은 부동산 투자 물건의
기준은 무엇인가?

부동산 투자의 판타스틱4 '교통·교육·상권·환경'

"좋은 부동산의 기준은 무엇인가요?"

제가 가장 많이 받는 질문이다. 끊임없이 제가 던져지는 이 질문에 명쾌한 한 문장으로 답변하고 싶지만, 사실 부동산의 가치를 판단하기 위한 요소는 여러 가지가 있다.

부동산 가치를 결정하는 데는 수많은 요소가 복합적으로 작용하지만 이번에는 가장 기본적인 부동산의 4요소, 즉 '교통·교육·상권·환경'에 대한 부분을 집중적으로 조명해본다.

첫 번째로는 개인적으로 가장 중요한 요소로 꼽는 '교통'이다. 교통은 보통 '직주근접'이라고도 일컫는데, 이는 직장과 주거 사이의 거리가 얼마나 가까운지를 의미한다. 특히 수도권 아파트의 경우 소위 말하는 '강남'에 얼마나 빨리 접근할 수 있냐에 따라 주택 가격이 결정된다고 해도 과언이 아니다. 일부 수도권 외곽 지역에서 강남까지 출퇴근하는 시간이 왕복 너댓 시간 걸리는 경우도 있을 만큼 그 편차가 크기 때문이다. '시간이 돈'이라 하지 않았던가. 매일 아침 콩나물시루 같은 좁은 공간에 몸을 싣고 너댓 시간 동안 견뎌야 하는 출퇴근길은 말 그대로 '지옥'이나 다름없을 것이다. 이러한 관점에서 봤을 때, 주거를 직장과 가깝게 한다면 그 자체만으로도 돈을 버는 것과 마찬가지다. 다시 말해 대출을 받음으로써 자신의 수익 중 일부를 원금과 이자로 상환한다고 해도 오히려 돈을 버는 효과가 나타난다는 의미다. 지하철과의 인접성, 풍부한 버스 노선, 사통팔달의 교통망 등을 확보한 아파트 가격이 매우 높게 형성되는 이유다. 특히 이처럼 교통이 발달된 지역은 특히 신혼부부의 선호도가 높기 때문에 해당 조건을 충족한다면 소형아파트에 투자하는 게 현명한 선택일 것이다.

두 번째로 '교육'이다. 교육은 우리나라 사람이라면 모두 동조할 핵심 요소일 것이다. 나보다 자식이 잘살길 바라는 마음은 우리나라 오랜 전통이기 때문이다. '맹모삼천지교'라는 말이 있지 않은가. 다수의 학교와 학원이 밀집되어 있는 대치동·목동·중계동·분당·일산·평촌 등에 부동산 가격이 높은 이유가 바로 교육에 있는 것이다. 물론 나 역시 아이들을 위하는 마음은 이들과 크게 다르지 않다.

소위 '명문학군'이 모여 있는 지역을 '학세권'이라고 부른다. 부모는 아이들이 학교를 통학할 때 대로변을 건너길 원하지 않는다. 혹시나 예기치 못한 사고가 발생하지는 않을까라는 걱정이 있는 까닭이다. 그리고 대다수 아이들이 으레 다니는 학원까지 버스를 타지 않고 도보로 오가기를 바란다. 때문에 학교와 학원이 가까이 위치되어 있는 지역에 '학세권 프리미엄'이 존재하는 것이다. 교육이 잘 발달되어 있는 곳은 보통 아이들이 초·중·고등학교를 한 지역에서 다니기 때문에 4인 가족이 거주하기 안성맞춤인 크기인 중소형과 중대형을 선호한다. 이러한 경우 부모에게 해당되는 교통은 다소 후순위가 된다. 이렇듯 부모는 아이들을 위해 자신들의 수고를 마다하지 않는 것이 일반적이다. 씁쓸하지만 우리나라 부모들의 내리사랑은 부동산 투자에서도 확인할 수 있다.

세 번째로 '상권'이다. 상권은 최근 맞벌이 부부가 크게 늘어나면서 이에 대한 중요성이 부각된 요소다. 맞벌이 부부가 증가함에 따라 집에서 식사를 해결하기보다 외식을 하는 횟수가 급증하는 추세다. 또한 늘 빡빡한 직장 생활에 쫓기는 탓에 집은 그저 휴식을 위한 공간으로 여겨지는 것이 일반적이다. 이러한 배경으로 인해 상권의 중요성이 도드라지기 시작한 것이다. 이러한 상권의 중요성을 대변해주는 '상권 신조어'가 있다. 소위 말하는 맥세권(맥도날드와 가까운 권역), 스세권(스타벅스와 가까운 권역), 백세권(백화점과 가까운 권역), 영세권(영화관과 가까운 권역) 등이 바로 그것이다. 이러한 조건을 충족하는 아파트의 가격은 대부분 고공행진을 이어가곤 한다. 또한 또 다른 상권 신조어인 병세권(병원과 가까운 권역)은 갈수록 가속화되는 고령화시대를 맞이해 더욱더 중요시되는 상권 기준 중 하나다. 상권이 발달되어 있는 경우는 모든 연령층을 아우르는 선호 지역에 해당되며 소·중·대 평수를 가리지 않는다.

마지막은 '환경'이다. 환경 역시 요즘 들어 특히 각광받는 요소다. 보통 아파트 분양권을 살 때 중시하는 것 중 하나가 바로 전망view이다. 이른바 '한강뷰'를 떠올리면 이해가 쉬울 것이다. 강남 모 아파트의 경우에서 알 수 있듯, 한강뷰가 나오느냐 안 나오느냐로 인해서 같은 아파트임에도 불구하고 많게는 수억 원의 차이가 벌어지곤 한다. 산과 호수 그리고 공원이 보이는 아파트가 그렇지 않는 아파트에 비해서 가격이 10퍼센트 이상 높게 형성되는 것도 같은 맥락이다.

몇 년 전 소송으로까지 이어지며 뉴스에서 크게 다뤘던 '조망권' 역시 마찬가지다. 만약 내가 살고 있는 아파트 앞에 다른 아파트가 가려져 있다면 거실에서 답답함을 느낄 것이다. 조망권에 대한 프리미엄이 생겨난 배경이다. 특히 고령화시대를 맞이해 건강에 대한 관심이 높아짐에 따라 숲으로 둘러싸인 아파트가 큰 인기를 얻고 있는데 이러한 아파트를 가리켜 '숲세권(숲과 인접한 권역)'이라고 부른다. 건설사 또한 소비자의 변화하는 기준을 충족시키고자 노력하고 있다. 최근 지어지는 대부분의 아파트는 단지 내에 자체 공원을 조성하고 둘레길을 만드는 등 환경 분야에 많은 투자를 하고 있다.

이대표, 명실상부한 부동산 투자자가 되다

'나눔부자×이대표', 부동산 매매법인 설립으로 억대 연봉 정조준

평생의 습관까지 바꾼 이유, 결국 '돈'

한 달 동안의 대전 실전투자 강의와 두 건의 추가 갭투자는 아직은 어색했던 '부동산 투자자 이대표'의 명함을 굳건하게 만들어줬다. 나눔부자 역시 이대표의 빠른 흡수력에 엄지를 척하고 들어 올릴 정도였다. 하지만 과거 짧은 지식으로 부동산 중개소장에게 얼토당토않은 어깃장을 부렸다가 나눔부자에게 혼났던 경험이 있는 이대표는 항상 초심을 다잡기 위해 노력했다.

"지금 생각해도 얼굴이 화끈거리는 기억입니다. 송도더샵센트럴시티 입주권을 매수하고 부동산에 관심이 생겨 한창 관련 공부하던

때였습니다. 부동산 소장님과 매매를 위한 협상 중 제가 알고 있는 모든 것을 솔직하게 다 말하는 모습을 본 나눔부자가 '내가 이렇게 안 가르쳤는데~' 하며 말을 아끼시더군요. 협상에서 들고 있는 카드를 모두 오픈하는 건 협상력이 없는 것과 마찬가지를 의미합니다. 결국 더 비싸게 물건을 사게 된다는 것이고 이것은 손실을 의미합니다. 부동산 거래에선 적은 금액이라 해도 몇백만 원이 오가기 때문에 싸게 사기 위한 정보와 노하우는 곧 수익과 직결되는 것입니다. 협상이 완료되어서도 마찬가지죠. 싸게 사기 위한 노하우와 정보는 끝까지 힘구하고 꼭 필요한 타이밍에만 써야 하는데 초보였던 저는 깔끔하게 오픈하고 말았던 것입니다. '솔직한 게 좋은 거 아닌가?'라는 마음으로 말이죠. 결과적으로 그 물건은 마음에 들었지만 매수할 수 없었습니다. 매도자가 그 자리에서 1000만 원을 올렸고 끝내는 매도하지 않기로 했다더군요. 결국 제가 아는 정보를 매도자도 알게 되면서 거래는 이뤄지지 않게 된 것입니다. 제 발등을 스스로 찍은 격이죠. 거기에다 부동산 초보인 저는 부동산 소장님께 핀잔을 주며 소장님이 일을 똑바로 못해서 그렇다고 투덜거렸습니다. 그 태도가 참 시건방졌던 거죠. 한참 아랫사람이 윗사람에게 훈계하는 느낌이라고 할까요. 평소 자분자분한 말투로 꼬박꼬박 존댓말을 쓰시던 나눔부자도 떨떠름한 미소로 제가 누구와 일하는지에 대해 설명해주시더군요. 부동산 투자로 돈을 벌고 싶다면 부동산 소장님과 비즈니스 파트너가 돼야 한다고 말이죠."

당연한 사실이지만, 부동산 투자자와 중개소장은 수직적인 관계가 아니다. 부동산 투자자는 중개소를 통해 물건 소개 및 중개 업무를 일임하고, 중개소는 부동산 투자자의 매매를 도와줌으로써 수수료를 받는 '상부상조' 혹은 '비즈니스 파트너'와 같은 것이다. 이러한 사실을 제대로 인지하지 못한 이대표가 소비자적 마인드로 파트너인 부동산 소장님을 상하관계로 생각하고 있었던 것이다. 하지만 자신의 실수 탓에 먼저 맞은 매가 오히려 부동산 투자자로 나선 이대표에게는 약이 됐다. 24시간, 심지어 자는 시간까지 귀를 활짝 열고 세상 모든 정보를 수렴해야하는 부동산 투자자로서 반드시 갖춰야 하는 '겸손'이란 미덕을 각골난망한 계기가 됐던 것이다.

"사실 나눔부자는 부동산 투자에 있어 투자 마인드가 가장 중요하다고 하십니다. 말마따나 나눔부자 님의 따끔한 한마디 덕분에 부동산 투자자로서의 마인드를 제대로 쌓을 수 있었습니다. 나눔부자 님처럼 다른 사람의 의견과 주장을 들어주는 것도 이 같은 이유에서였습니다. 늘 겸손하게 남들의 의견을 경청해야 하는 부동산 투자자가 되기 위해 초심을 잃지 않도록 노력하고 있습니다."

우리네 오랜 속담 중 하나인 '제 버릇 개 못 준다'는 말처럼 사실 자신의 오랜 습관이나 생활방식, 수십 년에 걸쳐 형성된 성격을 바꾸는 일은 매우 어렵다. 하지만 이대표는 40년 동안 일상으로 여겨왔던 절약이란 굴레를 벗어던진 것은 물론 오히려 의심병 수준으로 거부감을 보였던 부동산 투자로의 전업을 선언하기에 이르렀다.

흰 돈이건 검은 돈이건 많이 버는 게 '장땡'

어떻게 이런 극적인 변화가 가능한 것일까?

이에 대한 답은 단 한 글자면 충분하다. 바로 '돈'. 돈을 벌고 싶다는 이대표, 나아가 나눔부자의 인생 최대·최고 목표는 자신의 근본까지 뒤바꿀 만큼의 가치를 갖는다.

"최근 오랜만에 아내와 함께 〈신과 함께〉라는 영화를 봤어요. 영화 속에서 '돈이라는 잘못된 신을 섬긴 죄'라며 벌을 내리는 장면이 나오더군요. 그러한 사후세계가 있는지는 모르겠지만, 저는 역설적이게도 해당 에피소드에서 '참 가식적이다'라는 느낌을 받았습니다. 지금 우리나라에서 경제활동을 하는 수천만 명의 사람들은 저마다 각자의 이유로 돈을 벌기 위해 일신의 편안함이나 즐거움을 애써 무시하고 일을 하고 있습니다. 그 과정에서 치열한 경쟁을 통해 더 많은 돈을 벌겠다는 '사회주의적 본능'을 견지하는 삶을 살아가고 있는 경우가 대부분입니다. 그럼 그 사람들 모두 사후에 벌을 받아야 하는 걸까요? 돈 없이는 사람답게 살지 못하는 구조를 만들어놓고 정작 돈을 버는 행위를 비난한다는 건 어처구니없는 모순이라고 생각합니다. 부동산 투자자에 대한 좋지 않은 인식도 마찬가지 맥락입니다. 부동산 투자 역시 돈을 버는 수단 중 한 분야일 뿐입니다. 그 이상도 그 이하도 아니죠. 그런데 언론과 정부, 그리고 그에 동조하는 대중들은 하나같이 부동산 투자자를 삐딱한 시선으로 바라봅니다. 그들의 그러한 의견을 '틀렸다'라고 말하지는 않겠지만, 이

것 하나는 분명히 짚고 넘어가고자 합니다. 부동산 투자를 통해 돈을 벌 수 있는 기회는 누구에게나 공평하게 주어집니다. 나눔부자와 저를 비롯해 다른 부동산 투자자들은 주변의 부정적인 인식에 흔들리지 않고 본인의 선택으로 투자자의 길을 결정했을 따름이고, 실제로 이를 통해 높은 수익을 올리고 있습니다. 자신과 다른 선택을 했다고 해서 부동산 투자가 무조건 옳지 않은 경제활동이라는 주장을 하는 것이야말로 자본주의가 관통하는 현대사회에서는 지양해야하는 고정관념이라고 생각합니다."

사회주의 대지도자였던 중국의 등소평은 '흰 고양이건 검은 고양이건 쥐만 잘 잡으면 된다'는 말을 남겼다. 이를 경제적 능력이 반드시 필요한 우리나라의 상황을 가정해 조금 과격하게 표현하면 '흰 돈이건 검은돈이건 돈만 많이 벌면 된다' 정도로 재해석할 수 있지 않을까? 물론 이 과정에서 '불법' 혹은 '위법'한 경제활동은 반드시 배제되어야 한다. 부디 이 책을 통해 부동산 투자에 대한 새로운, 그리고 정확한 인식을 세워보길 바란다.

휴대전화 선택의 제1기준 '배터리 용량'

이대표는 성인이 된 후부터 법적인 테두리 내에서 할 수 있는 모든 수단을 동원해 돈을 벌어왔다. 그런 그에게 합법적인, 게다가 모든 과정에서 '법적 보장'을 받을 수 있는 부동산 투자는 꽤나 매력적인 분야였다. 실제로 부동산 투자를 통해 단기간에 수억 원에 달하는 수익을 창출했으니, 그저 가능성에 머물러 있던 부동산 투자자 전업에 대한 결정이 확신으로 굳어지기에 이르렀다.

"아무리 높은 가능성을 갖고 있다고 하더라도 실현되기 전까지 가능성은 그저 가능성에 불과할 뿐입니다. 그런 측면에서 봤을 때, 제 손에 실제로 돈을 쥐어주는 부동산 투자에 확신을 갖는 건 너무나 당연합니다. 솔직히 너무 억울해서 땅을 치며 제 자신을 원망했습니다. '아이고, 왜 이제야 부동산 투자에 눈을 뜬 거야 이 돌띠야(돌머리야)'라고 말이죠."

부동산에 대한 본인의 잘못된 고정관념으로 다소 늦게 부동산 투자에 뛰어든 이대표는 이후 앞서 출발한 투자자들과의 격차를 따라잡기 위해 잠을 줄이기 시작했다. 물론 예전에도 하루 너댓 시간밖에 수면을 취하지 않았지만, 예전 부동산 투자 관련 이외의 업무도 병행했던 것과는 달리 이제는 오직 부동산 투자에만 시간과 노력을 기울이기 시작했던 것이다.

"흔히 기회비용이라고 하잖아요. 당시 저는 실제 경험을 통해 부동산 투자에 올인하는 선택이 다른 여러 가지 일을 함께 하는 것보다 더 낫다는 판단을 내렸던 거죠. 이후부터는 말 그대로 자는 시간만 빼고 앉으나 서나, 심지어 화장실을 갈 때까지도 부동산 관련 공부를 계속했습니다."

옛말에 정신일도하사불성精神一到何事不成, 정신을 한곳으로 하면 무슨 일인들 이루어지지 않으랴이라 했다. 〈짠돌이 카페〉에 이어 인생에서 두 번째로 찾아온 부동산 투자란 기회에 집중하기 시작한 이대표는 주경야독과 형설지공의 마음가짐으로 자신의 일상과 부동산을 동일시했다. 쉽게 말해 잠자는 시간까지 줄여가며 부동산 투자 관련 공부를 해나간 것이다.

"한창 부동산 투자 분야를 공부할 때는 새벽 3~4시 전에는 잠든 적이 없습니다. 아무리 늦게 자도 오전 8시 전에는 반드시 일어났죠. 당연히 저도 사람인데 힘듭니다. 하지만 저보다 앞서 출발한 다른 투자자분들을 따라잡으려면 그 정도 노력은 당연하다는 생각에 '조금만 더, 조금만 더'라며 스스로에게 주문을 외우며 공부에 매진했습니다. 그때는 아무리 시간을 빡빡하게 쪼개서 사용해도 늘 부족하게만 느껴졌을 만큼 하루 종일, 심지어 꿈에서도 가끔 부동산 시세표가 나타날 정도였죠. 그렇게 두어 달을 지내다 보니 신기한 재주가 생기더라고요. 어디에든 머리만 닿으면 3초 안에 잠들 수 있는 '초능력'이었죠. 제가 나폴레옹도 아닌데 매일 서너 시간만 자고 어떻게 버티겠어요(웃음)? 물론 무작정 잠만 줄인다고 능사라는 뜻이 아닙니다. 그저 일상생활 중에서도 항상 부동산에 대한 관심과 공부의 끈을 놓지 말아야 한다는 거죠. 속담도 있잖습니까. '인내는 쓰지만 그 열매는 달다.' 저 역시 당시의 쓰디쓴 세월을 견뎌낸 덕분에 지금의 달콤한 열매, '돈'을 수확할 수 있었던 것입니다."

또 한 가지. 부동산 공부에 빠져 있던 이대표의 손에는 늘 휴대전화가 들려 있었다. 최근 사회적인 문제로 지적되는 '스마트폰 중독'

의 말기 증상쯤이라고 생각하면 이해가 쉬우리라. 당시 이대표는 식사나 화장실은 물론 침대에 누워 잠이 드는 순간까지 손에서 휴대전화를 놓지 않았다. 하지만 이대표는 남들이 보면 혀를 끌끌 찰 스마트폰 중독 덕분에 불과 한 달 만에 1000만 원의 수익을 올리기도 했다. 아래에서 다시 다룰 해당 부동산 투자 케이스의 주인공이 바로 스마트폰인 것이다.

"앞서 얘기한 대로 부동산은 시시각각 변하는 생물과 같습니다. 특정 물건의 시세가 아침에는 1억 원이었지만, 저녁에는 9500만 원으로 떨어지는 식이죠. 실시간 모니터링이 매우 중요한 이유입니다. 실질적인 투자 물건을 찾던 저 같은 경우는 더더욱 시세 확인이 필수적입니다. 일단 계약금을 입금해놔야 해당 가격에 아파트를 매수할 수 있기 때문에, 말 그대로 신의 타이밍을 잡아야 하는 것이 중요합니다. 혹여 매도자가 변심해 계약을 파기하더라도 이미 보낸 계약금에 더해 위약금까지 물어야 하니 또 다른 수익이 만들어지는 셈이죠."

대다수 부동산 투자자들이 이처럼 평소 휴대전화 사용량이 많은 까닭이다. 때문에 과거에는 별도의 배터리를 잔뜩 구입해 사용했지만, 최근에는 배터리 일체형 휴대전화가 일반화된 탓에 편의성이 크게 떨어졌다. 이대표 역시 외출할 때는 반드시 휴대전화 충전기를 챙기고, 어디서나 콘센트가 눈에 보이면 일단 충전기부터 먼저 연결하곤 한다.

"배터리 교체형 휴대전화가 절실합니다. 기회가 될 때마다 충전을 하기는 하는데, 지방 임장을 가거나 콘센트가 없는 곳에서는 금세 배터리가 방전되어버립니다. 이제는 습관처럼 시세나 뉴스를 체크하고 기타 업무 관련 전화까지 소화하기에는 턱없이 부족하죠. 우스갯소리지만 많은 부동산 투자자들이 적은 배터리 용량 때문에 묵직한 보조 배터리 하나씩은 들고 다닐 정도라니까요. 예전에는 휴대전화를 고르는 기준이 싸고 잘 작동하는 제품이었다면 지금은 거기에 더해 '배터리 사용 시간이 얼마나 오래가는가'까지 보고 있습니다."

큰맘 먹고 구입한 자전거의 용도 변화, 취미용→임장용

이대표의 '불혹맞이 셀프 축하 선물'이었던 고가의 자전거 역시 그 용도가 바뀌었다. 운동과 취미를 병행하기 위해 구입했던 자전거는 이제 사무실 한 편에 전시되어 있다. 부동산 투자에 빠져 있다 보니 취미나 운동이 점차 후순위로 밀린 까닭이다.

"그래도 빨래걸이로 사용하진 않고 있다는 데 의미를 두고 있습니다(웃음). 큰마음 먹고 제법 비싼 자전거를 샀는데 만약 이렇게라도 쓰지 않았다면 억울할 뻔했습니다, 하하. 그래도 제법 야무지게 타고 다녔습니다. 부천이나 부평을 중심으로 가까운 지역으로 임장을 나갈 때는 꼭 자전거를 타고 다녔거든요. 전날 인터넷을 통해 찾은 물건을 다음 날 실제로 확인하는 일상을 반복하던 시기였죠. 운동을 겸했던 이른바 '자전거 임장' 덕분에 부천과 부평은 나눔부자보다 더 빠삭하게 알게 됐습니다."

현재 이대표가 소유하고 있는 20여 채의 아파트 중 8채가 부천과 부평에 몰려 있다. 비율로 따지면 40퍼센트 수준이다. 3~4년 전에 일어난 수도권 대세상승장 시절에 비해 가격 상승폭이 덜한 지역에 투자를 단행했다는 사실은, 반대로 말하면 이대표가 해당 물건에 대한 강한 확신을 갖고 있다는 반증이라고 할 수 있다.

"예전 대세상승장에 비교하면 상대적으로 덜하지만, 그래도 여전히 수도권 대다수 부동산은 가격이 상승하고 있습니다. 물론 일부 부동산 투자자들은 더 높은 수익률을 기대할 수 있는 대체 지역으로 옮긴 경우도 있습니다. 하지만 저는 수익이 조금 덜 하더라도 제가 누구보다 더 자세히 그리고 확실히 파악하고 있는 특화지역, 즉 부천과 부평 아파트에 투자하기로 방침을 정했던 것입니다. 쉽게 말해 '안정성을 높이고 수익률은 낮춘 투자' 정도인 셈이죠. 이렇듯 하나쯤은 자신만의 특화된 나와바리(구역)를 갖고 있는 것도 부동산 투자에 있어 강력한 무기가 될 수 있다고 생각합니다."

'똥개도 자기 집 앞마당에서는 반은 먹고 들어간다'고 했다. 이 격언은 부동산 투자 분야에도 고스란히 적용된다. 누구라도 현재 본인이 살고 있는 지역에 대해서는 타지역 사람들보다 더 많은 사실을 알고 있을 확률이 높다는 것이다. 이대표처럼 스스로 관심을 갖고 시간과 노력을 쏟아 공부한 경우는 말 할 필요도 없다.

부동산 투자에 나선 이대표는 자신의 거주지가 있는 지역을 집중적으로 파고들었고, 보다 견고한 확신을 기반으로 복수의 아파트투자를 단행한 것이다. 나눔부자조차 부천과 부평 지역 부동산에 대해서는 이대표의 역량을 인정한다.

"제가 처음으로 나눔부자에게 역으로 제안한 물건이 바로 부평구 산곡동 무지개아파트였습니다. 주변 재개발로 인한 이주 수요가 있고 인근에서 가장 투자금이 적은 아파트로 7호선 산곡역(가칭)공사가 한창이라 교통과 상권이 잘 발달해 괜찮은 편이었거든요. 저는 이미 구입해 매수가보다 전세가가 높게 계약된 상황이었죠. 아쉽게 나눔부자의 자금 사정으로 구매로 연결되지는 않았지만, 매수 1년 만에 1500만 원의 가격 상승이 이뤄졌으니 이 정도면 부평과 부천이 제 특화 투자 지역이라고 해도 되지 않을까 생각합니다(웃음)."

자전거 임장을 시작한지 벌써 1년 8개월이 지났지만 여전히 이대표의 일과는 부평과 부천 지역의 아파트 시세를 확인하는 것으로 시작된다. 본인의 거주지를 비롯해 다수의 아파트가 몰려 있는 지역의 시세 확인은 필수인 까닭이다. 아울러 적어도 이곳에서만큼은 손톱만큼도 손해를 보지 않겠다는 고집도 한몫한다. 부동산 투자의 기본은 희생이다. 자신의 일상과 즐거움을 저당 잡힘으로써 돈이란 지극히 현실적인 가치를 얻는 게 바로 부동산 투자의 정의다. 물론 나눔부자와 이대표처럼 부동산 관련 업무가 그 어떤 놀이보다 즐겁게 느껴지는 '별종'이라면 더없이 좋은 기본 조건을 갖춘 셈일 터다.

순대국밥 먹다가 1000만 원을 벌다?!

    지난 2016년 9월을 기점으로 이대표는 부동산 투자의 새로운 기점을 맞이하게 된다. 정식으로 '부동산 매매법인'을 설립하게 된 것이다. 앞으로 부동산 전업 투자를 하고자 마음먹은 후 매도 시점을 자유로이 정할 수 있는 법인 설립을 추진했던 것이다.

    "정확한 날짜는 기억이 나지 않는데 재작년 8월의 어느 날, 나눔부자가 제게 진지하게 '앞으로도 부동산 투자자의 길을 걸을 거냐'고 묻더군요. 망설임 없이 'YES!'라고 답했습니다. 제 대답을 들은 후 나눔부자는 미리 준비한 자료를 꺼내며 부동산 매매법인에 대한 설명을 하더군요. 처음 듣는 분야였죠. 사실 나눔부자가 아무리 자세하게 내용을 설명해도 당장은 도저히 이해가 되지 않더군요. 그래서 반대로 제가 나눔부자에게 '이 법인을 설립하게 되면 앞으로 서로 비즈니스 파트너가 되는 건데 아직 부족한 나라도 괜찮으냐'라는 질문을 던졌습니다. 나눔부자의 대답도 간결했습니다. 'YES!'"

    나눔부자가 전업 부동산 투자자로 나선 지 4년. 그간 나눔부자는 불특정다수를 대상으로 부동산 투자 강의를 진행하고 주변 지인과 지인의 지인 등 수많은 사람들에게 부동산 관련 내용을 전달해왔다. 하지만 자신의 가르침을 의심 없이 묵묵히 따라오는 이는 이대표가 처음이었다. 내 집 마련부터 이사까지, 매일 부동산에 대한 질문만을 해오던 '부동산 1학년' 이대표가 어느새 자신에게 물건을 추천할 정도로 성장했으니 그저 놀라울 따름이었다. 나눔부자가 자신의 부동산 비즈니스 파트너로 이대표를 낙점한 이유, 바로 그의 성실함과 끝을 알 수 없는 '끈기'에 있었던 것이다.

두 사람의 뜻이 한 가지니 이후 부동산 매매법인 설립은 일사천리로 진행됐다. 나눔부자와 이대표가 도원결의(복숭아나무 아래는 아니었지만)를 맺은 지 불과 2~3주 후인 2016년 9월 초, 두 사람을 공동대표로 한 부동산 매매법인이 정식 출범을 알렸다.

"그 사이에 부동산 매매법인에 대해 엄청 공부를 했지만, 여전히 어렵더라고요. 일단 나눔부자라는 확실한 근거가 있으니 '못 먹어도 GO!'를 외쳤죠. 그렇게 법인 설립을 정식으로 완료하고 나니, 법 테두리 안에서 규정과 규칙과 성실납세의무를 지게 됐죠. 개인 투자자일 때와는 많은 부분이 달라진 셈입니다. 여기서 알아야 할 것은 모든 부동산 투자를 법인 명의로 시행해도 된다는 의미는 아닙니다. 각각의 경우에 따라 개인 혹은 법인 투자의 유불리가 나뉘기 때문이죠. 쉽게 말해 특정 물건은 법인 명의로 투자하는 게 유리할 때가 있고, 또 다른 아파트는 개인이 매수하는 게 좋을 때도 있다는 겁니다."

이대표의 말대로 부동산 매매법인은 일부 투자 케이스에 한해 유리하게 작용될 뿐, 일반적인 부동산 투자에 필요한 요소는 아니다. 다만 본격적인 부동산 투자 활동에 있어 매도 타이밍을 자유롭게 선택할 수 있는 '수단' 정도로 생각하면 된다. 부동산 매매법인에 대한 자세한 내용은 이번 장의 '나눔부자의 촌철살인'에서 확인할 수 있다.

야심차게 출범한 나눔부자와 이대표의 부동산 매매법인이 진가를 발휘할 때까지는 그리 오랜 시간이 걸리지 않았다. 법인 설립 불과 2주 만에 이대표가 오히려 나눔부자를 앞질러 첫 계약을 체결한 것이다.

"사실 전혀 계획하지 않았던 투자였습니다. 아직 부동산 관련 공부에 열심이었기도 했고, 무엇보다 첫 매수는 나눔부자와 함께 하겠다는 암묵적인 약속이 있었기 때문이었습니다. 그런데 확실한 기회가 눈앞에 보이니 이것저것 잴 여유도 없이 곧바로 매매계약서를 작성하고 말았습니다. 결국 최고의 결과로 이어졌으니 투자자의 입장에서 보면 올바른 결정이었다고 평가할 수 있을 것입니다."

부동산 투자자에게 망설임은 죄악이다

이대표의 말마따나 부동산 매매법인의 첫 계약은 전혀 의도치 않은 상황에서 이뤄졌다. 보다 정확히 표현하면 '이대표가 아내와 집 앞 순댓국집에서 점심을 먹다 아파트를 매수한 것'이다.

당시 이대표는 아내와 함께 점심 식사를 하면서도 습관처럼 휴대전화로 인근 아파트 매물 시세를 확인하고 있었다. 그러던 중 자신의 집 바로 앞에 위치한 한 아파트 매물의 매도가가 시세 대비 1500만 원이 적게 나온 것을 확인했다. 그렇지 않아도 해당 물건의 투자를 고민하던 차였던 이대표는 급매로 저렴하게 시장에 나왔다는 사실을 확인하자마자 먹던 음식도 내팽개치고 부동산 중개소로 달려갔다.

"안 그래도 해당 물건에 눈독을 들이고 있던 시기였습니다. 예상보다 조금 비싸게 시세가 형성된 탓에 매수를 망설이고 있었는데 불과 몇 분 전에 급매로 아파트가 등록됐더군요. 늘 강조하지만 부동산 투자자에게 망설임은 사치입니다. 지금 이 순간에도 다른 투자자가 눈에 불을 켜고 좋은 조건의 물건을 찾아 헤맨다고 생각하니 밥이 넘어가지 않더라고요. 부동산 중개소 위치를 확인하고 곧바로 한달음에 달려갔습니다. 연락을 받고 부동산 중개소로 오신 매도자분께서도 놀라시더라고요. 이렇게 빨리 매매가 될지 몰랐다면서 얼떨떨해 하셨죠. 혹시라도 마음이 변할까 싶어 그 자리에서 바로 계약금을 이체해버렸습니다. 제가 부동산 투자를 시작하며 세운 철학, 바로 '부동산은 입금 순'이라는 기준에 따른 신속한 결정이었습니다."

이대표가 매수한 물건은 인천 산곡현대5차아파트 23평형으로 ▲매수가 2억 500만 원 ▲전세가 1억 9500만 원, 갭 1000만 원의 조건으로 투자를 했다. 시세는 2억 1500~2억 2000만 원 형성되어 있었다.

자, 이제 본론으로 들어가자. 해당 투자와 다른 투자 케이스와의 차이점은 바로 '매도 시기'에 있다. 결론부터 말하면 이대표는 약 한 달 후 법인매수 후 1달 만에 2억 2000만 원에 매도하였다.

단순 계산상으로는 약 1500만 원의 시세 차익을 실현한 것이고, 해당 매매 과정에서 납부한 세금과 부동산 중개수수료, 법무사 비용

등을 제외하면 약 1000만 원의 수익을 남길 수 있었다.

"해당 물건을 매수했을 때만해도 당연히 2년 뒤에 매도할 계획이었습니다. 그런데 한 달쯤 뒤에 부동산 중개소장님께 연락이 와서 '지역 투자자가 전세 계약을 앉은 채라도 구입하고 싶다고 하는데 매도 의향이 있느냐'고 물어보시더군요. 전혀 그럴 생각이 없었기에 정중하게 거절했는데 계속 연락이 오더라고요. 이유를 물어보니 '소액으로 투자하고 싶은데 그 집이 인테리어도 다 되어 있어서 깔끔하니 투자했다가 다음에 들어가서 살 수도 있다'고 말씀하시더군요. 소장님이 알려주신 투자자분은 매매와 전세차가 작고 수리 상태가 양호한 매물을 찾는 인근 투자자셨습니다."

2년 뒤에는 1500만 원보다 더 큰 시세 차익을 기록할 거란 확신이 있었지만 해당 물건을 다시 매도를 하기로 결정했다. 불과 한 달이란 짧은 시간에 1500만 원(실질적으로는 1000만 원)의 수익을 올릴 수 있다는 사실이 가장 큰 이유였다. 아울러 이 아파트에 들어간 기존 갭투자 비용인 1000만 원에 수익 1000만 원을 더해 보다 좋은 물건을 매수기로 했다.

"어떻게 보면 법인투자의 훈련으로 초단타 투자를 한 것은 사실입니다. 실제로 1년 6개월이 지난 지금 해당 아파트 시세는 2억 4000만 원 정도로 올랐으니 제 예상이 어느 정도 맞아떨어진 결과이기도 했고요. 물론 당시 올린 수익을 더해 새로운 물건에 투자를 했고, 예전 아파트의 예상 수익 이상의 가격 상승을 기록하고 있습니다. 현재 흐름이라면 7~8개월 뒤에 돌아올 전세 계약 만료쯤에는 약 4000만 원의 수익을 올릴 것으로 기대하고 있습니다."

부럽다. 순대국밥을 먹다가 갑자기 결정한 투자가 불과 한 달 만에 1000만 원 이상의 수익으로 되돌아왔으니 어찌 부럽지 않을 수 있을까. 당연한 사실이지만 이대표 역시 이러한 결과를 100퍼센트 확신한 건 아니다. 그저 자신이 정한 부동산 투자 기준에 따라 좋은 물건을 확인하자마자 곧바로 계약금을 입금했을 뿐이었지만, 당초 예상을 웃도는 최상의 결과가 도출된 것이다. 운이 좋아 얻어걸린 우연이라고? 천만에, 단 한 달 만에 무려 1000만 원의 수익을 올린 것은 부동산 투자의 가능성에 대한 확고한 신념으로 자신의 시간과 돈을 과감하게 투자한 이대표의 다부진 결의가 만들어 낸 필연이다.

부동산 투자는 뭐다? 그렇다. '부동산은 입금 순'이다.

**나눔부자의
촌철살인**

부동산 매매법인의 A to Z
고정비용 최소화로 수익 최대화를 이끌어낸다

과거 노무현 정부시절 2주택은 부동산양도소득세가 50퍼센트이고 3주택 이상자는 60퍼센트인 시절이 있었다. 그 당시 부동산 매매법인 만들기가 투자자들 사이에 유행처럼 번진 적이 있었다. 그러나 부동산 경기가 안 좋아지고 우리나라 경기가 나빠지자 1년 이상 소유 시 일반과세로 바뀌어 이러한 열풍이 사라지게 됐고, 부동산 매매법인의 효용성이 크게 떨어져 많은 법인이 폐업을 결정하기도 했다.

현재 정부는 조정 지역을 대상으로 양도세중과세를 부과하고 있다. 조정 지역이란 서울시 25개구, 경기도 7개시(과천, 성남, 하남, 고양, 광명, 남양주, 동탄2신도시), 부산시 7개구(해운대, 연제, 동래, 부산진, 남, 수영구,

기장군), 세종시 등 40개 지역에 해당한다. 이러한 40개 지역에 소재하는 주택을 매각하는 경우에는 2018년 4월 1일부터는 부동산매매업을 개인 사업자의 형태로 하는 경우에는 비교과세가 적용돼 양도소득세를 부담해야 한다. 이에 대한 대안으로 부동산 매매업을 고려해볼 필요성이 있다.

부동산 매매업을 사업적인 형태로 수익을 창출하는 방법은 두 가지 방법이 있다. 첫째는 개인이 부동산 매매업으로 사업자등록을 한 후 개인 사업자의 형태로 하는 방법이고, 둘째는 법인을 설립하여 법인으로 하는 방법이다. 부동산 매매업을 개인 사업자의 형태로 하는 경우에는 올해 4월 1일부터 조정 지역에 대해서는 비교과세가 적용된다. 비교과세란 양도소득세와 종합소득세 중 큰 금액으로 과세가 되는데, 조정 지역에 소재하는 주택을 양도하는 경우에는 양도소득세가 중과되기 때문에 양도소득세가 종합소득세보다 크기 때문에 당연히 양도소득세로 과세된다. 양도소득세로 과세된다는 얘기는 세율의 중과뿐만 아니라 매매사업자로써 경비처리할 수 있는 일반 경비에 대해서는 경비로 인정받지 못하기 때문에 많은 세금을 부담해야 한다.

부동산 매매법인이란 목적사업을 부동산 매매로 하는 법인의 등기를 통해 설립하는 법인을 말한다. 인격에는 두 가지의 형태가 있는데 출생과 동시에 인격이 형성되는 자연인, 법으로 인격을 부여하는 법인이다. 따라서 법인을 설립하는 주주와 법인은 서로 다른 인격체라고 할 수 있다. 법인은 법인세를 부담하는데, 법인세는 2억 원 이하는 10퍼센트, 2억 원 초과는 20퍼센트의 세율을 적용받는다. 이러한 법인세 외의 추가로 10퍼센트의 법인세를 추가로 부담하는데 이를 토지 등 양도차익에 대한 법인세라고 한다. 법인세는 매도가액에서 취득가액을 차감하고 일반경비를 차감하여 법인세를 산정하는데 비해 '토지 등 양도차익'에 대한 법인세는 양도가액에서 취득가액을 차감한 후 10퍼센트의 세율을 적용하여 산정한다.

예를 들어 내년 4월 1일 이후에 매도가액 5억 원, 취득가액 4억 원인 주택이 조정지역에 소재하는 경우에 부동산 매매법인과 부동산매매업 개인 사업자인 경우에 부담하여야 하는 세금을 계산해 보면 다음과 같다. 법인세는 500만 원[(5억 원-4억 원-5000만 원)×10퍼센트]이고, '토지 등 매매차익'에 대한 법인세는 1000만 원[(5억 원-4억 원)×10퍼센트]으로 합계 1500만 원의 법인세를 부담해 한다. 법인과 주주는 별개의 인격체이므로 법인이 벌어들인 소득을 주주가 가져가기 위해서는 상여라든지 또는 배당을 통해서만 가져갈 수 있다.

법인이 벌어들인 소득이 5000만 원이므로, 이 5000만 원을 상여로 받는 다면 근로소득공제 및 소득공제를 제외하면 실질적인 소득금액은 3000만 원 정도가 될 것이다. 이때 개인인 주주가 부담해야 하는 소득세는 350만 원[3000만 원×15퍼센트-105만 원]이다. 결국 법인이 부담하는 법인세 1500만 원, 주주인 개인이 부담하는 소득세는 350만 원이므로 부동산 매매업 법인을 통해 법인과 개인이 부담하는 세금은 총 1850만 원이란 계산이 나온다.

개인인 경우에는 조정 지역이기 때문에 2주택자는 10퍼센트 추가 과세, 3주택자는 20퍼센트가 추가로 과세된다. 부동산 매매업을 영위하는 부동산매매업자는 기본적으로 주택이 3주택 이상이므로 20퍼센트의 세금이 추가로 과세된다. 따라서 소득세는 4010만 원[(5억 원-4억 원)×55퍼센트-1490만 원]을 부담해야 한다.

위의 예에서처럼 내년 4월 1일부터 조정지역 소재 주택을 매각하는 경우 부동산매매업 법인은 1850만 원의 세금을 부담하고, 개인은 4010만 원의 세금을 부담하기 때문에 부동산매매업 법인이 2160만 원의 세금을 절약할 수 있다. 따라서 주택매매를 업으로 하는 경우에는 부동산매매업 법인을 고려해볼 필요성이 있다.

여기에 포함되지 않는 것이 또 있다. 법인은 법인을 운용하는 데 소요되는 비용이 있다. 그 비용을 빼고 소득을 잡으므로 실제 내는 세금은 더욱더 적을 것이다.

조정지역 주택 양도세와 법인세 비교

	양도차액	양도소득세와 법인세
개인	5000만 원	4010만 원
법인	5000만 원	1850만 원
차액		2160만 원

다주택자에게 적용되는 양도소득세 세율

양도차익	기본세율	2주택자(+10%P)	3주택자(+20%P)	누진공제
1200만 원 이하	6%	16%	26%	-
1200만 원~4600만 원	15%	25%	35%	108만 원
4600만 원~8800만 원	24%	34%	44%	522만 원
8800만 원~1억5000만 원	35%	45%	55%	1490만 원
1억 5000만 원~3억 원	38%	48%	58%	1940만 원
3억 원~5억 원	40%	50%	60%	2540만 원
5억 원 초과	42%	52%	62%	3540만 원

2주택자와 3주택자 양도소득세 중과는 조정대상지역에 해당

전업 부동산 투자자 선언!

낡은 아파트 저렴하게 매수해 높은 가격에 전세를 놓는 비법은?

부동산 시장의 대세적인 흐름은 '오르막길'

우리나라 역사에 기록될 폭풍 같은 겨울이 지나가고 맞이한 2017년 새해. 대한민국은 큰 변화에 직면하게 됐다. 수많은 불확실성이 공존하는 시대적 배경 탓에 부동산 시장 역시 우여곡절을 겪었다. 이러한 상황에 비춰봤을 때 기존 정책의 일관성을 유지하기는 매우 어려운 일임이 자명했고, 실제로 다수의 정책이 폐기 혹은 유보되기도 했다.

"2017년 초를 한마디로 정리하자면 '불확실성의 시대'라고 할 수 있습니다. 예상됐던 기존 정책이 줄줄이 답보 상태에 머무르는 경우가 흔했던 까닭이죠. 실제로 2017년 2~3월까지 전국적으로 아파트 가격이 현상을 유지하거나, 소폭 상승에 그쳤습니다. 당시만 해도 '새 정부가 들어선 후까지 부동산 투자를 하는 것은 위험하다'라는 인식이 강했죠. 하지만 저는 오히려 해당 시기에 더욱 공격적으로 투자를 단행했습니다. 비록 예전에 비해 상대적으로 작은 상승폭을 기록하고 있을지라도, 멀리서 바라보면 지속적인 오름세에 놓여 있다는 사실에 주목했던 것입니다. 쉽게 말해, 불확실성이 높았던 시기조차 우리나라 부동산 가격과 전세 시세가 꺾이지 않았음을 확인했던 거죠."

그 어떤 상황일지라도 우리의 삶은 계속된다. 주변 상황이 하루 사이 크게 널뛰기를 한다고 하더라도 내 한 몸 뉘일 집은 반드시 필요함은 불변의 진리다. 그간 복수의 정부가 수많은 정책을 내놨음에도 불구하고 부동산 시장의 흐름이 크게 변하지 않은 이유 역시 우리 삶과의 밀접성에서 찾을 수 있을 것이다.

194쪽의 표를 살펴보자.

통계에서 알 수 있듯 우리나라 역사상 첫 조기대선이 치러진 5월까지 서울, 경기, 인천 지역 아파트 평균 매매가와 전세 시세가 '단 한 번도 떨어진 적이 없다'는 사실이 확인된다. 다만 2016년 발표된 이른바 11·3 부동산대책 탓에 시장이 얼어붙어 2017년 초 당초 기대만큼 상승 동력을 받지 못한 것도 사실이지만, 해당 통계에 나타나듯 큰 틀에서 보면 부동산 시장은 외부적인 요인이나 불확실성에 크게 흔들리지 않는 경우가 많다는 것이다.

그렇다면 새로운 정부가 들어선 이후의 부동산 시장은 어떻게 흘러갔는지 살펴보자. 새로운 정부가 들어선 이후에도 역시 부동산 시장의 상승세가 계속됨을 알 수 있다. 우리나라 역사를 되짚어봤을 때, 새 정부는 출범 이후 반드시라고 표현해도 무방할 정도로 일단 부동산 정책을 우선적으로 내놓곤 한다. 반대로 풀이하면 우리나라에서 부동산이 차지하는 중요성이 얼마만큼 큰지를 반증한다고 할 수 있다. 이쯤에서 지난 2017년의 부동산 이슈와 그 결과를 간략하게 정리해보자.

지난해 5월 닻을 올린 새 정부 역시 출항 직후부터 부동산과의 전쟁을 거듭해왔다.

가장 먼저 첫 부동산 정책인 '6·19 대책'이다. 해당 정책은 조정 대상지역●에 대한 전매 제한기간 확대와 대출 규제 강화를 골자로 한 것으로, 세부적으로 살펴보면 경기도 광명시와 부산 기장군 및 진구 등 세 곳을 조정 대상으로 지정하고 서울 전역의 분양권 거래를 입주 전까지 금지한다는 내용을 담고 있다.

이어 정부는 공적 임대주택 공급 확대와 주거 취약계층 맞춤형 지원강화, 계약갱신 청구권, 전월세 상한제 도입 등을 차례로 발표하며 다주택자를 겨냥한 규제를 연달아 발표했다. 결정적으로 두 번

● 조정대상 지역이란? 조정대상 지역이란 주택 가격 상승률이 물가 상승률의 2배 이상 이거나 청약경쟁률이 5대 1 이상인 지역을 말한다. 이에 해당되면 분양권 전매제한, 1 순위 청약 자격 강화 등의 규제를 받게 된다.

	매매	전세
2015년 1월	49,283	32,135
2015년 2월	49,460	32,631
2015년 3월	49,700	33,228
2015년 4월	49,999	33,696
2015년 5월	50,198	34,111
2015년 6월	50,513	34,649
2015년 7월	50,835	35,208
2015년 8월	51,213	35,763
2015년 9월	51,618	36,420
2015년 10월	51,865	36,861
2015년 11월	52,282	37,471
2015년 12월	52,475	37,800
2016년 1월	55,282	39,741
2016년 2월	55,342	39,996
2016년 3월	55,435	40,224
2016년 4월	55,592	40,408
2016년 5월	55,896	40,676
2016년 6월	56,292	40,945
2016년 7월	56,829	41,257
2016년 8월	57,388	41,271
2016년 9월	57,939	41,444
2016년 10월	58,814	41,712
2016년 11월	59,511	41,947
2016년 12월	59,670	42,051
2017년 1월	59,769	42,153
2017년 2월	59,861	42,204
2017년 3월	60,107	42,302
2017년 4월	60,215	42,439
2017년 5월	60,708	42,619

[표1 서울 지역 매매 및 전세]

	매매	전세
2015년 1월	20,326	13,685
2015년 2월	20,446	13,905
2015년 3월	20,584	14,128
2015년 4월	20,770	14,364
2015년 5월	20,926	14,529
2015년 6월	21,072	14,800
2015년 7월	21,271	15,029
2015년 8월	21,457	15,314
2015년 9월	21,687	15,701
2015년 10월	21,819	15,937
2015년 11월	22,005	16,276
2015년 12월	22,062	16,397
2016년 1월	24,899	18,097
2016년 2월	24,919	18,270
2016년 3월	24,951	18,454
2016년 4월	24,977	18,539
2016년 5월	25,055	18,651
2016년 6월	25,088	18,788
2016년 7월	25,185	18,091
2016년 8월	25,300	19,075
2016년 9월	25,395	19,163
2016년 10월	25,645	19,430
2016년 11월	25,807	19,577
2016년 12월	25,854	19,632
2017년 1월	25,838	19,762
2017년 2월	25,869	19,866
2017년 3월	25,899	19,903
2017년 4월	25,957	19,967
2017년 5월	26,014	20,042

[표2 인천 지역 매매 및 전세]

	매매	전세
2015년 1월	27,810	19,491
2015년 2월	27,906	19,715
2015년 3월	28,069	19,987
2015년 4월	28,281	20,287
2015년 5월	28,437	20,492
2015년 6월	28,581	20,805
2015년 7월	28,783	21,112
2015년 8월	28,931	21,335
2015년 9월	29,135	21,775
2015년 10월	29,263	22,052
2015년 11월	29,414	22,376
2015년 12월	29,529	22,587
2016년 1월	31,104	23,742
2016년 2월	31,122	23,903
2016년 3월	31,151	24,034
2016년 4월	31,180	24,147
2016년 5월	31,243	24,303
2016년 6월	31,313	24,388
2016년 7월	31,407	24,531
2016년 8월	31,515	24,620
2016년 9월	31,625	24,718
2016년 10월	31,797	24,918
2016년 11월	31,983	25,087
2016년 12월	32,047	25,168
2017년 1월	32,081	25,252
2017년 2월	32,110	25,308
2017년 3월	32,157	25,373
2017년 4월	32,189	25,394
2017년 5월	32,249	25,442

[표3 경기 지역 매매 및 전세]

째 정책인 '8·2 대책'을 통해 6년 만에 투기과열지구를 부활시키고 올해 1월부터 '신 DTI(총부채상환비율)'를 시행함으로써 다주택자를 옥죄기 위한 행보를 이어갔다. 물론 이외에도 여러 부동산 관련 정책을 선보이고 있지만 부동산 투자와 관계된 정책은 여기까지다.

객관적 통계에 주목해야 하는 이유

하지만 당초 기대와는 달리 정부의 이러한 여러 부동산 정책은 큰 실효를 거두지 못하고 있다. 각 정책의 발표 직후에는 부동산 시장이 잠시 주춤하는가 싶더니 오히려 이내 아파트값 상승세가 더욱 커지는 현상이 나타난 것이다. 실제 2017년 부동산 시세 통계에서도 알 수 있듯 새 정부의 첫 부동산정책은 아파트 시장에 큰 영향을 주지 못했다고 평가할 수 있다.

"물론 모두 결과론적인 이야기입니다. 해당 정책들이 정부의 의도와 딱 맞아떨어져서 부동산 시장의 흐름이 내리막길로 들어섰을 가능성도 완전히 배제할 수 없습니다. 그럼에도 불구하고 저와 나눔부자는 투자에 가속을 더하기로 결심했습니다. 이러한 외부 요인으로 인해 투자를 기피하는 이들이 늘어남에 따라 좋은 물건이 상대적으로 저렴하게 나오는 경우가 많아 역설적이게도 당시가 투자적기라는 판단이 들었기 때문입니다. 실제로 저와 나눔부자 모두 2017년 상반기에 가장 많은 물건을 매수했습니다."

분명히 말하지만, 정부의 부동산 정책은 시장에 크건 작건 어느 정도 영향을 미친다. 특히 대부분의 부동산 정책이 이른바 '다주택자'를 겨냥하는 만큼, 이에 대한 시행 시기를 전후해 잠시나마 시장의 흐름이 변하곤 한다. 지난해 각종 정책의 본격적인 시행에 앞서 매물이 쏟아진 것 역시 이와 같은 맥락이다.

부동산 투자자의 입장에서 이러한 정부의 정책을 무시할 수 없는 게 사실이다. 하지만 현재까지의 통계에서 확인할 수 있듯 정부의 부동산 대책이 일시적인 억제 효과를 보인 경우는 왕왕 있지만, 전체적인 부동산 시장의 흐름은 결국 지속적인 가격 상승세를 기록했다는 사실이다.

이대표와 나눔부자는 바로 이 부분에 주목했다. 부동산 가격이 하락하지만 않는다는 확신만 있다면, 오히려 매물이 쏟아지는 '정책 발표 및 시행 전·후'가 투자적기라는 판단을 내린 것이다. 정책 시행으로 인한 부동산 가격 하락에 지레 겁먹은 기존 소유주들이 좋은 조건의 매물을 저렴하게 내놓는 일이 많기 때문에 투자자들은 이 중 알이 꽉 찬 알맹이만 쏙쏙 골라낼 수 있기 때문이다.

"누차 강조하지만, 저와 나눔부자 역시 100퍼센트 확신을 가졌던 것은 아닙니다. 지난해 부동산 시장이 단 한 번의 꺾임 없이 꾸준히 상승했다는 사실도 결과론적인 이야기일 뿐, 정작 투자를 단행한 저와 나눔부자도 이를 정확하게 짚어내지는 못했습니다. 다만 과거 부동산 시장의 흐름을 되짚어봤을 때 장기적으로 부동산 가격이 오를 것이란 예측을 기본으로 해당 정책들을 세부적으로 분석한 결과 이러한 '부동산 대세상승장'에 큰 영향을 주지 않으리라는 판단에 따른 결정이었습니다."

이대표, 부동산 투자 전업 선언

지난 2016년 말부터 2017년 상반기에 걸쳐 연달아 쏟아진 정부의 부동산 정책으로 인해 부동산 가격 상승 흐름과는 별도로 시장은 잠시 주춤하게 된다. 좀 더 정확하게 설명하면 '투자가 줄고 실거주자 위주의 거래가 늘어난 시기'라는 의미다. 하지만 많은 투자자들이 소위 '몸을 사리는' 와중에도 이대표와 나눔부자는 지속적인 투자를 이어갔다.

"그 어느 때보다 철저하게 '데이터'를 중심으로 투자를 결정했습니다. 특히 정책 발표와 부동산 가격 간의 관계를 유심히 살펴봤죠. 그런 가운데 확인한 일관된 흐름은 바로 '부동산 가격의 지속적인 상승'이었습니다. 관련 자료와 통계를 살펴본 결과 어떤 정책이든 시행 전후에는 일시적으로 거래량이 줄어들지언정 가격은 꾸준히 오르고 있음을 알 수 있었습니다. 쉽게 말해 아파트 가격이 떨어지지 않을 것이란 확신이 있었기에 많은 기존 소유주들이 급매로 아파트를 내놓는 정책 시행 전후를 기해 오히려 공격적인 투자를 단행했던 거죠."

이대표가 2016년 11·3 대책 이후 처음 매수한 물건은 부평 산곡동 뉴서울1차아파트였다. 1991년 준공된 산곡동 뉴서울1차는 다소 낡은 아파트로 11·3 대책을 전후해 시세가 소폭 하락한 후 고착 상태를 유지했다. 이러한 가운데 이대표는 추후 시장 상황이 정상화되면 해당 물건의 가격이 회복되는 것은 물론 재개발과 지하철 개통

등의 호재에 힘입어 지속적으로 가치가 상승할 거란 판단을 내렸다. 이대표가 매매한 물건은 급매로 나온 28평형으로 완벽하게 모든 수리를 마친 매물이었기에 추가 보수 없이 전세를 맞출 수 있다는 장점이 있었다. 매수가 2억 2350만 원에 전세가 2억 1500만 원으로 갭 850만 원에 투자를 마쳤다.

"당시 정상 시세는 2억 3000만 원선이었습니다. 오래된 집일수록 수리 상태가 중요한데 이 경우 수리 상태가 좋아 시세대로 사는 것만으로도 인테리어 수리비 1500만 원은 벌고 가는 셈이었죠. 십만 원 단위까지 가격 조율이 이뤄졌을 정도니 기존 소유주와 나름대로 치열했던 기싸움(?)에서 승리했던 기억이 여전히 생생합니다. 협상 과정에서 매도자분이 짐짓 배짱을 튕기며 '그 가격에는 팔 수 없다'고 목소리를 높였지만, 당시 상황은 명백한 '매수자 우위시장'이었습니다. 시장에 매수자 자체가 적었기 때문에 매도자가 끌려 다닐 수밖에 없었던 거죠. 물론 좋은 게 좋은 거라는 말마따나 서로 감정이 상하지 않는 선에서 적절한 합의를 이끌어내는 데 성공했습니다."

사실 이대표가 해당 아파트에 주목했던 이유는 바로 이미 깔끔하게 리모델링을 마친 물건이었던 까닭이다. 낡은 아파트의 경우 시세에 비해 전세금이 매우 낮게 형성되는 경향이 짙다. 갭투자에 용이한 물건은 아파트의 상태가 불특정 예비 세입자들의 마음에 들 만큼 훌륭해야 한다.

"역지사지易地思之라는 말이 있습니다. 이 사자성어의 의미처럼 투자자는 스스로를 전세를 원하는 세입자의 입장으로 가정한 후 냉정하게 물건을 평가해야 합니다. '과연 나라면 이런 조건의 아파트에 살고 싶어 할까?'라는 질문에 대한 답이 곧 투자 가부可否 결정과 마찬가지겠죠. 제가 산곡동 뉴서울1차아파트의 매수를 결정한 이유는 ▲우수학군 배정 ▲전세 수요 풍부 ▲인테리어 완료 등 갭투자에 맞는 조건을 갖추고 있었기 때문입니다. 즉 갭투자라는 명확한 목적을 충족시키는 최적의 투자 물건이었던 셈이죠. 실제로 다소 높은 전세금에도 불구하고 오히려 경쟁이 붙을 만큼 복수의 세입자들이 찾아왔을 정도였습니다."

해당 투자는 이대표에게도 특별한 의미를 가진다. 그동안 꾸준히 부동산 투자를 시행해온 것은 물론 지난 2016년 9월에는 아예 나눔부자와 함께 부동산 매매법인을 설립하는 등 투자자의 길을 걸어왔던 게 사실이지만, 어디까지나 '본업 외의 투자'라는 개념이 강했던 게 사실이다. 하지만 2017년 첫 투자인 산곡동 뉴서울1차아파트 매수를 기점으로 이대표는 '전문 부동산 투자자 선언'을 하게 된다. 그간 '본업'으로 여겨왔던 온라인마케팅이 '부업'으로, '가외 수익'이었던 부동산 투자가 '본업'으로 뒤바뀌는 순간이었다.

유연한 사고로 새로운 수익 창출 도전

"물론 그렇다고 제 생활이 크게 달라졌던 건 아니었습니다. 매일 아침에 부동산 뉴스부터 체크하고 낮에는 임장과 투자를 병행한 후 늦은 새벽까지 관련 공부 및 시세 확인을 하는 등 '늘 똑같은 일상의 반복'이었죠. 굳이 전업 부동산 투자자를 선언한 이유는 크게 두 가지입니다. 하나는 제 스스로 마음을 다잡기 위해서였죠. '한 우물만 파라'는 옛 속담처럼 오직 한 가지 일에 집중함으로써 부동산 투자로 성공을 거두겠다는 다짐이었습니다. 실제로 전업 투자자의 길을 선택한 2017년에 10건 이상의 부동산 투자를 시행하기도 했고요. 두 번째는 〈짠돌이 카페〉를 비롯해 대내외적으로 부동산 투자에 대한 인식을 바꾸고 올바른 정보를 전달해주기 위해서였습니다. 나눔부자의 부동산 관련 강의를 계획한 것 역시 이와 같은 이유였습니다. 이러한 목표를 세운 제가 부동산 투자를 소위 '곁다리'로 하면 안 된다는 생각에 전업 선언을 하기로 결심했던 것입니다."

무엇보다 이대표의 부동산 투자자 전업은 가족, 보다 정확하게는 '아내'의 이해가 있었기에 가능했다. 많은 사람들이 부동산 투자와 관련해 간과하는 부분이 바로 이 지점이다. 부동산 투자자는 결코 자신의 능력만으로 될 수 없다. 가족 구성원들의 반대에 부딪힌다면 아무리 확고한 확신이 있다고 하더라도 전문 부동산 투자자로의 길을 쉬이 선택하기 어려운 까닭이다.

"부동산 투자자 전업의 목적이 가족들에게 보다 풍족한 생활을 선물하기 위해서임은 분명합니다. 하지만 아무리 좋은 의도로 일을 시작하더라도 그 결과까지 낙관할 수는 없는 법이죠. 누차 강조하지만 투자에 100퍼센트란 없기 때문에 최악의 상황을 가정해야 합니다. 소위 '모 아니면 도'인 셈인데, 가족들의 입장에서는 사실 불확실한 풍족함보다는 당장의 안정적인 생활을 원하는 경우가 많습니다. 저 역시 종종 가족들이 적극 반대했다면 아마 부동산 투자자의 길을 선택하지 않았을 수도 있었다는 생각을 하곤 합니다."

이대표가 부동산 투자자로의 전업 선언 후 첫 투자를 단행한 산곡동 뉴서울1차아파트는 앞선 물건들과는 다소 조건이 달랐다. 1991년 입주를 마친 산곡동 뉴서울1차아파트는 약 30년의 세월을 대변하듯 아파트 구석구석 낡은 부분이 제법 많은 '노후 아파트'로 분류된다. 입장을 바꿔서 생각해봤을 때, 세입자가 깨끗한 아파트에서 살고 싶어 할 것은 인지상정일 터. 쉽게 말해 뉴서울1차아파트는 세입자가 반드시 필요한 갭투자에 있어서는 처음부터 약점을 안고 있는 셈이다.

"제가 세입자라도 낡은 아파트보다는 새 아파트에 살고 싶은 게 당연합니다. 그런 점에서 봤을 때 외관부터 볼품없는 뉴서울1차아파트는 투자 기피 대상으로 꼽힐 수도 있습니다. 하지만 생각을 조금 바꿔보니 오히려 좋은 투자 기회라는 판단을 내리게 됐습니다. 키워드는 '생활공간'입니다."

이대표가 당시 산곡동 뉴서울1차아파트에 대한 투자를 결심한 배경을 살펴보자. 앞서 설명한 대로 낡은 아파트는 세입자가 그리 선호하지 않는 물건이 분명하다. 하지만 반대로 생각해보자. 세입자가 생활하는 공간은 결국 아파트 외부가 아닌 내부다. 즉 외부가 다소 낡았다고 할지라도 실제 생활공간이 깔끔하다면 새 아파트와 별 반 다르지 않게 여겨진다는 의미다. 투자 목적이 아닌 실거주자의 입장에서는, '리모델링이 끝난 저렴한 전셋집'도 좋은 선택지 중의 하나일 수 있는 것이다.

"좋은 조건의 새 아파트는 그만큼 가격이 높기 마련입니다. 당연하죠. 반면 오래된 아파트는 전세 시세가 상대적으로 매우 저렴하게 형성되어 있습니다. 때문에 내부가 깔끔하게 리모델링되어 있다는 전제만 충족된다면, 오히려 전세금에 부담을 느끼는 세입자들이 선호하는 물건이 될 수 있는 것이죠."

마이너스 투자가 가능했던 이유

이대표는 지난 2017년 2월 6일 무지개아파트를 2억 800만 원에 매수함과 동시에 1000만 원가량을 추가로 투입해 대대적인 리모델링을 병행했다. 이후 깔끔하게 단장을 마친 해당 물건은 2월 14일 2억 2000만 원에 전세 계약을 한 새로운 세입자에게 돌아갔다.

정리하면, 총 2억 1800만 원을 투자해 2억 2000만 원에 전세를 놓음으로써 총 -200만 원의 투자금으로 갭투자를 마무리한 것이다.

그렇다면 어떻게 이러한 '마이너스(-) 투자'가 가능할까?

먼저, 전면적인 리모델링이 필요할 만큼 낡은 물건을 찾는 것이 우선이다. 이대표 역시 이러한 조건의 물건을 찾은 후 기존 소유주에게 리모델링의 필요성을 강조함으로써 공사 금액을 제외한 매수금을 제시한 것이다. 매도자 입장에서도 제 가격을 받기 위해서는 자신의 돈으로 먼저 아파트를 수리해야 하니, 아예 처음부터 리모델링 비용을 뺀 저렴한 시세일지라도 빠르게 거래를 마무리 짓는 게 속편한 일이라고 여겼기에 매매가 이뤄질 수 있었다. 참고로 당시 이대표가 주장한 예상 리모델링 비용은 2500~3000만 원 선으로, 기존 소유주와의 협의를 거쳐 최종적으로 2000만 원 에누리에 합의를 했다.

"이런 투자는 '상대방과의 협상'이 핵심이라고 할 수 있습니다. 쉽게 말해 '부채(낡은 집에 대한 리모델링)까지 떠넘겨 받음으로써 매수금을 낮추는 것'과 '등기 전 수리할 수 있는 시간적 여유와 공실상태로 전세 맞춤이 가능한 기간 확보' 정도로 설명할 수 있겠죠. 매도자도 현재 상태에서는 제 값을 받을 수 없다는 사실을 잘 알고 있기 때문에 어느 정도 매도가격 조정을 염두에 두는 경우가 많습니다. 서로 이해관계가 맞아떨어진다면 그다음부터는 본인의 협상능력에 달린 것이죠. 괜히 '말 한마디에 천 냥 빚을 갚는다'라는 속담이 있는 게 아닙니다(웃음)."

부동산 투자는 개별 투자건마다 전혀 다른 상황에서 진행된다. 같은 아파트 같은 동의 바로 앞집을 매수하더라도 하나부터 열까지 모든 조건이 다를 수 있다는 의미다. 때문에 부동산 투자자는 확고한 투자 기준을 기반으로 유연한 사고를 가져야 한다. 각 물건에 맞는 최적의 투자 플랜을 세움으로써 본인 스스로 투자가치를 재창조해낼 수 있는 까닭이다.

낡은 아파트는 세입자가 원하지 않는 조건이기 때문에 투자 가치가 없다. 맞는 말이다. 하지만 이 말을 뒤집어보면, '세입자가 원하는 조건을 충족시켜 주면 곧 인기 물건이 된다'는 뜻과 일맥상통한다. 더 나아가 2년 후 매수자 입장에선 최근 인테리어가 완료된 아파트를 매수해 투자하고 싶어진다는 것이다.

진흙 속 진주를 발견한 이대표의 또 다른 투자 기법의 핵심, 탄력적이고 유연한 사고방식이야말로 부동산 투자자들이 반드시 갖춰야 할 마인드임을 기억해야 한다.

나눔부자의
촌철살인

'투자기피 1순위',
낡은 아파트의 환골탈태

세입자의 입장에서 생각하는 '역지사지'

부동산 투자는 물론 실거주 목적이라고 할지라도 매수 금액 이외의 돈이 추가로 들어가는 것을 극도로 꺼리기 마련이다. 이른바 '튜닝'이 판매 가격에 포함되지 않는 자동차와 달리 아파트는 리모델링 유무에 따라 가격 차이가 나는 이유도 이와 같은 맥락이다.

하지만 모든 물건이 리모델링을 전제로 할 수는 없는 법이다. 특히 낡은 아파트는 수리가 필요한 부분이 많은 경우가 대부분이다. 물론 매수 상태 그대로 세입자를 구할 수도 있지만, 그 확률이 매우 떨어지기 마련이다. 아파트 상태와 세입자 선호도가 비례하는 모양새인 것이다. 때문에 종종 투자자들은 아파트 매수 후 별도의 개보수 혹은 전체 리모델링 비용을 책정하곤 한다. 이는 보다 빠른 세입자 확보로 원활한 갭투자를 실현하기 위함이다.

자, 쉽게 생각해보자. 본인을 세입자라고 가정한 후, 전셋집을 구할 때 어떤 조건의 물건을 선호할 것인지 따져보면 이해가 빠를 것이다.

가장 먼저 '생활권과의 밀접성'을 꼽을 수 있다. 쉽게 말해 직장이나 학교 등과 같이 본인의 생활이 주로 이뤄지는 지역과 가까운 아파트를 선택하는 것이 첫 번째라는 의미다.

첫 번째 조건이 충족됐다면 다음은 '아파트의 상태'로 넘어간다. 아파트 역시 큰 범주에서 보면 주요 생활권 중 하나에 포함된다. 하루 중 절반 가까운 시간을 보내는 공간이 바로 집인 까닭이다. 때문에 아파트의 상태라는 요소는 세입자들에게 매우 중요한 선택의 기준이 된다. 전세자금이 (몇억 원씩) 크게 차이나지 않는다면 몇천만 원을 더 내고서라도 깔끔한 집을 선택하는 게 당연시될 정도다.

하지만 의외로 많은 투자자들이 리모델링에 대해 회의적인 시각을 갖고 있다. '자기들이 필요하면 집 상태가 어떠하든 세를 들어올 것'이라는 이유에서다.

그럴 때마다 나는 '소개팅'을 예로 들어 설명하곤 한다. 소개팅을 갈 때는 남자와 여자를 가리지 않고 자신이 할 수 있는 최선의 꾸밈을 하는 것을 당연하게 여긴다. 멋있게 혹은 예쁘게 꾸미고 가면 상대방에게 호감을 얻을 확률이 높기 때문이다. 소개팅 자리에 평소 입던 추레한 옷차림으로 나간 후 '나중에 선택받으면 예쁘게 꾸미겠다'는 이야기를 해봤자 공염불로 그칠 뿐이다.

아파트 역시 마찬가지다. 최소 몇 년 이상 거주할 아파트를 찾는 세입자들에게 있어 이왕이면 깨끗한 물건이 인기가 높을 것은 자명한 사실이다. 예컨대 평균 전세 가격이 2억 원인 물건을 기준으로 한다면 리모델링이 안 된 집은 1억 7000만 원에도 세입자가 잘 들어오지 않지만, 1000만 원을 투자해서 리모델링을 마치면 1억 9000만 원에도 전세를 놓을 수 있는 식이다. 실제로 리모델링이 전혀 되어 있지 않은 극악의 조건을 가진 아파트는 평균 시세에 비해 최대 10퍼센트 이상 저렴한 금액에 세입자를 맞추기도 한다.

또한 이대표의 경우가 같이 매수 후 수리해야 할 부분이 많은 물건은 매도를 할 때도 제 값을 받지 못한다. 수백만 원에서 수천만 원 이상이 들어가는 리모델링 비용은 그 자체로 감가삼각의 이유가 된다.

여기서 한 가지, 우리가 흔히 갖고 있는 고정관념 중 하나가 바로 '아파트 가격은 정해져 있다'는 것이다. 아파트는 수억 원 이상을 호가하기 때문에 가격을 깎을 수 없다는 인식인 셈이다. 하지만 속된 말로 '에누리 없는 장사는 없다'는 말마따나 아파트 또한 서로의 이해관계만 맞아떨어지면 얼마든지 가격 조정이 가능한 '상품'이다.

특히 리모델링을 하지 않은 낡은 아파트의 경우 실거주자와 세입자는 물론 투자자들도 기피하는 물건으로 손꼽힌다. 때문에 매도자에게 감가삼각의 이유를 충분히 설명한다면 예상 이상의 '에누리'를 실현할 수 있는 것이다.

개인적으로 20년 이상 된 낡은 아파트를 매수할 때는 어정쩡하게 수리된 집보다는 오히려 전체적으로 리모델링을 해야 할 만큼 상태가 나쁜 물건을 저렴하게 매입하는 게 낫다고 생각한다. 경험상 약 32평 기준 1000만 원의 리모델링 비용을 투자할 경우 전세금을 2000만 원 정도 높게 받을 수 있기 때문이다.

역설적이지만 갭투자에서 세입자는 그 무엇보다 중요한 요소다. 때문에 부동산 투자자는 늘 세입자의 입장에서 생각하며, 그들이 선호하는 조건의 물건을 만들어내려는 부단한 노력이 필요하다.

부동산 투자자라면 케케묵은 사자성어인 역지사지를 가슴에 새겨야 한다.

현대판 만석꾼의 꿈을 향한 무한도전

대한민국 땅 위에 당당히 내 이름 석 자를 새기다

창조주 위에 건물주, 건물주 위에 지주地主

우리는 예외 없이 땅을 딛고 살아간다. 삶의 3요소 중 하나인 집 역시 땅 위에 지어진 건축물이다. 쉽게 말해 땅은 우리 생활의 근본이라고 할 수 있다.

민법에서는 부동산을 '토지와 정착물'이라고 정의한다. 토지와 그 위에 세워진 건축물 모두 부동산이란 범주에 들어가는 것이다. 이러한 법률적인 관점에서 봤을 때, 부동산의 가치는 토지와 건축물을 모두 포함해 평가된다. 하지만 아무리 시간이 지나도 감가상각이 일어나지 않는 토지와는 달리 건축물은 완공된 시점부터 그 가치가 하락한다. 부동산 가치 결정의 핵심은 결국 토지에 달렸다는 의미다.

쉽게 생각해보자. 모든 조건이 동일한 건축물이 있다고 가정했을 때, 해당 부동산의 가치를 결정하는 요소는 '토지의 위치'다. 같은 빌딩이라고 하더라도 강남구 역세권에 있느냐 아니냐에 따라 가치가 천차만별로 달라지는 것이다.

흔히 '땅은 어디 도망가지 않는다'라고 말하곤 한다. '부동산 불패'라고 불리는 대한민국 부동산 시장의 역사도 지속적인 토지 가격 상승세와 맥을 같이 하는 것이다. 소위 말하는 '거물급 부동산 투자자'들의 주요 투자 품목이 바로 이러한 토지인 이유도 이와 같다.

"성급하게 일반화할 수는 없지만 국내에서 손꼽히는 부동산 투자자 중 대다수의 '전공'이 토지인 것은 사실입니다. 토지는 아파트와 달리 유동성이 매우 강한 분야입니다. 꾸준한 수요가 발생하는 아파트와는 달리 토지는 특수한 경우에 한해 매매가 이뤄지는 까닭이죠. 저 역시 토지 투자에 대한 관심은 예전부터 있었습니다. 하지만 공부해야 할 범위가 너무 광범위해 언감생심 실제 투자를 생각하지 못했었죠."

운명이었던 걸까. 이대표의 부동산 스승인 나눔부자의 최종 투자 목표 역시 토지였다. 속도와 길은 다를지언정 목적지는 같았던 셈이다. 실제로 두 사람은 동반 임장 시 왕왕 토지 임장을 병행하곤 했다.

"수십 건의 아파트 투자를 진행했음에도 불구하고 토지 투자를 단행하지 못했던 것은 또 다른 차원의 분야로 여겨졌기 때문입니다.

겨우 구구단을 마스터하자마자 곧바로 미적분을 맞닥뜨린 격이랄까요? 나눔부자와 토지 임장을 다닐 때도 언젠가 시행할 실전 토지 투자에 앞선 이른바 '선행학습' 정도로 여겼을 뿐이었습니다."

그간 이대표가 투자했던 아파트는 쉽게 말해 '토지가 포함된 건축물'이라고 할 수 있다. 단, 아파트는 공동의 토지 위에 수직으로 수십 채의 공간이 들어선 부동산이란 특징이 있다. 즉 아파트 매수는 엄밀히 따지자면 '아파트 면적만큼의 토지에 대한 권리'를 획득한 것이다.

부동산 투자의 끝판왕, '토지'에 주목하라

반면 토지 혹은 토지를 포함한 빌딩을 매수한다는 것은 해당 땅에 대한 권리가 오롯이 본인에게 귀속됨을 의미한다. 쉽게 말해 가장 큰 수익을 창출할 수 있는 토지활용 방안을 소유주 마음대로 정할 수 있다는 의미다.

"아파트 투자 후 최종 선택지는 크게 ▲전세 혹은 전세 갭투자 ▲월세 등으로 나뉩니다. 월마다 고정적인 수입이 들어오는 점을 제외한다면 아파트 투자의 최종 목적은 결국 '시세 차익'이란 공통분모를 갖고 있습니다. 하지만 토지는 이와는 달리 활용 방법이 다양하다는 특징이 있습니다. 예컨대 주거지역에 오피스텔 건물을 세우거나 상업지역에 임대 목적의 고층건물(빌딩, 상가 등)을 짓는 것이죠."

'창조주 위에 건물주, 건물주 위에 지주地主'라는 말이 있다. 결코 웃을 수만은 없는 대한민국의 현실이다. 이 짧은 문장 속에 담긴 실체적 진실은 차라리 눈을 돌리고 싶을 만큼 가슴을 후벼 판다.

이대표와 나눔부자가 부동산 투자자로의 길을 선택한 이유 역시 바로 이것이다. 전 세계 그 어느 나라보다 '돈의 논리'가 진하게 적용되는 대한민국에서 더 나은 삶을 영위하기 위해서는 반드시 경제적 능력이 뒷받침돼야 했다. 보다 직설적으로 말하면 돈을 많이 벌어야 했기에 부동산 투자라는 새로운 도전을 선택한 것이다.

"미루어 짐작컨대 대다수 부동산 투자자들의 최종 목표는 건물주 혹은 지주일 것입니다. 좋은 위치에 세워진 고층 빌딩이 안정적으로 큰돈을 벌 수 있는 가장 확실한 방법이라는 건 삼척동자도 아는 사실이기 때문입니다. 저 역시 그동안 아파트 투자에 주력하며 제법 많은 수익을 올렸기에 슬슬 욕심이 나던 차였죠."

하지만 마음과는 달리 현실의 벽은 너무 높았다. 마음에 드는 고층 건물이나 토지는 가격이 턱없이 높았고, 10~20억 원으로 매수할 수 있는 이른바 원룸 건물의 수익은 고작해야 500~600만 원 수준이었다. 창조주 위에 서기에는 아직 더 많은 시간이 필요했던 셈이다.

건물에도 수명이 있다

부동산의 두 축, 토지와 건축물의 가장 큰 차이점은 '수명'에 있다. 쉽게 설명하면 토지는 인류의 문명이 사라질 때까지 고유의 가치를 인정받는 반면 건축물은 종류와 상관없이 일정 기간이 지나면 가치가 한없이 0^{Zero}에 수렴하는 것이다.

"건물의 감가상각 기준은 일반적으로 40년입니다. 즉 40년이 지난 건물은 없는 것과 마찬가지라는 의미죠. 오히려 감가상각 기준을 지난 이른바 '폐건물'이 세워진 토지를 매수하는 경우 오히려 철거 비용을 일정 부분 빼주는 조건으로 계약을 맺기도 합니다. 건축물의 가치와 시간의 흐름이 반비례하는 셈이죠. 참고로 현재 아파트 재건축 기준은 30년입니다. 하지만 토지는 건축물과는 완전히 다릅니다. 오히려 시간이 지날수록 가치가 꾸준히 높아지죠. 생각해보면 당연한 일입니다. 모든 건축물은 토지를 전제로 성립되기 때문입니다. 건축물이 없는 토지는 흔하디흔하지만, 토지 없이 건물을 세울 수는 없는 법입니다. 오죽하면 '토지를 사면 부록으로 건물이 딸려온다'는 말이 있겠습니까. 토지야말로 부동산 투자의 정수라고 생각합니다."

소위 '부동산 투자의 끝판왕'으로 불리는 토지 투자를 공략하기 위해서는 오랜 시간에 걸친 철저한 준비가 필요하다. 이에 이대표는 나눔부자를 비롯해 국내에서 내로라하는 토지 전문 투자자들의 강의를 집중적으로 수강하기 시작했다. 또한 연천, 새만금, 부안, 강화도를 비롯해 세종시 인근까지 토지 임장을 다녔다. 아예 부부동반 여행을 겸해 속초와 양양, 삼척으로 임장을 떠나기도 했다.

"아파트에 대해서는 저 스스로도 제법 전문가가 됐다고 자부했지만, 토지는 전혀 새로운 분야였기 때문에 모든 순간이 낯설었습니다. 예상보다 빨리 본격적으로 토지 투자에 뛰어들었던 것도 사실이었고요. 그런데 나눔부자를 따라 경험 삼아 이리저리 토지 임장을 다니다 보니 토지의 매력에 푹 빠지게 되더라고요. 나중에는 '아, 이 땅에는 이런 건물을 지으면 좋겠다'라거나 '여기는 건물을 세워도 임대료가 많이 나오지 않을 것 같다'는 등의 판단이 들더라고요."

조선시대 기준에는 땅 한 뙈기만 있어도 먹고사는 데 큰 지장이 없었다. 일 년에 쌀이 1,000석 정도 나올 만큼의 땅을 가진 천석꾼이라면 우리가 흔히 말하는 '억대 연봉' 정도이며, 매년 만석의 쌀을 거둬들이는 만석꾼은 빌딩 부자와 마찬가지라고 할 수 있다.

과거 천석꾼의 재산을 현대 기준으로 적용해보자. 성인 한 사람이 1년 동안 소비하는 양을 가리키는 쌀 한 섬(혹은 석)은 지금의 2가마니에 해당하는 160킬로그램이다. 즉 천석꾼의 땅에서 매년 나오는 쌀 1,000석은 160킬로그램×1,000석=16만 킬로그램(160톤)이란 계산이 나온다. 당시 백성 1,000명이 1년 동안 섭취할 수 있는 어마어마한 양이다.

여기에 변동직불금 정부에서 정한 현재의 쌀 목표 가격인 17만 83원(한 가마니 80킬로그램 기준)를 적용하면 쌀 한 석의 가격은 약 34만 원이다. 과거 조선시대 천석꾼의 연봉을 지난해 기준으로 따져보면 '34만 원×1,000석=3억 4000만 원'이란 결과가 나온다. 모든 월급쟁이들의 목표인 '억대 연봉'인 셈이다.

한 발 더 나아가 '현대판 건물주'에 해당하는 만석꾼의 경우 매년 34억 원의 수익을 거둔 것과 마찬가지일 것이다. 좀 더 알기 쉽게 비교하면 대표적인 빌딩 부자로 손꼽히는 전 메이저리거 박찬호 씨의 신사동 소재 400억 원 대 빌딩 연 임대 수익이 약 12~13억 원 사이인 것으로 알려져 있다.

토지 투자의 핵심은 결국 땅, 그 자체다

즉 단순히 산술적으로 따져보면 과거 조선시대 만석꾼은 약 1000억 원 대 부동산(토지+건축물)에서 30억 원 이상의 임대 수익을 올린 것이라고 할 수 있다.

어찌 보면 '창조주 위에 건물주, 건물주 위에 지주'라는 말은 조선시대 만석꾼으로부터 시작됐을지도 모른다.

"조선시대 갑부를 일컫는 '만석꾼'은 현대로 따지면 '건물주'와 마찬가지라고 할 수 있습니다. 소작농에게 세작을 주고 쌀을 거둬들이는 대신 임차인에게 공간을 빌려주고 임대료를 받는다는 차이뿐이죠. 여기서 우리가 주목해야 하는 부분은 과거 만석꾼과 현대 건물주가 공통적으로 '토지를 소유하고 있다'는 사실입니다. 땅이 없었다면 성립되지 않았을 직업인 거죠. 대부분, 아니 솔직히 말하면 우리나라 모든 국민들의 꿈은 건물주가 되는 것이라고 생각합니다. 경제적 자유를 갈망하는 현대인의 최종 목표인 셈이죠."

물론 건물주도 나름의 애환이 있을 터다. 하지만 자신의 시간을 온전히 희생해가며 돈으로 환산하는 월급쟁이나 자영업자에 비해 상대적으로 적은 노력으로 큰 수익을 보장받을 수 있는 것이 바로 임대사업자, 즉 건물주임은 분명하다. 돈만 있다면 누구인들 건물주의 삶을 마다할까? 누차 강조하지만 부동산 투자의 목적은 돈을 벌기 위함이다. 그렇게 속된 말로 '개처럼 돈을 벌어서 정승처럼 건물을 구입하는 것'이 이대표와 나눔부자의 최종 목표다.

부동산 투자자로 나서기 전 두 사람은 이미 억대 연봉자로의 삶을 경험해본 적이 있다. 한 달 1000만 원 가까운 월급은 가족들에게 제법 풍족한 일상을 선물했지만, 그다음 단계로의 발돋움은 요원했다. 아등바등 아끼며 모아도 2년 후 전세금을 올려주고 나면 손에 남는 건 몇 푼 되지 않았다. 많은 월급쟁이들이 바라마지 않는 억대 연봉조차 삶을 극적으로 바꾸기는 어려웠던 것이다.

"월급쟁이 생활을 처음 시작했을 때는 억대 연봉자가 되면 뭔가 내 삶이 획기적으로 바뀔 거란 막연한 기대감이 있었습니다. 지금 버는 돈에 서너 배를 벌게 되면 분기마다 해외여행을 가거나 식구마다 좋은 차를 타고 다닐 수 있을 줄 알았죠. 그런데 막상 억대 연봉을 달성해보니 크게 달라지는 게 없었습니다. 그저 소소한 일상에 작은 여유가 생겼을 뿐이죠. 씁쓸한 비유지만 '헬조선'이라고 불리는 대한민국의 현실을 극복하기 위해서는 더 많은 경제적 능력이 필요한 것은 사실입니다."

이대표와 나눔부자가 본격적으로 부동산 투자에 나선지 2년, 4년이 지났다. 그동안 두 사람은 각각 10억 원, 20억 원 이상의 순 자산을 쌓아올렸다. 억대 연봉인 천석꾼은 한참 지났지만 현대판 만석꾼이 되기 위해서는 아직 갈 길이 구만리다. 토지 투자는 그런 두 사람의 꿈에 더욱 현실성을 더해줄 새로운 날개이자 무기인 것이다.

대한민국 땅 위 이름 석 자 새기다

이대표는 부동산 투자자로 전업하기 전부터 부동산 스승인 나눔부자의 권유로 토지 임장을 병행해왔다. 당장은 토지에 비해 미래 예측이 보다 수월하고 유동성이 덜한 아파트 투자에 집중하되 향후 단행할 토지 투자에 대비하기 위함이었다. 반대로 말하면 토지는 그만큼 위험 요소가 많은 투자 분야라고 할 수 있다.

"토지는 아파트와 달리 꼭 필요한 수요자가 나타나지 않으면 매도 자체가 어려운 물건입니다. 아파트처럼 우리의 실생활과 그다지 밀접한 연관이 없는 까닭이죠. 또한 토지는 외부적인 요인의 영향을 크게 받습니다. 예컨대 특정 토지 인근에 대규모 국책 사업이 들어서는 경우 가격이 크게 오르는 식이죠. 때문에 토지는 물론 이를 둘러싼 복합적인 요소들을 올바로 해석하는 능력이 필요합니다. 말 그대로 '토지 전문가'가 되어야 하는 것이죠."

거주를 목적으로 지어지는 아파트와는 달리 토지는 그 쓰임새가 무궁무진하다. 용도가 맞고 추가 자금이 넉넉하다면 최대한 높은 빌딩을 지어 임대료를 받을 수도 있고, 은퇴 후 귀농으로 제2의 인생을 시작하거나 노후를 유유자적 보낼 별장지로 사용해도 좋다. 하지만 이러한 선택지를 고를 수 있는 '자금적 여유'가 풍족한 이는 매우 드물다. 토지 투자의 가장 큰 위험성이 바로 이 지점에 있다. 많은 자금을 투입해 토지를 매수하더라도 추후 매도자를 찾기 어려울 수 있다는 것이다.

"당연한 얘기지만 좋은 조건의 토지는 그만큼 가격이 비싸기 마련입니다. 첫 진입장벽부터 높은 셈이죠. 하지만 첫 관문을 넘어 실제 토지를 매수하더라도 문제가 끝나는 건 아닙니다. 매수 후 토지 시세가 기대만큼 올라야 하는 것은 물론 기대 수익을 실질적인 자금으로 치환하기 위한 매수자 확보 등 더 어려운 장애물이 산적해 있죠. 성공만 한다면 그 어떤 부동산 투자보다 토지 분야가 더 큰 수익을 올릴 수 있는 것은 사실입니다. 하지만 그보다 몇 배 이상의 노력과 확신 없이 섣불리 투자를 단행한다면 자칫 실질적인 손해로 이어질 수 있기 때문에 어느 때보다. 신중한 판단이 필요합니다."

국토정보 통계에 따르면 지난해 기준 아파트(8만 9,062호), 주택(12만 8,072호), 토지(199만 2,170필지)가 거래된 것으로 확인된다.

토지의 시세는 외부 요인에 따라 크게 변동하곤 한다. 예컨대 어떤 기업에서 대규모 리조트가 건설 계획을 발표해 해당 지역의 토지 가격이 큰 폭으로 상승하더라도 회사의 내외부 사정으로 인해 계획이 전면 철회되거나 대폭 수정되면 오를 때보다 더 빠른 속도로 내리막을 타게 되는 것이다.

"나눔부자가 강조하는 토지 투자의 첫 번째 조건이 바로 '국책 사업'입니다. 국책 사업의 경우 시간이 다소 걸릴지라도 사업 자체가 사라지는 경우는 매우 드물기 때문에 토지의 가치 역시 갑자기 하락하지 않는다는 특징이 있습니다. 또한 이를 시작으로 기업 및 지자체들의 투자가 이어질 가능성이 높아 추후 지속적인 가치 상승을 기대할 수 있다는 장점도 있습니다. 물론 이외에도 토지 투자를 결정하는 수많은 요소가 있습니다. 그 어느 것 하나 소홀히 할 수 없는 부분이죠. 실제로 전업 부동산 투자자 3년 차인 저조차 아직까지 단독으로 토지 투자를 해본 적은 없습니다. 그만큼 어렵고 복잡한 분야지만, 그만큼 배우는 즐거움이 큰 것도 사실입니다."

토지의 팔색조 매력에 풍덩

이대표의 첫 토지 투자 물건은 바로 부산시 기장군의 '대룡마을'이었다. 이른바 '부산의 예술인마을'로 불리는 대룡마을은 대표 랜드마크인 무인카페를 비롯해 다양한 문화공간이 조성되어 있다. 이대표는 지난 2017년 4월 18일 해당 지역의 토지를 나눔부자 외 3인과 함께 공동으로 매수했다.

"사실 아파트 투자와 마찬가지로 나눔부자의 의견이 투자 결정에 가장 큰 영향을 미친 것은 사실입니다. 물론 객관적인 조건들이 훌륭하기도 했고요. 제 첫 토지 투자인 만큼 다른 사람들의 의견을 적극 수용함과 동시에 스스로도 나름대로 철저히 분석을 한 결과 향후 가치 상승 가능성이 높다는 판단으로 최종 투자를 결심하게 됐습니다."

대룡마을이 형성된 기장군은 부산 해운대와 울산시청의 중간에 위치해 있다. 또한 마을 바로 옆에 다수의 산업단지가 조성되어 있으며 국내 해돋이명소 중 한곳으로 꼽히는 간절곶과는 10킬로미터, 부산시 최대의 현안사업인 '동부산 오시리아 관광단지'와는 불과 20킬로미터 떨어진 거리에 위치해 있다. 실제로 관광객들을 중심으로 대룡마을에 들어선 무인 카페와 각종 체험프로그램 이용객이 크게 늘어난 것은 물론 결혼사진을 찍기 위한 예비부부들의 발길이 꾸준히 이어지는 등 기장의 새로운 명소로 자리매김하고 있다.

"아직 개발 여지가 많이 남은 것은 사실이지만, 상하수도 완비를 비롯해 기본적인 조건이 매우 훌륭한 토지라고 판단했습니다. 무엇보다 지리적인 위치도 좋고 교통도 편리해 관광객들의 유입이 지속적으로 늘어나고 있는 추세이기 때문에 향후 발전 가능성도 충분한 편입니다. 특히 그동안 지지부진했던 부산시 숙원 사업인 동부산 오시리아 관광단지에 롯데 아울렛과 힐튼 호텔이 들어서며 실질적인 시행에 들어갔고, 마을과 아주 가까운 거리에 해운대에서 울산 태화강까지 연결되는 기찻길이 연결되고 국내 최고 수준의 암치료센터 개원과 신도시 개발 계획 등 다수의 호재가 예정되어 있습니다. 해당 사업들이 완료되는 시점에 가격이 크게 오를 것으로 기대하고 있습니다."

이대표와 나눔부자가 매수한 토지의 규모는 약 380평으로 총 5억 6700만 원의 자금이 들어갔다. 매수시점의 대룡마을 평균 시세는 1평당 200만 원 선이었지만, 부산 토박이였던 공동 투자자 한 명이 나서서 148만 5,000원에 매수 계약을 마칠 수 있었다. 참고로 해당 계약에 들어간 자금 중 4억 원은 토지를 담보로 대출을 받아서 잔금을 치렀다. 공동 투자단 5인의 개인별 실질 투자금액은 3340만 원에 불과하다.

해당 계약을 복기해보자.

가장 궁금한 부분은 이대표와 나눔부자를 비롯한 공동 투자단이 평당 평균 시세 200만 원인 토지의 매수가를 25퍼센트 깎을 수 있었던 이유일 것이다. 만약 모든 토지를 저 정도로 저렴하게 매수할 수 있다면 건물주라는 꿈에 성큼 다가갈 수 있으리라. 물론, 당연하게도 이러한 경우는 매우 드물다. 아니 거의 없다고 할 수 있다.

그렇다면 어떻게 이런 일이 가능했을까? 가장 먼저 '정보력의 차이'를 꼽을 수 있다. 해당 계약을 주도했던 부산 토박이의 공동 투자자는 당시만 해도 수년 동안 헛발질을 계속하던 동부산 오시리아 관광단지에 주목했다. 대룡마을과 20킬로미터 떨어진 곳에 들어설 예정이었던 동부산 오시리아 관광단지가 본격적인 사업을 시작하면 인근 땅값이 들썩일 거란 판단이었다. 이후 공동 투자자는 관련 내용을 수집하기 위해 백방으로 발품을 팔았다. 개인 인맥을 총동원한 것은 물론 지자체와 기업에서 내놓는 자료들을 토대로 사업 실현 가능성을 분석해나갔다.

"오랜 분석 끝에 공동 투자자분이 내린 결론은 '매우 긍정적이다'

였습니다. 이외에도 기존에 진행 중이던 산업단지 및 기찻길 조성 등 호재가 많기 때문에 해당 토지의 투자가치가 충분하다는 판단에 이르렀던 것이죠. 중요한 부분은 이러한 분석 내용과 향후 발전 가능성 여부에 대한 내용을 저희만 알고 있다는 점입니다. 동부산 관광단지 조성이 지지부진함에 따라 대룡마을 발전이 더딘 상황이었기에 지주분이 땅 매도를 원하던 차였습니다. 가장 좋은 조건의 땅을 보다 저렴한 가격에 매수할 수 있었던 이유는 바로 독자적인 정보의 유무였던 셈입니다."

'정보는 힘이다'라는 명제는 부동산 투자에서도 유효하다. 이대표와 나눔부자의 대룡마을 토지 투자 건에서도 알 수 있듯 건물주보다 위에 있다는 지주였지만 정보의 부재로 인해 오히려 매도자에게 유리한 조건에 계약을 맺고 만 것이다. 당시 평당 150만 원에 매수한 토지의 현재 시세는 약 220만 원 선이다. 단순히 따져 봐도 평당 70만 원 이상, 총 2억 6600만 원 가량의 수익을 기록하고 있는 것이다. '싸게 사서 비싸게 판다'는 장사꾼의 제1원칙에 충실한 투자 사례라고 할 수 있다.

여기서 한 가지. 착각하지 말자. 이대표와 나눔부자가 해당 토지를 저렴하게 매수할 수 있었던 것은 독자적인 분석으로 얻은 정보가 있었기 때문에 가능했다는 사실이다. 다짜고짜 '내가 땅을 살터이니 좀 싸게 파시오'라고 요구하면 귀싸대기를 후려 맞기에 딱 좋을 것이다. 부동산 투자자에게 공부는 숙명과도 같음을 잊지 말아야 한다.

**나눔부자의
촌철살인**

토지 투자는 위험하다?!
호랑이를 안전하게 끌어안는 방법

"토지 투자는 위험하다."
대중들이 흔히 갖고 있는 토지 투자에 대한 인식이다.
토지는 일반적으로 주변 여건에 따라 시세가 유동적으로 변하는 것은 물론 결정적인 호재가 전무하거나 불발된다면 기대 수익을 실현하기까지 오랜 시간이 걸린다. 여기에 '투자금이 많이 든다'는 고정관념까지 더해지며 토지 투자를 실제로 시행하는 경우는 퍽 드물다. 하지만 이는 반만 맞는 이야기로 토지에 따라 단기 투자 혹은 소액 투자도 가능하다.
우리나라 국민들이 토지 투자를 막연하게 두려워하는 가장 큰 이유는 뉴스의 단골 메뉴로 등장하는 '기획 부동산'일 것이다. 부정적인 내용들로 가득한 기획 부동산은 토지에 대한 불신을 키우는 일등공신이라고 생각한다.

기획 부동산의 본래 업무는 '부동산을 개발하는 것'이다. 그 취지 자체는 결코 불순하지 않다. 하지만 이를 악용하는 개인의 문제가 불거짐에 따라 토지 투자에 대한 인식 자체가 어긋나고 있다. 참 안타까운 현실이다.

우리나라에는 국가가 운영하는 기획 부동산이 있다. 바로 한국주택토지공사LH다. 한국주택토지공사는 부동산 전문가들이 절대 투자하지 말라고 부르짖는 농업진흥구역이나 보전산지를 매입해 주거지역과 상업지역으로 용도를 변경한 후 일반에 분양해 수익을 올린다. 기획 부동산의 원래 의도를 가장 잘 시행하고 있는 셈이다. 그러나 이러한 투자는 용도 변경을 할 수 있는 권한을 가진 정부 기관만이 할 수 있는 방법이다.

일반(이라고 쓰고 '사기'라고 읽는다) 기획 부동산은 이러한 권한이 없음에도 불구하고 용도변경을 빌미로 농업진흥구역이나 보전산지를 인근시세보다 월등히 비싸게 매도하기 때문에 문제가 되는 것이다. 실제도 토지 매매로 큰 부자가 된 사람들은 토지에 대한 보상을 받거나 보상이 이뤄진 개발지 인근의 본인 토지 지가가 상승한 경우가 대다수다. 시쳇말로 '졸부'라 불리는 사람들의 탄생 배경이다.

아파트는 국민은행 시세에 의해 정형화된 가격이 형성되어 있으나 토지는 사용 용도에 따라서 가격이 천차만별이어서 그만큼 개별성을 많이 가진다. 하지만 반대로 생각하면 개별성이 높기 때문에 시세에 대비해 저렴하게 구입할 수 있는 기회도 많다는 것이 큰 장점으로 작용할 때도 있다.

부동산 상승 주기를 살펴보면 해당 지역의 아파트 가격이 오르면 도심 토지 가격이 오르고 순차적으로 인근 토지 시세가 오르는 현상을 확인할 수 있다. 결국은 모든 부동산은 토지 위에 건축물을 올림으로써 완성된다. 부동산은 토지 위에 어느 건축물을 올리느냐에 따라 그 가치가 달라지는 것이다. 토지 위에 아파트를 지으면 주거용 부동산이 되는 것이고 토지 위에 상가를 지으면 상업용 부동산이 되는 식이다.

우리가 강남 아파트를 매입한다는 것은 결국 강남에 위치한 토지 위의 건축물을 소유하게 됨을 의미한다. 수십억 원에 달하는 완공 30년차의 낡은 강남 아파트들의 가치는 아파트 자체가 아닌 토지 지분에서 나오는 셈이다.

지난해 초에 이대표와 함께 매입한 부산시 기장군의 대룡마을은 부산에 인접해 있고 다수의 예술인들이 거주하며 문화생활을 하는 이른바 '문화단지'로 유명한 곳이다. 부산과 울산 지역 주민들은 물론 관광객들의 발길이 꾸준히 이어지는 떠오르는 명소 중 한 곳이다. 특히 대룡마을의 랜드마크로 입소문을 탄 무인카페를 비롯해 다양한 문화공간이 들어서고 있어 지속적인 성장세를 눈으로 확인할 수 있었다. 추후 경기도 파주에 있는 헤이리 마을처럼 발전될 가능성이 높기 때문에 미래 가치가 충분하다고 평가했다.

당시 매수하기로 한 토지의 규모는 380평으로 1평방미터당 45만 원에 매수를 마칠 수 있었다. 총 매수 금액은 5억 6000만 원이었으며 토지를 담보로 4억 원을 대출받아 잔금을 치렀다. 나와 이대표를 비롯해 다섯 명이 공동 투자단을 꾸렸으니 한 명당 3200만 원(비용 제외)을 투자한 셈이다. 아파트 갭투자와 비슷한 금액으로 가격상승 가치가 높은 토지 400여 평을 매수한 것이다.

무엇보다 유기적인 협상으로 인근 시세보다 저렴하게 토지를 매입할 수 있었던 점이 결정적이었다. 또한 공동 투자인 덕분에 개별 투자 금액을 최소화했으며 2년이 지나면 일반과세로 세금을 내면 되기 때문에 부담이 없었다. 당시 인근 시세가 1평당 60만 원 정도인데 15만 원 정도 저렴하게 매입해 매입 시점부터 수익을 가지고 가는 구조였다. 즉 처음부터 이기고 들어가는 싸움이었던 것이다.

부동산의 위험한 호랑이, 토지 투자를 안전하게 끌어안는 최고의 방법은 본인 스스로에게 달렸다는 사실을 기억해야 한다.

부산 기장 대룡마을

보이는 것이 다라고
생각하지 말라

전국구 빈민촌 옷을 입은 명품 아파트에 주목하다!

상생의 부동산 개발 사업 '뉴스테이'

인천광역시 부평구 십정동 일대는 영화 〈은밀하게 위대하게〉의 주요 배경으로 유명세를 탄 동네다. 소위 말하는 '달동네'의 전형적인 모양새를 띤 십정동은 영화를 위해 일부러 만든 공간이 아닌 실제로 존재하는 낡디낡은 마을이다. 십정2구역은 2013년 개봉했던 해당 영화가 흥행을 거두며 잠시 주목을 받기도 했지만, 별다른 관광 요소가 없었던 탓에 금세 기억에서 잊혀졌다.

어디에서나 볼 수 있을 법한 낡은 동네였던 십정동이 다시 주목받기 시작한 것은 지난 2015년이었다. 국토교통부와 인천도시공사는 지난 10여 년간 정체되어 있던 인천 십정2구역 주거환경 개선사업을 뉴스테이 공급과 정비 사업이 연계한 '십정2구역 정비사업 연계형 뉴스테이'의 시행을 결정한 것이다.

당시 십정2구역의 상황은 상상을 초월할 정도로 열악했다. 영화 속 배경이었던 공간들이 그나마 상태가 좋은 곳들만 일부러 골라서 내보냈다고 생각하면 이해가 쉬울 것이다. 전기, 난방 등 기본적인 생활적 요소들이 부족한 것은 물론 응급 상황이나 안전사고 발생 시 구급차 및 소방차의 진입 자체가 불가능한 곳이 대부분이었다. 특히 동네 곳곳에서 주택 붕괴 우려로 인한 출입금지현장 팻말을 쉽게 볼 수 있을 정도였다. 무엇보다 십정2구역에 거주하는 주민 2,771세대 중 약 18퍼센트인 510세대가 영세민(기초수급자 334세대, 차상위계층 176세대)으로 분류되는 것으로 조사됨에 따라 외부 지원 없이 자체적인 환경 개선이 요원하다는 결론에 이르게 됐다. 이에 지자체 주도로 십정2구역이 지난 2007년 주거환경 개선사업에 선정되며 주민들의 기대감이 높아졌던 상황이었다. 하지만 이후 전국에 불어닥친 미분양 사태와 전체적인 부동산 시장 침체로 인해 정비 사업이 진행과 중단을 거듭해오던 중 10년 만에 어렵사리 사업 재개가 결정된 것이다. 물론 실질적인 사업 시행은 좀 더 시간이 지난 뒤의 이야기다. 현재 십정2구역은 철거 과정에 있으며 예정된 입주 개시 시기는 2020년 12월이다.

이대표는 오래전부터 십정2구역과 특별한 인연이 있었다. 좀 더

십정동 부평더샵 조감도

십정2구역의 과거 모습

십정2구역 주거환경 개선지구란? 십정2구역에 새롭게 들어설 주택은 총 5,678가구로 기존 토지 소지자에게 배정된 물건은 1,533채이며 기업형 임대주택이 3,578채, 정부 임대주택이 550채다. 이 중 기업형 임대주택과 정부 임대주택을 제외한 1,533채가 매매가 가능한 물건으로 분류된다.

정확히 말하면 자신이 살던 부평과 부천을 중심으로 '자전거 임장'을 다니던 2016년 하반기부터였다. 당시 이대표는 자신만의 부동산 투자 특화지역 개척에 한창이었다. 그러던 중 래미안부평을 매매했던 부동산 중개소에서 십정2구역에 대한 정보를 접하게 됐고, 이후 해당 지역으로 임장을 나갔다.

"소장님께 얘기를 전해 듣고 그날 저녁에 영화 〈은밀하게 위대하게〉를 시청했습니다. 영화에서 볼 때는 서울 곳곳에서 볼 수 있는 평범한 주택 밀집지역 그 이상도 그 이하도 아니라고 여겼는데, 다음 날 실제 임장을 나가보니 '정말 이런 데서 거주가 가능한가'라는 생각이 들 정도로 낡은 주택들이 즐비했습니다. 어떤 곳은 자동차나 자전거는 말할 것도 없고 걸음을 옮기기도 어려울 만큼 길이 좁고 경사가 심했고요. 투자자의 입장이 아닌 한 사람의 주민으로서도 대대적인 개발이 필요하다고 생각될 정도였습니다."

부동산 투자자여, 매의 눈을 키워라

이대표의 의견처럼 '십정동 뉴스테이'는 십정2구역 전체를 대상으로 시행되는 환경개선사업이다. 다만 투자가 가능한 물건은 기존 토지 등 소유자 소유 물건으로 한정된다.

십정2구역에 새롭게 들어설 주택은 총 5,678가구로 기존 토지 등 소유자가 신청한 물건은 1,533채이며 기업형 임대주택이 3,578채, 정부임대주택이 550채다. 이 중 기업형 임대주택과 정부 임대주택을 제외한 1,533채가 매매가 가능한 물건으로 분류된다.

　이대표가 매입한 부평더샵의 매도자 역시 투자를 통해 수익을 보려 했지만 10년 전 추진된 재건축은 무산되며 오랜 기간 동안 투자 자금이 묶여 있던 투자자였다. 똑같이 이번에도 사업 진행이 실패할 경우를 대비해 진행 단계도 감정평가 이후로 잡았다. 일정 프리미엄을 제공하더라도 사업 자체가 흔들리지 않는 단계에서 안전하게 투자하고 싶었던 것이다. 수개월을 조사하고 분석을 거듭하던 이대표는 2017년 4월 14일 십정동 부평더샵을 매수하기로 결정했다. 당시 부평더샵 30평형은 기준 분양가 2억 5800만 원과 프리미엄 4500만 원 등 총 3억 300만 원이었다. 이 중 이대표의 초기 실제 투자금은 6840만 원이 투입됐으며 입주 시 나머지 금액을 완납해야 하는 조건이다.

　엄밀히 따졌을 때, 뉴스테이는 투자적인 측면에서 봤을 때 그리 적절한 조건을 갖춘 물건은 아님이 분명하다. 매매 물건 자체가 적고 수익 실현까지 오랜 시간이 걸리는 것은 물론 투자 자금의 규모도 상대적으로 큰 편에 속하기 때문이다. 하지만 이대표는 이러한 편견 없이 오롯이 부동산 투자자의 시각으로 십정동 뉴스테이 사업을 분석했고, 결국 충분한 투자 근거를 확인할 수 있었다. 실제로 현재 부평더샵 30평형의 분양가는 약 2억 5800만 원으로 인근 비교할 역세권 새 아파트의 시세와 1억 5000만 원 차이로 입주 시기인 2020년 12월까지 시세 상승을 예상한다면 기대 가치도 매우 높은 상황이다. 남들과는 다른 선택을 한 이대표의 뉴스테이 투자, 부평 더샵은 현재 순항 중이다.

부동산 투자의 4요소, '기본에 충실하라'

짧게는 2년, 길게는 4년이면 충분한 갭투자를 주력으로 하던 이대표가 입주까지 5년 가까운 시간이 걸리는 긴 호흡의 뉴스테이의 투자를 결정한 배경은 무엇일까?

가장 먼저 인근 아파트와의 명확한 비교 우위를 따질 수 있다. 뉴스테이가 들어서는 십정동 인근의 완공 6년차 24평형 아파트의 2017년 초 시세는 3억 5000만 원을 기록하고 있었다. 반면 입주까지 약 5년이 남았다는 점을 제외하면 30평형 새 아파트인 십정동 부평더샵의 매수 가격이 3억 300만 원인 셈이다. 쉽게 말해 '입주까지 5년 남은 큰 집을 저렴하게 구입한 것'이 십정동 투자의 한 줄 요약이라고 할 수 있다.

자, 그렇다면 이제 핵심은 이대표가 매수한 십정동 부평더샵의 향후 기대 가치에 모아진다. 또한 해당 명제는 이대표가 십정동 부평더샵의 투자 근거와도 맞닿아 있는 부분이다. 옆의 지도에서 알 수 있듯 십정동 부평더샵의 강점으로는 상대적으로 저렴한 시세와 개발 후 한껏 제고될 '교통'과 '교육'을 꼽을 수 있다.

먼저 교통 부분이다.

부평더샵과 500미터 거리에 위치한 동암역(1호선)은 용산역 급

십정2구역 위치도

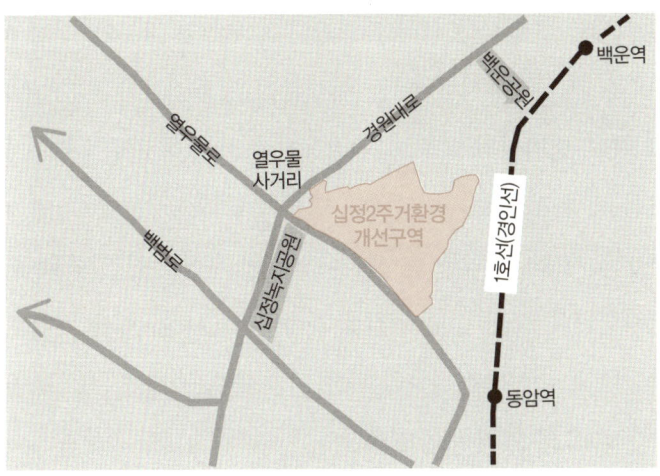

부평더샵 입주 예정지 지도

행열차 정착지다. 동암역에서 신도림역까지 급행열차를 이용할 경우 20~25분 정도가 소요되기 때문에 서울에 직장이 있는 경우라고 하더라도 크게 부담이 없다. 또한 대단지이다 보니 인근 1호선 백운역과 인천지하철 2호선인 가재울역까지 모두 이용가능 거리에 위치하여 교통 편의성이 매우 높다. 초등학교 2개를 품고 있고 중학교, 고등학교도 도보 위치에 있으며 단지 내 상가 입점과 동암역 상권 이용으로 편의성이 매우 높다. 급행선을 이용해 서울 출퇴근 수요와 다수의 기업이 입주해 있는 주안 국가산업단지와 불과 2~3킬로미터의 거리에 조성될 예정이어서 충분한 입주 수요가 예상되는 이유다.

"부평더샵은 앞에서 언급한 부동산의 4요소 중 교통, 교육, 상권을 두루 갖춘 훌륭한 조건의 물건입니다. 포스코 건설의 '더샵'이란 아파트 브랜드도 무시할 수 없는 부분이죠. 무엇보다 5,678세대가 입주하는 부평더샵의 입주 개시와 동시에 지역 경제의 새로운 활력소 역할을 할 것으로 기대됩니다. 단순히 따져도 1만 4,000명 이상의 주민이 새롭게 유입되는 셈이니 지역에 긍정적인 영향을 줄 거라 생각합니다. 또한 주변 여건상 지속적인 수요가 있을 것으로 예상되는 만큼 입주가 시작되면 빠른 시간 내에 투자 자금을 모두 회수할 수 있으리란 확신도 있습니다. 아파트 가치가 충분히 상승한 후 전세를 놓으면 오히려 투자 자금 이상의 수익을 올림으로써 더 많은 물건에 투자할 수 있으리란 기대도 있습니다."

두 마리 토끼를 모두 잡을 수는 없다

당시 자금이 부족했던 이대표 역시 십정동 뉴스테이 투자에 앞서 자신이 가장 처음 투자했던 응암동 재개발 입주권을 매도해 자금을 마련했다. 응암동 재개발 입주권의 매도 금액은 4장에서 밝힌 것처럼 8400만 원으로 해당 자금은 십정동 뉴스테이에 재투자됐다.

"물론 응암동 재개발 입주권의 미래가치도 계속해서 상승할 거란 예측은 했습니다. 실제로 현재는 1억 4000만 원 이상의 가격이 형성돼있고요. 하지만 당시에는 이제 급격한 가격 상승 가능성은 낮다는 판단과 함께 십정2구역에 대한 확신이 있었기에 매도를 통한 자금 마련을 결심하게 된 것입니다."

사실 응암동 재개발 입주권과 십정동 부평더샵 모두 어느 하나 놓치기 아까운 양손의 떡임은 마찬가지다. 하지만 이대표는 두 떡 중 앞으로 더욱 맛있어질 가능성이 높은 십정동 부평더샵을 선택했다. 두 마리 토끼를 모두 쫓다 두 마리 토끼를 모두 놓치는 잘못을 저지르지 않기 위한 '과감한 선택'이었다.

"만약 제게 넉넉한 자금이 있었다면 응암동 재개발 입주권의 매도 시기를 좀 더 늦췄을 것입니다. 하지만 저 역시 돈을 쌓아놓고 지내는 풍족한 상황이 아닙니다. 물론 일정 수준의 자금이 모일 때마다 아파트 투자에 사용하는 것도 한 이유죠. 더구나 6000만 원 이상의 자금이 들어가는 십정동 부평더샵의 매수를 결정했을 당시에는 마침 자금이 똑 떨어졌을 때였습니다. 일반적이라면 그냥 포기했어야 맞는 거겠죠. 하지만 향후 폭발적인 가치 상승에 대한 확신이 있었기에 어떻게든 자금을 마련하기 위해 고육지책을 짜낸 결과, 이제는 완만한 상승세에 돌입한 응암동 재개발 입주권을 매도하기도 한 것입니다."

나 혼자 맨손으로 다른 방향으로 뛰어가는 두 마리 토끼를 모두 잡을 방법은 없다. 이러한 인생의 진리는 부동산 투자에도 고스란히 적용된다. 충분한 자금이 없다면 모든 투자 물건을 확보할 수는 없다는 의미다. 다시 말해 한정된 자원으로 최대의 수익을 뽑아내야 하는 부동산 투자자라면 조금이라도 더 통통하고 잡을 확률이 높은 토끼를 쫓아야한다는 것이다. 웅암동 재개발 입주권과 십정동 부평더샵이란 두 마리 토끼를 마주한 이대표가 철저한 분석을 거쳐 최종적으로 후자를 잡기로 마음먹은 것 역시 같은 맥락이다.

두 마리 다 놓치기 아까운 토끼였음은 분명하다. 다만 이대표의 당시 상황이 어느 하나를 선택하기 위해서는 어느 하나를 포기해야 했을 뿐이다. 이때 이대표의 결정을 가른 결정적인 근거는 앞서 다룬 '부동산 투자의 4요소'였다. 이러한 투자 기준은 향후 높은 확률의 가치상승 가능성이 잠재된 부평더샵에 대한 확신으로 이어졌고 현재까지 예상을 웃도는 수익을 창출하고 있다.

"기본에 충실하라."

학창시절 내내 반복적으로 들었던 이야기가 새삼 귓가에 맴도는 이유, 부동산 투자 역시 기본이 가장 중요함을 깨닫게 된다.

나눔부자의
촌철살인

6,000여 세대 품은 상가에 관심을 가지다

아파트 주요 길목에 상가투자 추진…자금 한계로 투자 실패 '아쉬움'

뉴스테이는 최소 의무 임대 기간인 8년 동안 상승률 5퍼센트 이하의 임대료를 납부하며 거주 가능한 기업형 임대주택을 가리킨다. 전세 공급이 줄고 월세가 증가하자 중산층의 주거 안정을 위해 지난 2015년부터 정부가 추진하고 있는 '주거안정 정책' 중 하나다. 공공 임대와 달리 주택 규모에 규제가 없고 입주 자격에도 제한이 없다는 게 특징이다. 뉴스테이의 시공은 민간 건설업체가 담당하며 건물의 운영, 관리는 리츠REITs, 부동산 투자회사가 맡는다. 2015년 12월 29일부터 시행된 「민간임대주택에 관한 특별법」에 따라 기업형 임대주택(뉴스테이) 공급촉진

지구로 지정된 곳에서는 인허가 절차 단축, 취득세·재산세·법인세 감면 등의 혜택을 받을 수 있다. 뉴스테이 사업은 이렇듯 다양한 혜택을 받을 수 있는 까닭에 여러 분야의 기업들이 적극적으로 참여 의사를 밝히기도 했다.

뉴스테이는 부동산 경기가 매우 나쁘게 돌아갔던 3~4년 전 시작됐다. 국내 부동산 경기를 부양하고자 기존에 한국토지주택공사에서 주관하던 임대주택사업을 민간으로 이관시키고자 한 것이다. 쉽게 설명하면 기업이 정부의 지원을 받아 8년 동안 이른바 '월세 장사'를 하고 임대기간이 끝나면 시세 차익을 남겨 되파는, 8년 기준의 월세투자+갭투자 형태인 셈이다.

기존 아파트를 다시 짓는다는 측면에서 봤을 때, 뉴스테이는 어느 정도 재개발과의 교집합이 발생한다. 하지만 재개발은 노후 단지에 지주들이 조합을 설립해 새롭게 아파트를 지어 조합원들에게 좋은 조건의 물건을 저렴하게 우선 배정한 후 남은 물건을 일반 분양하는 소위 '수익형 아파트개발사업'인 반면, 뉴스테이는 앞서 설명했듯 임대 목적의 아파트 개발사업이라는 분명한 차이점이 있다.

이러한 두 사업 간의 차이점은 결국 투자 여부로 연결된다. 다수의 일반 분양이 전제된 재개발의 경우 큰 시세 차익을 기대할 수 있지만, 뉴스테이 사업에서는 매매가 가능한 부분이 '기존 거주자 배정 물건'에 한정된다는 특징이 있다. 쉽게 말해 기존 거주자가 자신에게 배정된 물건을 매물로 내놓지 않는 이상 별도의 매입 창구가 전무하다는 것이다.

이대표의 경우 매입 물건이 나왔다는 것 자체가 어느 정도 운이 작용했다고 해석할 수 있다. 십정2구역 뉴스테이 사업은 전국 최고 낙후 지역으로 꼽히는 십정동에 대한 대대적인 환경개선사업이다. 참고로 십정동은 드라마 〈응답하라 1988〉과 영화 〈은밀하게 위해하게〉의 주요 배경으로 쓰일 만큼 낙후된 지역이다.

해당 사업은 수익에 크게 연연하지 않아도 되는 공기업인 인천도시공사를 중심으로 진행됐다. 인천시와 정부로부터 자금을 받은 인천도시공사는 노후 주택단지를 개발해나가는 사업을 시행하기로 최종결정했다.

사업 개시와 동시에 십정2구역의 기존 거주자들은 조합원으로서 저렴한 분양가 혜택을 받을 수 있었다. 포스코건설이 시공을 맡은 십정2구역 뉴스테이 사업의 총 규모는 5,678채로 이 중 1,533채가 조합원에게 돌아갔다. 이대표가 매입한 물건이 바로 이 조합원 배정 물건이다. 리트가 관리하는 나머지는 임대주택은 해당사항이 없다.

뉴스테이는 자체로 개발이 불가능한 지역을 적극적인 지원으로 빠르게 사업이 진행됐고, 조합원 분양 가격이 저렴하며 중도금과 계약금이 없기 때문에 소액 투자가 가능하다는 점은 매력적으로 다가왔다.

당시 내가 염두에 뒀던 투자 물건은 '상가'였다. 6,000세대 가까운 대형 단지였기에 입주자들이 오가는 길목에 상가 혹은 상가화할 수 있는 조건의 물건들을 보고 다녔던 것이다. 실제로 몇몇 좋은 조건의 물건이 있었지만, 초기 투자금이 턱없이 높거나 매입 후 새롭게 건축해야 한다는 부담감에 실제 투자로 이어지지 못했다.

자라 보고 놀란 가슴은
솥뚜껑 보고도 놀라는 법

**명필은 붓을 가리지 않고,
밝은 눈을 가진 투자자는 투자처를 편식하지 않는다**

주상복합 아파트의 저평가 이유? '세뇌'

우리나라 최악의 경제 위기로 기록된 이른바 'IMF 사태'를 극복한 2000년대 초반, 전국에는 최고급 주택을 표방한 주상복합 아파트 열풍이 불어 닥쳤다. 국내 주상복합 아파트의 대명사로 꼽히는 도곡동 타워팰리스를 필두로 여의도 트럼프월드, 목동 하이페리온, 분당 파크뷰 및 미켈란쉐르빌 등 전국 각지에서 경쟁적으로 마천루를 지어 올리는 진풍경이 벌어진 것이다.

특히 이건희 삼성전자 회장의 '그룹 명예를 걸고 세계 최고의 명품 아파트를 지으라'는 지시로 지어진 최고급 주상복합 아파트의 대명

사인 타워팰리스의 경우 2002년 분양 가격은 1평당 1200만 원 수준으로 약 120평형 기준 14억 원 이상이 책정됐다. 당시 서울 시내 아파트의 평균 평당 분양가가 662만 원이었으니 2배에 가까운 수준이었던 셈이다. 그럼에도 불구하고 당시 경제적 능력이 높은 상류층을 중심으로 한 주상복합 아파트 분양 경쟁은 매우 치열했다. 수십 억 원의 분양가에도 불구하고 최고 30대 1의 경쟁률을 기록한 사례에서 알 수 있듯 당시에는 '없어서 못 팔정도'로 수요가 넘쳐나던 시기였다.

추락하는 것에는 날개가 없다

하지만 언제까지나 계속될 것만 같았던 주상복합 아파트의 인기는 2008년 전 세계에서 '글로벌 금융 위기'의 여파로 인해 날개 없는 추락을 시작하게 된다. 수십 대 일의 경쟁률을 기록할 정도로 인기가 높았던 주상복합 아파트는 물론 당시 부동산 시장의 분위기를 타고 고분양가를 지향했던 대형 아파트까지 줄줄이 미분양 사태를 맞이하게 된 것이다. 글로벌 금융 위기 직전에 소위 말하는 '막차'를 탔던 주상복합 아파트 매입자들의 입장에서는 말 그대로 날벼락을 맞은 셈이다.

결론부터 말하면 이대표와 나눔부자 역시 확실한 경우가 아니라면 주상복합 아파트의 투자를 굳이 추천하지는 않는다. 하지만 과거 글로벌 금융위기의 여파가 충분히 가라앉은 가운데 주상복합 아파트의 강점인 '지리적 이점'과 '생활 편의성'이 재평가를 받음에 따라 일부 물건의 가치가 반짝반짝 빛나고 있는 것도 사실이다.

"주상복합 아파트의 매입 혹은 투자에 있어 가장 큰 장벽은 '보이는 조건'이 아닌 '보이지 않는 편견'입니다. 10여 년 전 시작되어 수년 동안 이어진 이른바 '주상복합 및 대형 아파트의 몰락'은 대중들 사이에서는 하나의 트라우마로 자리 잡은 모양새입니다. 언제 또 당시의 흐름이 반복될지 모른다는 막연한 두려움으로 인해 해당 물건의 매입 자체를 망설이게 되는 것이죠. 하지만 이러한 부정적인 인식과는 반대로 대다수 주상복합 아파트의 시세는 꾸준한 상승세를 기록하고 있습니다. 주상복합 아파트에 대한 잘못된 고정관념을 서서히 벗어나고 있다는 방증이라고 할 수 있습니다. 이러한 시장의 흐름은 저점을 찍었다고 표현될 만큼 낮은 시세가 형성됐다는 점과 더불어 역세권 혹은 지역의 중심지에 위치해 있다는 지리적 이점과, 같은 건물 내에서 대부분의 생활을 해결할 수 있는 편의성 등 주상복합 아파트만의 강점이 재평가를 받았기 때문입니다. 물론 모든 주상복합 아파트의 가치가 제자리를 찾은 것은 아닙니다. 주상복합 아파트의 매입을 계획하고 있다면 지하철역과 바로 맞닿아 있거나 다수의 편의 시설이 입점해 있는 등 각 아파트만의 장점이 확실한 물건을 중심으로 옥석을 가리는 과정이 반드시 필요합니다."

주상복합 아파트가 우리나라에 처음 등장했던 1990년 대 중반, 시장의 평가는 극명하게 갈렸다. '새로운 고급 주거 상품'이라는 긍정적인 의견과 함께 '기존 아파트를 압도할 만한 장점이 없는 계륵과 같다'는 부정적인 평가가 공존했던 것이다. 초창기 계약자의 절반 이상이 분양권 되팔기와 같은 일종의 투기 행위를 자행한 탓에 이를 규제하기 위해 정부가 강력한 억제 정책을 시행하는 악순환이 반복됐다. 이로 인해 주상복합 아파트 시장은 오락가락 행보를 보임에 따라 실수요자들까지 매입을 망설이는 추세가 이어졌다. 수년 동안 동전의 양면과도 같이 한참의 뒤집힘을 반복하던 주상복합 아파트 시장은 타워팰리스 분양 이후 우리나라의 거주문화 자체를 뒤흔들 정도로 성장하기 시작한다. 10억 원에 달하는 초기 분양가에도 불구하고 수십 대 일의 경쟁률을 기록했다고 하니 당시 주상복합 아파트의 높은 인기를 가늠할 수 있을 터다.

"타워팰리스가 전국적인 이슈로 입에 오르내릴 시기가 바로 군 복무 중 '내 집 마련'이란 첫 목표를 정했을 즈음이었습니다. TV로 보던 타워팰리스를 비롯한 다른 고급 아파트는 부자들만의 전유물이라 여겨질 만큼 제게는 별나라였던 기억이 생생합니다. 물론 당시에도 수십억 원을 호가했으니 제게는 언감생심이었죠. 이후 주상복합 아파트가 저평가를 받기 시작하며 자연스럽게 관심이 멀어졌지만, 가슴 한 편에는 항상 '한번쯤은 저런 곳에서 살아보고 싶다'라는 마음이 숨어 있었습니다."

결국 이룬 주상복합 아파트의 꿈

이대표의 오랜 꿈은 타워팰리스 완공 15년 후인 2017년에 비로소 이뤄진다. 지난 2017년 6월 2일, 부천의 대표 고급 주거지로 손꼽히는 '상동 비잔티움'을 매입한 것이다. 상동역사거리에 위치한 상동 비잔티움은 총 152세대로 이뤄진 2개 동, 37층 규모로 지역 최고의 고급 주거단지다. 이대표가 매입한 물건은 20층으로 시내 전경이 한눈에 들어오는 훌륭한 뷰를 갖추고 있다.

"현재 상동 비잔티움은 저와 나눔부자의 사무실로 사용하고 있습니다. 부동산 투자 상담과 리스크 관리 절세 상담 등의 업무와 부동산 강좌 개설 등 사무용 공간의 필요성을 한참 느끼던 차에 좋은 물건에 대한 소식을 접한 후 저희 쪽에서 먼저 적극적인 매수 의사를 전달했습니다. 결과론적으로 2500만 원 가량 저렴하게 해당 물건을 매수할 수 있었죠. 독자적인 정보 창구 확보와 그간 축적된 협상의 기술이 환상적인 컬래버레이션을 이뤘다고 해야 할까요(웃음)."

여기서 주목해야 할 점은 이대표가 매입한 상동 비잔티움 물건은 부동산 매물로 등록되지 않은 물건이었다는 사실이다. 해당 물건의 기존 소유는 80대 노부부로 상동 비잔티움에 사는 자녀들의 권유로 단독 주택에서 해당 아파트 20층으로 이사를 왔던 것이다. 하지만 평생을 땅을 밟으며 살아왔던 노부부에게 쓰러질 듯 아찔한 높이의, 그것도 통유리로 이뤄진 상동 비잔티움의 거주 조건은 생소했다. 실제로 노부부가 번갈아가며 어지럼증을 호소한 탓에 저렴하게 구입할 기회가 생겼다. 여기에 노부부가 거주하기에 49평형 아파트는 지나치게 넓었다.

고층 아파트로 인해 일상생활에까지 악영향을 받던 노부부는 이사를 마친 몇 주 뒤부터 자녀들에게 '재이사를 하고 싶다'는 의사를 전달했다. 하지만 자녀들의 입장에서는 그저 바뀐 환경에 적응하는 기간으로 여겨졌을 뿐, 그리 심각하게 생각하지 않았다. 노부부 역시 효심으로 수억 원의 아파트를 자신들에게 선물한 자녀들의 의견을 무시하기 힘들었다. 한편으로는 조금 더 익숙해지면 모든 게 원만히 해결되리란 기대도 있었다.

앞서 설명한 대로 상동 비잔티움은 정식으로 물건 등록을 마친 것이 아니다. 평소 이대표는 부동산 관련 정보 습득을 위해 습관처럼 하루에도 여러 곳의 부동산 중개소를 방문하곤 하는데, 해당 물건에 대한 정보 역시 상동비잔티움 1층에 들어선 부동산 중개소장을 통해 접하게 된 것이다.

"그날도 하루 일과처럼 여러 부동산을 들려서 커피 한 잔 얻어 마시며 이런저런 얘기를 하는데, 상동 비잔티움 부동산 중개소장님께서 제게 '이건 등록된 물건은 아닌데 소유주가 팔고 싶어 한다'라는 말을 넌지시 던지시더군요. 내막을 알아보니 실제 소유주인 노부부분들의 의지만 확고하다면 자녀분들의 의견에 상관없이 매입이 이뤄질 수 있으리란 확신이 들더군요. 마침 나눔부자와 함께 사용한 사무실을 찾고 있던 중이었는데 이보다 좋은 조건의 물건을 찾기 힘들 거란 생각이 들었습니다." 이대표는 곧바로 소장에게 물건을 보고 싶다 말하고 집을 둘러보며 사용이 가능한 집인지를 확인했다.

이곳은 실사용을 할 목적이 있기 때문에 보다 꼼꼼하게 사용 가치를 평가해야 했기 때문이다. 철저한 임장을 거친 결과 충분히 가치 있는 물건이라는 평가가 나왔고, 곧바로 매입을 위한 본격적인 협상을 시작했다.

부동산 중개소의 가치에 주목하라

이대표의 상동 비잔티움 매수가격은 4억 5500만 원이다. 당시 시세에 비해 2500만 원 가량 저렴한 수준이지만, 수개월 전 노부부의 매수가격인 4억 3500만 원보다는 높은 금액이었다.

이대표가 상동 비잔티움을 상대적으로 싸게 매입할 수 있었던 이유는 크게 세 가지다.

첫 번째는 여전히 주상복합 아파트에 대한 수요가 많지 않다는 것이다. 물론 이대표가 매입한 금액으로 급매를 내놓는다면 매도자를 구할 수 있었겠지만 해당 금액은 어디까지나 치열한 협상 끝에 나온 결론이었다.

두 번째는 자신만의 독자적인 정보 제공 창구를 여러 곳에 만들어뒀다는 점이다. 이대표는 시간이 날 때마다 부동산 중개소를 들락거린다. 부동산에 대한 최신 정보가 모이는 곳이 바로 부동산 중개소이기 때문이다. 과거 '복덕방'으로 불리던 때와는 달리 현재의 부동산 중개소는 일선 현장이나 마찬가지다. 무엇보다 온라인의 발달로 인해 해당 지역은 물론 전국의 각양각색 물건들에 대한 정보가 산적해 있다. 부천의 부동산 중개소에 앉아 검단신도시 환지에 관한 정보를 알 수 있는 세상이다. 참고로 검단신도시 환자 물건 정보는 1월 18일 필자와 함께 방문한 이대표와 나눔부자에게 중개소장이 소개해줬다. 부동산 중개소도 그동안 수십 건의 물건을 투자해온 이대표에게 팔이 굽을 수밖에 없다. 자신들의 매출에 지대한 영향을 미치는 이대표에게 고급 정보가 몰리는 것은 당연한 수순이다. '부동산 중개소와의 유기적인 소통', 의외로 많은 사람들이 놓치는 부동산 투자의 핵심 중 하나다. '꼭 매수해야겠다'라고 판단된다면 매도자와 매수자 양측 모두 만족할 수 있는 합리적인(물론 되도록 저렴한 시세에) 가격을 도출해내는 협의의 과정이 반드시 필요하다는 의미다.

"상동 비잔티움 투자 건은 짧지만 부동산 투자자로서 쌓아온 제 모든 노하우가 집약되어 있다고 할 수 있습니다. 부동산 중개소와의 지속적인 소통으로 쌓인 유대감으로 독자적인 정보를 얻게 됐고, 이를 통해 실제 투자 의사를 타진할 수 있었으며, 결국 합리적인 협의를 통해 매도자와 매수자 모두 충분히 만족하는 거래에 이르렀습니다. 가장 정석적인 투자 과정이지만, 실제 거래에 있어 상동 비잔티움과 같이 물 흐르듯 흘러가는 경우는 많지 않습니다. '경험보다 좋은 스승은 없다'는 투자계의 격언을 실감했던 경험이었습니다."

한 가지 분명하게 짚고 넘어가자. 이대표는 '부동산 투자자'다. 현재 상동 비잔티움을 사무실로 사용하고 있지만, 갭투자를 시행하지 않았을 뿐 매입의 주목적은 어디까지나 '투자'다. 그렇다면 투자자가 바라보는 상동 비잔티움의 가치는 어떨까?

"대출을 받아 투자금을 충당한 것이 갭투자와의 차이점일 뿐, 당연히 투자를 목적으로 매입을 결정했습니다. 현재 목동을 비롯한 서울 다수 지역과 경기도 광명을 중심으로 재건축이 이뤄지고 있는 만큼 기존 거주자 중 상당수가 부천과 부평으로 이사를 오고 있는 추세입니다. 실제로 부천 아파트의 전세 가격이 꽤 올랐음에도 불구하고 공급물량이 부족할 정도니까요. 주상복합 아파트의 경우 고소득층을 중심으로 꾸준한 수요가 발생하고 있습니다. 무엇보다 상동 비잔티움 매입 당시 주상복합 아파트가 저평가되어 있고 인근에 새 아파트가 적기 때문에 앞으로 상승 여지가 충분하다는 판단으로 투자를 결정했던 거죠. 현재 5억 원 선까지 시세가 올랐으니 투자로써도 꽤 성공적이라고 평가할 수 있을 것입니다."

나눔부자의 촌철살인

영원한 상승장도 영원한 하락장도 없다. 찰나의 기회를 잡아라

1990년대 중반 혜성처럼 등장해 2000년대 초·중반을 관통했던 주상복합 아파트의 인기는 좀처럼 꺼질 줄 몰랐다. 무려 15년 전 10억 원을 훌쩍 넘는 주상복합 아파트 분양가에도 불구하고 수십 대 일의 경쟁률이 당연하게 여겨졌을 정도다.

주상복합 아파트의 장점은 역세권에 인접해 있어 교통이 편리하고 주거와 상업이 복합돼 있다는 점이다. 국내에서 손꼽히는 주상복합 아파트의 경우 저층에 들어선 상가에 대형마트를 비롯해 스포츠센터, 골프장, 수영장 등 생활과 여가에 필요한 편의 시설이 모두 입점해 있다. 쉽게 말해 아파트 밖으로 나가지 않고도 모든 생활이 건물 내에서 가능하다는 것이다.

단점으로는 가장 먼저 아파트보다 전용율이 적은 탓에 실면적이 작다는 것을 꼽을 수 있다. 또한 관리비가 일반 아파트에 비해 10~20퍼센트 더 나오고 작은 규모의 단지가 대부분이다. 국내 주상복합 시장은 지난 2002년 지어진 도곡동 타워팰리스를 기점으로 폭발적인 성장을 거듭하게 된다. 하지만 그렇게 영원할 것만 같았던 주상복합 아파트의 몰락은 등장처럼 극적이었다.

2008년 전 세계를 강타한 글로벌 금융위기 사태가 국내에 상륙하며 가장 먼저 고급 주택시장이 하락장에 들어선 것이다. 주상복합 아파트는 물론 고급 주택시장의 호황에 편승해 새롭게 지어지던 대형 아파트 역시 줄줄이 미분양이란 성적표를 받아들게 된다. 2008년을 전후해 소위 '막차'를 탔던 주상복합 및 대형 아파트 매입자들은 애물단지로 전락한 아파트를 안고 벙어리 냉가슴을 앓아야 했다.

이러한 배경으로 인해 당시 우리나라 국민 대다수는 주상복합 아파트에 대한 두려움을 갖게 됐고, 매입을 기피하는 사회적인 현상으로 연결되기도 했다. 무엇보다 글로벌 금융 위기 탈출 후 부동산 시장이 정상궤도에 진입했음에도 불구하고 제법 오랫동안 주상복합 아파트가 예전의 자리를 찾지 못했다는 점이다. 물론 현재는 완만한 곡선의 상승세를 기록하고 있는 것이 사실이지만, 실제 매매를 망설이는 경향은 여전하다. 과거 경험에 의한 막연한 두려움이 한 이유일 터다.

하지만 최근 일부 수도권과 광역시를 중심으로 점차 주상복합 아파트의 재평가가 이뤄지는 분위기가 감지되고 있다. 대부분의 주상복합 아파트가 역세권을 끼고 있어 교통이 우수하고 아파트 바로 아래 상가에 각종 편의 시설이 입점해 있어 생활 편의성이 매우 높다는 점 등이 새롭게 각광받고 있는 것이다. 다만 아직까지는 일반인들의 매매가 그리 활발하지 않다. 쉽게 말해 여전히 저평가되어 있다는 의미다.

투자자의 입장에서 봤을 때, 현재 서울과 수도권 내의 주상복합 아파트는 투자가치가 충분하다고 판단된다. 만족스럽지는 않지만 수년 동안 꾸준한 상승세를 보이며 동력을 확인시켜 줬음은 물론 일반 아파트와 비슷하거나 오히려 저렴한 시세에 물건을 매입할 수 있다는 부분이 매력적이기 때문이다. 특히 점차 실거주자들의 매입이 이어지고 있는 만큼 저평가 주상복합 아파트를 선점함으로써 차익을 실현하는 것이 부동산 투자자의 자세라고 생각한다.

참고로 내 고향인 대구에도 경제적 여유가 많은 사람들을 중심으로 주상복합 아파트의 인기가 점차 확산되는 추세다. 실제로 한 지인의 요청으로 대구 범어동 두산위브더제니스 추천해준 적이 있는데, 다음 쪽 [그래프1]에서 나타내듯 불과 1년 사이에 3억 원 이상 시세가 올라 연일 함박웃음을 짓고 다닌다.

물론 아직 주상복합 아파트 시장이 완전한 반등에 성공한 것은 아니다. 하지만 과거 지긋지긋했던 하락장을 벗어났다는 사실은 분명하다. 부동산 시장에는 영원한 상승장도, 영원한 하락장도 없다. 아무리 최악의 시장 상황일지라도 분명히 언젠가는 반전이 일어나기 마련인 것이다.

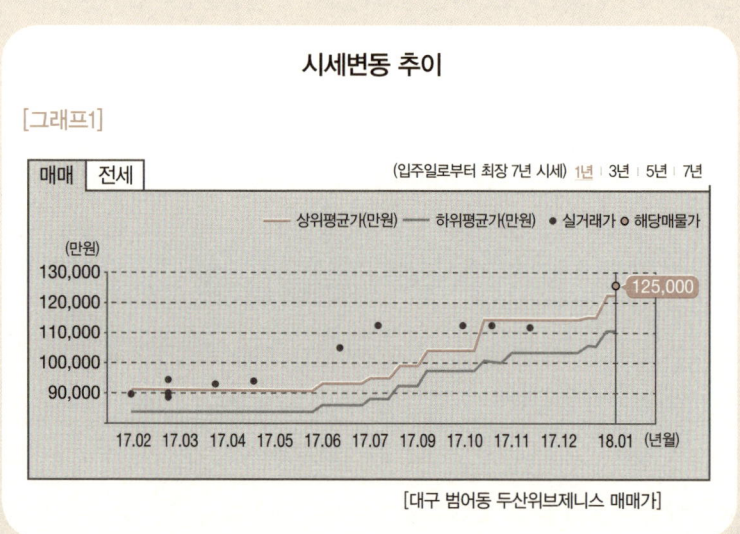

누구보다 빨리 부동산 시장의 터닝포인트를 잡아내는 부동산 투자자로의 역량을 키워야만 하는 이유다.

매도자의 악재는
곧 매수자의 호재다

성공을 원하는 자, 왕관의 무게를 견뎌라

대세를 거스르는 게 싫다?

　영화와 드라마 속 악인들은 하나같이 잘사는 축에 속한다. 최근 인기리에 방송 중인 대다수 드라마 악역들의 배역은 재벌, 재벌2세, CEO, 거물급 로비스트 등으로 이들 모두 '경제적인 걱정이 없다'는 공통점이 있다. 어느 영화의 대사처럼 '나쁜 놈들이 더 잘산다'는 말이 실감나는 대목이다.

　부동산 투자자들도 참 많은 욕을 먹는다. 마치 우리나라 부동산 시장의 물을 흐리는 한 마리 미꾸라지로 치부되고, '투기꾼'이란 오명이 씌워질까 두려워 자신의 직업을 숨기는 일도 허다하다. 아이러니한 일이 아닐 수 없다. 자신의 돈으로 불법을 저지르는 것도 아니고, 흔하디흔한 투자를 할 뿐인데 마치 '악의 축'으로 인식되고 있는 것이다. 그저 투자 분야가 '부동산'이란 이유로 말이다.

부동산의 '부' 자도 모르던 초짜가 부동산 책 집필에 도전한 지 어느새 두 달이 지났다. 악전고투 끝에 마지막 한 챕터만이 남은 어느 날, 필자는 한 지인을 만났다. 이대표와 나눔부자와는 다른 '정석적인 부동산 전문가', 즉 공인중개사였다. 지인이 운영하는 부동산 중개소를 찾아갔을 때는 마침 부동산 관련 직업을 갖고 있는 40대를 포함해 총 네 명이 모여 있던 차였다.

갑자기 궁금증이 일었다. 과연 그들은 지금까지 필자가 쓴 책의 내용에 대해 어떤 의견을 내놓을까.

반응은 한결같았다. 책의 내용을 듣고 난 후 그들은 모두 고개를 가로저었다. 그들의 상식 혹은 지식과는 다르다는 이유였다. 세 시간이 넘는 토론 후 술자리까지 이어진 그날의 대화를 일일이 기록하지는 않겠다. 다만 한 가지, 필자가 확인하고 싶었던 '팩트'에 대해 정리하고자 한다.

▲ A(40대, 부동산중개소 운영)-수원 영통구 34평형 아파트 소유(대출 無), 광교신도시 25평형 아파트 소유(아내 명의, 대출 1억 8000만 원)

▲ B(40대, G*건설 과장)-서울 신길동 33평형 아파트 소유(대출 2억 2000만 원)

▲ C(30대, L*화학 연구원)-대전 유성동 아파트 34평형 전세(전세 2억 8000만 원, 대출 1억 원)

▲ D(30대, 회계사)-서울 잠실 24평형 아파트 전세(전세 4억 7000만 원, 대출 1억 5000만 원)

자, 일반적인 부동산 지식과 상식을 갖고 있는 30~40대의 현 주소다.

그렇게 자신만만하게 서너 시간 동안 대한민국 부동산의 밑바닥까지 분석해대던 자칭 '부동산 전문가'인 지인들 중 둘은 아직 자신의 집도 없다. 2번의 계약 갱신으로 인해 상승한 전세 금액은 둘 모두 6000만 원 이상으로, 두 사람은 당시 전세금을 마련하기 위해 정말 많은 고생을 했다고 회상했다. 만약 C와 D가 입주하기 전 조금 더 무리해서라도 집을 매입했다면 전세 자금 마련에 대한 걱정 없이 안정적인 삶을 유지할 수 있었음은 물론 지금까지 각각 1억 원 이상 오른 집 가격도 수익으로 환산될 수 있었을 것이다.

평생 그렇게 집 걱정에 허덕이면서 살 것인가?

여기서 한 가지 분명히 짚고 넘어가자. 다시 한 번 강조하지만, 필자는 결코 독자들에게 부동산 투자를 권하는 것이 아니다. 다만 부동산을 바라보는 방향을 조금씩 바꿔보자는 말이다. '일반적' 혹은 '사회적 상식'이란 다수의 논리에서 헤어 나오지 못한다면, 그 다수와 마찬가지로 평생 동안 집 걱정을 하며 살 수밖에 없음을 기억해야 한다. 대세를 거스르는 게 싫다면? 그럼 지금처럼 그냥 평생 집 걱정에 허덕이면서 사는 수밖에 없다. 이대표와 나눔부자, 필자의 역할은 그저 독자들을 부동산이란 물가까지 이끌고 오는 것뿐이다. 그 물을 마실지 여부는 오직 독자의 결정에 달린 것이다.

이대표 역시 쓰디쓴 실패를 경험한 적이 있다. 지난해 9월 25일에 매입한 송도 풍림아이원이 바로 대표적인 실패 사례다. 이대표의 풍림아이원 매입 가격은 3억 7600만 원으로 평균 시세인 4억 원에 비해 퍽 낮은 가격이었다. 당시 송도 지역 아파트가 저평가받던 시기였기에 가능한 거래였다. 앉은 자리에서 2400만 원의 수익을 올릴 수 있다는 생각에 덥석 물건을 매입했지만 이후 상황은 이대표의 예상을 완전히 벗어났다.

"입주가 많은 달(12월)이었기에 금세 전세 세입자를 구할 수 있을 거라 생각했었습니다. 실제로 문의가 많이 오기도 했고요. 그런데 그때 가장 높은 금액을 부른 세입자조차 3억 1000만 원으로, 제가 원하는 3억 4000~5000만 원에는 한참 미치지 못했죠. 해당 예비 세입자에게 쿨하게 다른 물건을 찾아보라고 권할 때만 해도 전세를 못 맞출 거라고 상상도 하지 못했습니다. 그런데 정말 거짓말처럼 다음 날부터 전세 시세가 훅훅 떨어지더군요. 하루에도 2000만 원 이상씩 떨어지는데도 전세 문의조차 오지 않았습니다. 결국 전세를 맞추지 못하고 제가 대출받아서 해당 물건의 잔금을 치렀습니다. 지금까지도 한 달에 꼬박꼬박 100만 원씩 이자를 내고 있습니다. 지금 생각하면 세입자가 나타났을 때 다소 갭이 커지더라도 무조건 계약을 했어야 했습니다. 결코 잊을 수 없는 교훈이죠. 다행히 공급 물량이 떨어지는 지난 2월에 마침내 전세를 맞춰 대출을 갚았지만, 제게는 오랫동안 아픈 첫 투자 실패로 기억될 것입니다."

부동산 투자로 편하고 안전하게 돈을 벌 수 있다면 그 누가 부동산 투자자의 길을 선택하지 않겠는가? 누차 강조하지만 부동산 투자자는 성공의 달콤한 열매도, 실패란 이름의 독이 든 성배도, 오롯이 스스로가 누리고 감당해야 한다.

돈을 벌기 위해서는 악역도 달게 받아들여라

아파트가 싸게 나오는 데는 그만한 이유가 있다. 정부가 부동산 억제 정책을 발표하거나 아파트 주변에 악재가 발생하는 식이다. 가장 흔한 예로는 '급매물'을 꼽을 수 있다. 급매물, 급하게 내놓는 매물은 매도자에게 악재가 발생했음을 가리킨다.

"급매물을 해석하면 '매수자 우위 물건'이라고 할 수 있습니다. 여러 사정상 급하게 매도를 진행해야 하는 기존 소유주의 입장에서는 소위 말하는 '제값'을 받기가 어렵기 때문이죠. 물론 급매물이라고 해서 상식에 어긋나는 '후려치기'를 해도 된다는 건 아닙니다. 급하게 팔아야 하는 매도자와 저렴하게 사고 싶은 매입자 양측 모두 한 발자국씩 양보한다면 서로에게 이익이 되는 좋은 거래를 이끌어

낼 수 있다는 것이 급매물의 핵심입니다."

부동산 투자에 있어 최선의 선택은 가장 큰 이익을 남길 수 있는 투자를 추진하는 것이다. 부동산 투자자에게 있어 급매물은 높은 수익을 올릴 수 있는 기회인 셈이다. 하지만 바로 앞에서 설명한 전세 맞춤 실패 사례에서 알 수 있듯, 급매물 또한 '타이밍'이 무엇보다 중요하다. 매도자의 상황에 맞춰 어느 정도의 가격 절충 과정은 반드시 필요하지만, 자칫 그러한 악재를 악용해 상식 이하로 가격을 낮추려는 시도는 지양해야 한다. 부동산 투자자는 어디까지나 합리적인 투자를 기본으로 해야 하기 때문이다.

"부동산 투자자가 시쳇말로 '양아치'는 아닙니다. 급매물의 경우 이른바 '로얄층'을 기준으로 통상 10퍼센트 정도 낮은 가격에 거래되는 게 일반적입니다. 그런데 일부 부동산 중개소와 투자자들이 급매물을 가지고 '장난'을 치는 바람에 부동산 투자에 대한 인식을 깎아먹고 있는 실정입니다. 상도의는 지키는 게 예의인데도 말이죠. 특히 매수자 우위 물건이라는 생각에 소위 '갑질'을 계속하다 보면 거래 자체가 어긋날 수도 있다는 사실을 기억해야 합니다. 실제로 그런 사례를 많이 접했고요. 급매물은 좋은 물건을 상대적으로 싸게 살 수 있는 한 기회일 뿐, 터무니없는 가격에 매입이 가능한 '로또'는 결코 아니라는 걸 명심해야 합니다."

급매물이 나오는 이유는 다양하다. 가장 흔한 경우로는 가장의 갑작스러운 지방 발령을 꼽을 수 있다. 가장의 직장에 따라 주거지가 바뀌는 것이다. 이외에도 각종 세금 문제를 비롯해 이민, 이혼으로 인한 재산 분할 등 각양각색의 이유가 있다.

매도자의 악재는 곧 매수자의 호재

이대표가 지난해 9월 매입한 상동 코오롱이데아폴리스 역시 다양한 이유 중 하나로 급매물로 나온 경우다. 기존 소유주는 91년생으로 불의의 사고로 별세한 부모로부터 복수의 부동산을 상속받게 됐다. 하지만 갑작스러운 사고로 받게 된 유산을 현금화하기 위해 매도를 결정했던 것이다.

"상속 관련 세금에 대한 내용은 잘 모르지만, 자주 방문하던 한 부동산중개소에서 기존 소유주분이 현금화를 위해 급매를 원한다는 얘기를 전해 들었습니다. 하지만 해당 물건의 시세가 4억 2000만 원 안팎이었고, 주상복합 아파트라는 약점이 있어서 매입 문의 자체가 드물었다고 하더군요. 마침 몇 달 전에 주상복합 아파트에 대한 투자를 했던 차라 관심이 갔기에 해당 물건을 분석을 해봤습니다."

무엇보다 해당 물건의 가장 큰 매력은 저렴한 가격이었다. 매도자는 당시 4억 2000만 원 선이었던 물건의 시세에서 2000만 원가량 낮은 금액을 책정했다. 하지만 매입 문의가 가뭄에 콩나물 나듯 적다는 사실을 전해 듣고 재차 2000만 원을 내렸다. 경매 낙찰가에 해당하는 4000만 원을 뺀 것이다. 그렇게 비로소 급매물다운 가격이 형성되자 다소 인기가 없는 주상복합 아파트라고 해도 적정 시세에서 무려 10퍼센트가 빠지자 거짓말처럼 매입 희망자가 줄을 서기 시작했다.

"매도자가 조금 욕심을 부린 건 사실인 것 같습니다. 앞서 설명한 대로 급매물은 보통 10퍼센트 정도 에누리를 기본으로 하는 데 반해 처음 제시한 매도 희망 금액은 5퍼센트 차이였거든요. 사실 그 정도 금액은 부동산 중개소장님이 협상만 잘 해주신다면 얼마든지 실현 가능한 할인 폭입니다. 결국 시장의 냉정한 평가를 받고 난 후 추가 할인을 단행한 경우죠."

급매물로서의 요건이 갖춰지자 매입 희망자가 줄을 이었다. 하지만 폭발적인 문의 건수와는 반대로 실제 계약은 지지부진한 상황이 이어졌다. 매도자들이 수천만 원에 달하는 할인을 할 만큼 급매물로 내놓은 물건에 대해 신중한 접근을 했기 때문이다.

급매물로 나온 코오롱이데아폴리스 44평의 최종 매도 희망 가격은 3억 8000만 원이었다. 높은 할인율에 달려든 수많은 매입 희망자들은 하나같이 실제 물건을 확인하고자 했다. 물론 매입자로서의 당연한 권리다. 하지만 이대표는 해당 아파트에 방문을 하지 않았다. 부동산 중개소장의 설명으로 충분하다는 판단이었다.

이대표가 부동산에 있는 동안에도 해당 물건을 확인하고자 온 복수의 매수 희망자들이 있었다. 하지만 그들은 모두 직접 물건을 확인하길 원했고, 세입자의 부재로 인해 몇 시간의 기다림을 통보받은 상황이었다. 이에 각자 자신의 일을 보기 위해 자리를 떠났다. 남은 사람은 오직 이대표 혼자였던 것이다.

"그때가 정오가 다 된 시간이었는데, 세입자가 집에 없는 시간인 탓에 늦은 오후에 일괄적으로 방문하기로 약속을 잡더군요. 세입자가 자신이 없을 때는 방문하지 않았으면 좋겠다는 의사를 전해왔기 때문이었죠. 어쩔 수 없이 다들 자리를 떠났고, 일부는 다음에 다시 방문하겠다는 뜻을 전하기도 했습니다. 이후 중개소장님은 매도자에게 전화를 걸어 거래가 원활하게 이뤄지지 않는다는 내용을 전달했습니다. 그렇지 않아도 마음이 급한 매도자에게는 좋지 않은 소식이었을 겁니다. 잠시 뒤에 전화를 끊은 중개소장님께 말씀을 드렸죠. '500만 원만 더 깎아주면 지금 이 자리에서 바로 계약을 하겠다'고요. 80퍼센트 정도의 확신을 담은 역제안이었습니다."

이대표의 예상은 보기 좋게 맞아들었다. 한 달 가까이 매입 문의만 왔을 뿐, 실제 거래까지 이어지지 않아 답답해하던 매도자에게 이대표의 역제안은 거절할 수 없는 달콤한 유혹이었다. 500만 원의 추가 할인 금액도 그리 부담되지 않는 절묘한 액수였다. 매도자는 잠시의 망설임도 없이 'OK' 사인을 보냈고, 이대표는 그 자리에서 계약금을 송금함으로써 해당 물건에 대한 권리를 확보하게 됐다.

"지금 와서 하는 말이지만 만약 500만 원의 추가 할인이 없었더라고 하더라도 코오롱아이데아폴리스를 매입했을 것입니다. 사실 제 딸이 예고 진학을 앞두고 있는데 코오롱아이데아폴리스와 인접해있기 때문에 이사를 계획하던 차였거든요."

　이번 코오롱이데아폴리스의 사례는 정보의 중요성을 역설한다. 만약 매도자가 이대표의 사정을 알았다면 결코 500만 원의 추가 할인을 결정하지는 않았을 것이다. 이대표는 평소 튼튼한 신뢰 관계를 다져놓은 부동산 중개소장을 통해 매도인의 급박한 상황을 미리 알게 됐고, 이를 십분 활용해 최적의 거래를 성사시키는 데 성공했다. 여기에 이대표가 강조하는 부동산 투자의 핵심, 사전 임장을 통해 해당 단지의 구조에 대한 지식이 갖춰져 있었기 때문에 바로 '입금 순'을 실행에 옮김으로써 수많은 경쟁자를 제치고 가장 달콤한 열매를 수확할 수 있었다. 해당 거래를 단순한 급매물 투자로 정의할 수 없는 이유다.

**나눔부자의
촌철살인**

'급매물', 가격이 싸니까 무조건 사도 좋다? 더욱 꼼꼼하고 철저한 검증은 필수

급매물은 매도자의 다양한 상황에 따라 나올 수가 있다. 다른 지역에 발령을 받아서 급하게 매도해야 하거나 상속 관계 탓에 급매물이 나올 수도 있다. 예전에는 이혼으로 인해 부부가 살던 집이 급하게 경매 나온 적도 있다. 하지만 토지는 시세에 비해 크게 저렴하게 나오는 경우가 있으나 아파트는 인터넷의 발달로 적정 시세를 금방 알 수 있기 때문에 쉽게 급매물을 찾기 힘들다. 시세 대비 10퍼센트 정도 저렴하다면 정말 급한 상황임을 방증하는 것이다. 요즘은 1000만 원만 저렴해도 부동산 중개소장님이 급매가 나왔다면서 전화가 올 정도다.

급매물의 시세 기준은 보통 로얄층과 1층의 가격 차이인 10퍼센트 정도다. 쉽게 말해 로얄층이 1층 시세에 맞춰 나왔다면 급매물로 봐야 한다는 것이다. 또한 동향이나 서향인 경우 남향보다 10퍼센트가량 저렴한 것이 정당하다.

이러한 부동산 상식을 갖춰야 하는 건 소위 말하는 '나쁜 부동산 중개소' 탓이다. 일부 부동산 중개소에서는 1층이나 꼭대기층 그리고 동향과 서향을 급매물이라고 소개하는 경우가 있다. 만약 부동산 상식이 부족하다면 말 그대로 '눈 뜨고 코 베이는 격'으로 당할 수밖에 없다.

또한 실제 급매물이라고 하더라도 무조건 투자해도 좋다는 것은 아니다. 급매물을 샀으나 오르지 않거나 오히려 가격이 내려간다면 투자는 실패라고 생각해야 한다. 상승하는 지역에 위치가 좋은 아파트 동·호수의 급매를 샀을 때 보다 큰 수익을 낼 수 있는 것이다.

특히 급매물을 살 때는 왜 해당 물건이 급하게 나왔는지 그 이유를 정확히 파악해야 한다. 혹시 집에 문제가 있어 급매물로 나왔을 경우 문제를 해결하는 데 비용이 든다면 일반 매입보다 더 많은 비용이 나갈 수도 있다. 아울러 급매물이라며 여러 곳에 매도해 돈을 챙기는 사기도 있으니 조심해야 한다. 등기부등본을 확인해 압류나 경매 등 문제가 있는지 꼼꼼하게 파악한 후 거래를 결정해야 피해를 줄일 수 있다.

무엇보다 앞서 설명했듯 가격이 하락하고 있는 '하락장 지역'의 급매물을 가격이 저렴하다는 이유로 매입하는 것만은 피해야 한다. 조금 비싸게 사더라도 상승장에 들어선 지역에 아파트를 사야 하는 것이다. 또한 물건에 문제가 되는 권리 관계를 매입한다면 위험할 수 있다. 급매물이라고 계약금을 넣었다가는 낭패를 보는 일이 의외로 흔하다. 특히 아파트를 급매입할 때는 반드시 누수 여부를 확인해야 한다. 누수가 있는 아파트는 매입 후 6개월 이내 매도자에게 수리비를 청구할 수 있다. 주택의 중대한 하자가 발생한 경우이기 때문이다.

좋은 물건을 싸게 매입해 제값에 되파는 것은 장사의 기본이다. 아파트 역시 여러 투자재 중 하나일 뿐이다. 확실한 기준에 부합하는 문제없는 급매물을 잡을 수 있다면, 보다 큰 수익을 거두는 최고의 투자 경험을 할 수 있을 것이다.

내 돈 한 푼 없이
아파트 갭투자를?

알면 알수록 신기한 부동산 투자의 세계

내 사업의 직원은 '돈'

"돈이 돈을 번다."

믿을 수 없겠지만 어엿한 우리나라 속담 중 하나다. '돈이 많은 사람이 그 이익을 통하여 돈을 더 벌 수 있다'는 의미의 해당 속담은 부동산 투자의 근본을 관통하고 있다.

부동산 투자를 간단하게 풀이하면 '아파트를 매수해 일정 기간을 기다린 후 가격이 상승하면 이를 매도함으로써 수익을 창출한다'로 압축된다. 즉 부동산 투자로 인한 수익은 결국 '내 돈이 들어간 아파트가 여러 요인에 의해 가격이 상승한 것'이라고 할 수 있다. 서두에 언급한 속담처럼 돈(매수금)이 돈(매도 시 차익)을 벌어주는 꼴과 마찬가지인 것이다.

"당연하지만 부동산 투자에서도 '직원'이 필요합니다. 다만 이 직원은 4대 보험이 필요하지도 않고, 하루 24시간 내내 일을 시켜도 불평 한마디 하지 않습니다. 제 입장에서는 세상 어디에도 없는 착한 직원인 셈이죠. 이 직원의 이름은 '돈'입니다. 이렇게 훌륭한 직원(아파트를 매수한 자금)들이 하루 24시간, 1년 365일 동안 쉬지 않고 일하며 돈을 벌어다 주니 제 입장에서는 얼마나 고마운지 새삼 표현할 길이 없을 정도입니다."

현재 약 20채의 아파트를 보유하고 있는 이대표는 그와 같은 숫자의 '직원'을 고용하고 있다. 어떤 직원의 이름은 '갭투자 2000만 원'이고, 또 다른 직원의 이름은 '분양권 6000만 원(프리미엄 3500만 원)'으로 다양한 이름을 가진 직원들로 구성된 부동산 투자회사를 운영하고 있는 것이다. 그런데 이대표는 이렇게 착실한 직원들에게 단 한 푼의 월급도 주지 않는다. 하지만 직원들의 불만은 찾아볼 수 없다. 그저 묵묵히 쉬지 않고 자신들의 맡은 바 임무에 충실함으로써 이대표의 통장에 돈을 착착 쌓아주는 데 집중하고 있다.

"불합리한 상황을 빗대 흔히 '부익부 빈익빈'이라는 표현을 사용합니다. 팍팍한 현실에 지친 저와 같은 대다수 서민들의 '돈 있는 사람이 더 큰 돈을 번다'는 자조 섞인 넋두리인 셈이죠. 하지만 실제로 대부분의 경우 돈이 돈을 번다는 의미를 평생 체감하지 못하는 것이 일반적입니다. 돈이 없기 때문이죠. 예컨대 대표적인 서민 투자 방법 중 하나인 '적금'의 경우 이율 2퍼센트대의 상품에 넣어 우리나라 직장인 평균 연봉을 실현하려면 20억 원 정도는 넣어놔야 가능할 만큼 비현실적이죠. 20억 원이 통장에 있다면 이미 서민이 아니니까요. 그런 점에서 부동산 투자는 상대적으로 적은 금액으로 보다 많은 직원(돈)을 고용함으로써 더 많은 수익(돈)을 창출할 수 있는 분야라고 확신합니다."

다시 한 번 계산기를 두드려보자. 나눔부자와 이대표의 평균 갭 투자 금액은 약 3000만 원 정도다. 각각 40여 채, 20여 채의 아파트를 보유하고 있는 두 사람이 실제 투자 비용은 9억 원과 6억 원 안팎으로 적지 않은 금액이다.

10억 원의 투자 비용을 앞서 언급한 '적금(4장에서 언급한 최고 이율 2.38퍼센트의 산업은행 KDB Hi 자유적금)'으로 돌릴 경우 매년 2380만 원의 '안정적인 수익'을 올릴 수 있다.

반면 두 사람과 같이 부동산 투자에 집중한다면 '리스크가 동반되는 수억 원의 수익'을 기대할 수 있다. 실제로 두 사람의 1년 평균 투자 수익금은 4~5억 원 수준이다.

돈이 돈을 벌어다주는 선순환 시스템

그렇다면 두 사례의 결정적인 차이가 무엇일까?

수익률? 결과만 본다면 틀린 말은 아니지만, 가장 큰 차이는 바로

'투자 원금'에 있다.

물론 둘 모두 '내 돈 10억 원'이 실제 투자 금액임은 분명하다. 하지만 오로지 10억 원이 수익 계산의 유일한 근거인 적금과는 달리, 부동산 투자는 같은 금액일지라도 실제 가치가 갭투자 금액 3000만 원의 수배에 달하는 개별 아파트 수십 채가 투자 원금인 셈이다.

쉽게 말해 아파트 1채당 실제 투자 금액은 3000만 원에 불과하지만, 갭(전세금)을 낀 아파트라고 할지라도 실제 수익을 창출하는 원금(아파트 실제 시세)은 투자재의 수억 원 가치를 그대로 인정받는다는 의미다. 즉 두 사람은 각각 수억 원 시세의 아파트 수십 채 전체 가격인 100억 원 이상을 '원금'으로 수익을 창출하고 있는 것이다.

"제가 보유하고 있는 20여 채의 아파트는 개별적인 회사라고 할 수 있습니다. 전국에 퍼져 있는 제 회사(아파트)의 운영을 책임지는 직원의 이름은 '돈.' 좀 더 정확히 표현하면 현재 시세입니다. 풀이하면 갭투자 비용(직원)이 열심히 일을 해서 아파트(회사)의 가치가 올라감으로써 수익(시세 상승)을 창출해내는 시스템이죠. 노동법상 여덟 시간 이상의 근무를 제한하고 있지만 제 직원은 날짜와 시간을 가리지 않고 1년 365일 24시간 내내 일을 하죠. '돈이 돈을 번다'라는 속담과 딱 맞아떨어지는 사례입니다."

이대표의 말마따나 부동산 투자의 또 다른 매력은 자신의 투자 금액이 곧 직원과 마찬가지라는 것이다. 게다가 갭투자라는 우회로를 통해 원금의 10배 이상의 가치를 가진 투자재를 매수할 수 있다는 장점이 있다.

이대표 역시 자신의 순수 원금 6억 원 가량을 투자해 보유하게 된 아파트 20여 채의 현재 시세 총 합계는 65억 원 이상의 가치를 인정받고 있다.

다만 이 중 약 50억 원은 향후 세입자에게 돌려줘야 하는 '전세금' 이다. 이를 제외하면 이대표의 순수 자산 규모는 17억 5000만 원, 투자금 6억 원과 추후 예상 납부세금을 빼면 약 10억 원의 수익을 창출할 것으로 기대된다. 물론 이는 어디까지나 '기대 수익'으로, 향후 아파트를 실제로 매수한 결과가 이와는 다소 차이가 있을 수 있다. 하지만 의외의 악재가 중첩되어 극적인 가격 하락이 이뤄지지만 않는다면 당초 예상과 크게 다르지 않은 수익을 올릴 확률이 매우 높다. 참고로 이대표가 현재의 성과를 거두기까지 걸린 시간은 2년에 불과하다.

여기서 중요한 부분이 바로 '투자원금'과 '투자재의 실제 가치'다. 만약 20채의 아파트를 모두 순수하게 본인의 돈으로 매수했다면 60억 원 이상의 자금이 필요하다. 반면 이대표처럼 갭투자를 활용할 경우 10퍼센트인 6억 원만으로도 같은 수익을 창출해낼 수 있는 것이다. 양 경우 모두 수익을 창출하는 '투자재의 실제 가치(보유 아파트 개수)'는 동일하기 때문이다.

이쯤이면 이해가 돼야 한다.

앞선 두 가지 케이스 모두 아파트 20채 보유하고 있는 상황으로, 이를 근거로 가격 상승에 따른 수익을 얻는다는 '결과'는 동일하다.

하지만 갭투자는 '남의 돈(전세금)'을 레버리지로 이용함으로써 소위 말하는 '레버리지' 투자 효과를 기대할 수 있다.

한 발 더 나아가 오직 수익률만을 우선으로 계산한다면, 60억 원의 순수 자금으로 갭투자를 할 경우 120채의 아파트를 매수할 수 있으며 수익 역시 6억 원의 10배인 60억 원으로 늘어나는 것이다. 말 그대로 '돈이 돈을 번다'는 속담의 실사판이다.

나눔부자와 이대표는 부동산 투자자로 일하며 얻은 가장 큰 가치는 '자유'라고 말한다. 수억 원에 달하는 높은 수익을 올림으로써 누리는 '경제적 자유'와 함께 직원(돈)들이 자기 대신 일을 해주는 덕분에 '시간적 자유'를 만끽할 수 있다는 것이다.

돈이 돈을 번다는 속담을 단순히 '돈이 많아야만 가능한 일'이라는 의미로 해석해서는 안 된다. 자신의 선택으로 인해 다소 적은 금액의 자금으로도 얼마든지 팍팍한 현실의 굴레에서 벗어날 수 있는 '경제적 자유의 문'을 열어젖힐 수 있는 까닭이다.

무에서 유를 창조하는 '선대출 갭투자 기법'

수억 원에 달하는 고가의 투자재인 아파트일지라도 갭투자 방식을 적용하면 실제 자금 수천만 원에 매수가 가능하다. 하지만 매년 수억 원의 수익을 창출하기 위해서는 두 자리 수 이상의 아파트를 매수해야 한다는 점에서 실제 투자 금액은 이보다 훨씬 많이 필요하다.

나눔부자와 이대표 역시 열심히 일하고 절약해 모은 저축에 가족들과 함께 사는 보금자리를 담보 잡혀 얻은 대출금까지 더했지만 한계는 분명했다.

"아파트 한 채당 평균 3000~4000만 원 정도면 충분히 매수할 수 있었지만, 매수 횟수가 늘어나니 투자금이 금세 억 단위를 넘어서더 군요. 그동안 모은 저축과 아파트 담보대출, 그 외 가능한 모든 창구를 통해 자금을 조달했지만 금세 한계가 찾아왔습니다. 매일 투자가치가 높은 물건은 눈에 보이는데 정작 자금이 떨어져서 매수할 수 없었기 때문에 아쉬운 마음뿐이었습니다. 나눔부자 또한 빡빡한 자금 사정 탓에 운신의 폭이 좁아졌던 상황이었기에 답답한 건 마찬가지였죠. 정체되어 있던 저희 두 사람의 투자에 물꼬를 터준 곳이 바로 이 선대출 갭투자였습니다."

당시 이대표는 1년여 간의 공격적인 투자로 인해 넉넉할 거라 예상했던 수억 원의 자본금을 모두 소진한 상태였다. 하지만 부동산 투자의 '맛'을 알게 된 이대표에게 외부적인 요인에 의한 강제 투자 제한은 가혹하게만 느껴졌다. 이대표는 이제는 부동산 스승을 넘어 비즈니스 파트너가 된 나눔부자에게 이에 대한 조언을 구했다. 마침 나눔부자 역시 추후 매도 계획을 실행에 옮기기까지 다소간의 기간이 필요하던 차였다.

"부동산 매매법인을 설립한 후 부천과 대구라는 물리적 거리에도 불구하고 자주 만나 앞으로의 투자 계획을 세우고 강의를 준비하는 등 바쁜 일상을 공유해왔습니다. 그러던 중 자연스럽게 현재 제 상황에 대해 말하며 아쉬운 마음을 내비쳤고, 나눔부자 또한 다음 물건의 매도까지 몇 개월의 시간이 필요했던 만큼 자금이 부족하던 참이었습니다. 사실 별다른 방법이 없을 줄 알았는데, 나눔부자가 '선대출 갭투자'에 대한 얘기를 꺼내더군요."

선대출 갭투자 방식은 간단하게 '아파트 매수 시 이를 담보로 우선 대출을 받은 후 남은 차액만큼 전세를 놓는다'라고 설명할 수 있다. 예컨대 시세 4억 원, 전세 시세 3억 5000만 원의 아파트를 매수한다고 가정했을 때, 이를 담보대출 7000만 원을 먼저 대출 받은 후 전세를 3억 3000만 원에 맞추는 식이다. 이상적으로 진행된다면 자본금 한 푼 없이 아파트 매수가 가능한 것이다.

"나눔부자로부터 선대출 갭투자에 대한 설명을 들었습니다. 논리적인 구조는 이해됐지만, 실제로 가능할지에 대한 부분은 의구심이 더 컸죠. 제가 세입자 입장이라고 하더라도 저당권이 깨끗한 집을 매수하지 누가 대출이 껴 있는 집에 입주하려고 하겠습니까? 내심 속으로 이론적으로는 가능하지만 현실성이 없다는 생각을 했었죠."

이대표의 말마따나 일반적인 경우라면 저당권이 일부 설정된 아파트에 입주하려는 경우는 극히 드물다. 이미 수많은 매스컴과 기사를 통해 이에 대한 위험성을 '과장해서' 내보낸 지 오래다.

부동산 투자 역시 물 들어올 때 노를 저어야 한다

여기서 중요한 사실 하나를 짚고 넘어가자.

선대출 갭투자에 대해 제기되는 위험성은 소위 '깡통전세'●와 일맥상통한다.

즉 아파트 담보 대출에 대한 이자가 연체되어 종래에는 세입자의 전세금을 갉아먹는 위험성이 있다는 것이다. 선대출 갭투자 역시 이에 대한 위험성이 있다. 소유주가 아파트 대출금과 이자를 갚지 못하면 부채가 늘어나 최악의 경우 전세금을 온전히 돌려받을 수 없을 가능성도 존재한다.

하지만 선대출 갭투자와 깡통전세 사이에는 분명한 차이가 있다. 바로 '전세보증보험제도'의 가입으로 자신의 전세금을 지키기 위한 안전장치를 마련할 수 있다는 점이다. 쉽게 말해 세입자는 저당권이 잡혀 있는 아파트 입주 시 집주인에게 전세보증보험제도의 가입 승인을 요청함으로써 전세금을 100퍼센트 보장받을 수 있는 것이다.

"물론 일반적인 아파트 전세 계약보다는 조금 복잡합니다. 또한 '절대적으로 안전하다'는 행정적인 절차에 대한 설명에도 불구하고 세입자가 단순히 '찝찝해서 싫다'는 심리적인 부분을 내세워 계약을 포기하는 경우도 많습니다. 바로 이 지점에 선대출 갭투자의 성패 여부가 달렸습니다. 세입자들이 실제로는 선대출 아파트 입주에 대한 부정적인 인식을 갖고 있음에도 불구하고 이에 동의할 수밖에 없는 '전세 수요 우위 지역'을 찾아야 한다는 것이죠."

● 깡통전세는 집주인이 은행 대출금 이자를 계속 연체하면서 집이 경매에 넘어가버렸기 때문에 아파트에 전세로 들어간 사람이 전세보증금을 몽땅 날릴 처지에 놓여 있는 경우를 말한다. −네이버 지식사전 발췌

상식적으로 생각해보자. 전세 공급에 비해 수요가 월등히 많은 지역이라면 소위 말하는 '전세 품귀 현상'이 발생할 확률이 거의 100퍼센트다. 이러한 경우 시세보다 다소 높은 전세금을 책정하거나 대출이 일부 끼어 있는 아파트라고 할지라도 계약을 서두를 수밖에 없게 된다. 외부 요인에 따른 세입자의 약세를 이용한다는 비판에서 자유로울 수는 없지만, 자금이 부족한 투자자에게는 새로운 기회임이 분명하다.

"그렇다고 투자자가 무조건 '공짜'로 아파트를 매수한다고 생각하면 곤란합니다. 전세를 맞춘다고 해도 대출금에 대해서는 꼬박 2년 동안 이자를 부담해야 합니다. 2년 뒤 매도한다는 가정하에 원금도 곧바로 상환해야 하고요. 또한 전세보증보험제도에 동의한다는 관련 서류도 제출해야 합니다. 한 달이라도 이자가 밀리면 곧바로 불이익이 돌아오기 때문에 소위 '이자 메꾸기'에 허덕일 가능성도 있습니다. 물론 이 모든 결과는 제 선택에 따른 것이기 때문에 불만을 가지면 안 되죠. 수익도 리스크도 오롯이 본인 스스로가 짊어져야 하는 것이 바로 부동산 투자자의 숙명이기 때문입니다."

선대출 갭투자는 다른 그 어떤 경우보다 확고한 확신이 동반되어야 한다. 자신의 자금이 한 푼도 없는 상황임에도 불구하고 여러 우회로를 통해 다소 복잡하게 투자를 단행한 만큼 앞으로의 기대 수익이 매우 높아야 하는 것이다. 그렇지 않다면 시쳇말로 '쌩돈'으로 이자만 내다가 결국 손해를 볼 수 있다.

나눔부자와 이대표는 자금이 부족한 악조건 속에서도 이를 타개하기 위한 최선의 방법을 찾았고, 결국 선대출 갭투자라는 상대적으로 부담이 큰 방식을 선택했다. 새로운 투자 자금이 모일 때까지 그저 시간을 보내는 것보다는 다소 리스크가 있더라도 지속적인 투자를 이어나가는 게 낫다는 판단이었다.

"사업이 승승장구할 때 우리는 흔히 '물 들어올 때 노를 저어라'라고 말하곤 합니다. 긍정적인 흐름을 탔다는 확신이 서면 더욱 과감하게 도전적인 행보를 이어가는 게 좋다는 의미입니다. 저와 나눔부자님 역시 이 같은 의견과 뜻을 같이 했기에 선대출 갭투자라는 투자 방식을 결심한 것입니다. 최근 〈김생민의 영수증〉이란 프로그램에 출연한 개그우먼 김숙 씨가 '내가 평생 돈을 제일 많이 썼던 시기가 바로 빚이 1억 원이었을 때였는데 1억 원이나 1억 60만 원이나 마찬가지다'라고 말했던 것처럼, 이미 부담하고 있는 이자가 제법 됐던 저와 나눔부자 역시 몇십 혹은 몇백만 원의 이자가 더해진다고 해서 크게 달라질 건 없었습니다."

분명히 말하지만, 이러한 선대출 갭투자 방식은 절대 '불법' 혹은 '위법'에 해당되지 않는다. 법에서 규정하는 테두리 안에서 정당한 행정절차와 대출 원금 및 이자 상환, 세금 납부까지 대한민국 국민으로서의 의무와 책임을 모두 다한 '당당한 부동산 투자 방식'인 것이다.

선대출 갭투자로 송도 아파트 '0원'에 매수하다

거두절미하고, 선대출 갭투자를 전제로 이대표와 나눔부자가 주목한 지역은 바로 '송도'다. 두 사람이 선대출 갭투자를 계획하던 지난 2016년 말은 송도 아파트 평균 가격이 4년 연속 상승세를 기록하고 있었다. 기간 시설 확충부터 국제기구 및 다수의 기업 입주, 명문대학교 캠퍼스 설립까지 연이은 호재에 힘입어 수요자가 급격히 늘어났기 때문이다.

"당시 송도 지역 전역에 이른바 '전세 품귀 현상'이 두드러지던 상황이었습니다. 전세 공급이 수요를 따라가지 못했던 거죠. 이때를 전후해 송도는 공급 부족으로 세입자의 입장에서는 전세 물건이 턱없이 부족한 탓에 다소 마음에 들지 않는 조건이라고 할지라도 우선 입주를 할 수밖에 없는 것입니다."

하지만 당시 11·3 부동산대책과 겨울 비수기 영향으로 전국의 부동산이 살얼음판을 걷는 듯, 거래가 줄고 상승세도 둔화된 상태였다. 전세는 부족하지만 매수는 하지 않았고 그렇다 보니 매도 물건이 더 많아지는 매수 우위 시장으로 흐르고 있었다. 매우 좋은 조건으로 매수해 매우 좋은 조건으로 전세를 맞출 수 있는 기회가 온 것이다. 이런 기회는 흔치않은 기회로 매수에서도 전세에서도 우위를 차지하며 투자금을 줄일 수 있게 된다. 경우에 따라 집을 매수하고도 시세 차익으로 1000만 원씩 돈이 남을 때가 있다. 이 비용은 세금과 중개비, 이자로 사용된다. 이대표는 11월 15일부터 약 3주에 걸쳐 총 3채의 아파트를 선대출 갭투자로 매수하는데 성공했다.

보다 자세히 살펴보면 ▲송도 더샵그린애비뉴(11월 15일, 매수금 4억 6800만 원/선대출 1억 원/전세 3억 6000만 원) ▲송도 더샵하버뷰(11월 29일, 매수금 4억 5000만 원/선대출 1억 원/전세 3억 5000만 원) ▲송도 풍림2차(17년 12월 20일, 매수금 3억 7600만 원/선대출 1억 원/전세 2억 8000만 원) 등을 순차적으로 매수했다. 당시 이대표의 투자금은 '0원', 물론 이에 대한 취득세와 중개료는 별도, 이자는 당연히 부담해야 한다.

반면 선대출 갭투자의 핵심인 '전세 맞춤'은 예상보다 훨씬 수월했다. 실구매자를 중심으로 거래가 이뤄졌던 까닭에 전세 물건 자체가 매우 부족하다는 점이 주효했던 것이다. '전세보증보험제도'에 대한 부분 역시 부동산 중개소장님의 설명과 관련 기관의 문의를 통해 세입자가 충분히 이해한 후 이를 포함해 계약을 마칠 수 있었다.

"처음에는 다소 불안해하던 세입자도 전문가의 조언을 듣고 이에 대한 안전성을 확신하게 됐습니다. 여기에 전세 물량 자체가 턱없이 부족한 외부 요인과 맞물려 이후부터는 막힘없이 계약을 진행·완료할 수 있었습니다. 투자금이 부족한 제 입장에서는 일정 수준의 이자 부담으로 보다 높은 수익을 기대할 수 있고, 전세 물량이 부족해 전전긍긍해온 세입자는 시세보다 저렴한 전세금과 보증보험을 통해 안전하게 입주를 하게 됐으며 부동산 투자의 '윈윈Win-Win 전략'이라고 생각합니다."

선대출 갭투자는 투자자의 상황이나 일방적인 결정에 의해서 좌우되는 것이 아니다. 전세 수요가 풍부하다는 외부적 요인과 함께 일부 대출이 발생한 아파트 입주를 받아들이는 세입자의 유연한 사고가 수반되어야 한다. 물론 이러한 선대출 갭투자가 가능한 근거인 전세보증보험제도를 적극 활용함으로써 투자자와 세입자 모두 안전성을 확보하도록 해야 한다.

다시 한 번 강조하지만, 모든 지역에서 무조건 선대출 갭투자가 가능한 것은 아니다. 아무리 전세보증보험제도를 통해 안전성을 보장받을 수 있다고 하더라도 다른 대체재, 즉 자신의 아파트 외에도 전세 물량이 있다면 계약 자체가 성립될 수 없기 때문이다.

최종적으로 선대출 갭투자는 '전세 수요가 공급보다 많은 조건과 함께 전세보증보험제도를 받아들일 수 있는 세입자 확보가 필요하다'라고 정리할 수 있다.

투자자는 자신의 상황에 따라 그에 맞는 '맞춤형 전략'을 세워야 한다. 자금이 없다고 마냥 그 자리에 머물러 있다면 어떤 식의 변화도 기대할 수 없기 때문이다.

이대표와 나눔부자가 송도 지역에서 시행한 선대출 갭투자는 결국 부족한 자금을 지식과 경험으로 극복한 사례라고 할 수 있다.

도전과 그에 따른 변화를 두려워하지 않는 두 사람의 '우격다짐' 이야말로 부동산 투자자로의 역량임을 새삼 깨닫게 된다.

나눔부자의
촌철살인

자신의 상황에 맞는
유연한 투자 플랜을 수립하라

선대출 갭투자로 '투자원금 0원'의 기적을 실현하다

선대출 갭투자는 쉽게 말해 '아파트 매수와 동시에 대출과 전세맞춤을 시행함으로써 실제 투자 원금 0원을 실현하는 것'이라고 할 수 있다. 물론 선대출 갭투자가 일반적인 방식은 아니다. 유동 자금이 부족한 상황에 놓인 투자자가 고육지책의 묘를 살려 탄생한 게 바로 이 선대출 갭투자다.

선대출 갭투자의 가장 큰 문제는 '전세 맞춤이 필수적인 투자에 있어 세입자의 불안감을 어떻게 해소해줄 것인가'라는 부분이다. 본인이 전셋집을 구한다고 가정했을 때, 당연하게도 등기부등본이 깨끗한(저당이 없는) 아파트를 선호할 것이다. 이러한 세입자의 불안은 100퍼센트 안전하게 전세금을 보장해주는 '전세보증보험제도'가 어느 정도 해결해줄 수 있다. 하지만 정부가 보증하는 해당 제도가 존재함에도 불구하고, 다른 선택지(저당이 없는 다른 아파트)가 있다면 실제 계약으로 이어지지 못할 확률이 농후하다.

즉 선대출 갭투자가 성립되기 위해서는 '전세보증보험을 전제로 한 선대출을 인정하는 세입자'가 반드시 필요한 것이다.

이러한 투자 방식이 어디에서나 통하지는 않는다. 수요에 비해 전세 공급 물량이 적어 선대출이 있어도 세입자가 들어올 수 있는 외부적 요건을 갖춰야 하는 게 먼저다. 개인적으로 최근 주목하고 있는 곳은 '인천 송도1공구'로, 해당 지역은 학군 수요에 따른 세입자가 늘어나고 있는 추세이기에 선대출 갭투자가 가능한 조건을 갖추고 있다.

마지막으로 선대출 갭투자의 또 다른 핵심인 '전세보증보험제도'에 대해서 알아보자.

전세보증보험제도는 '임차인이 계약 만기 시 임대인으로부터 회수해야 할 보증금을 보호받기 위해 가입하는 보험'을 일컫는다. 해당 보험에 가입한 임차인이라면 임대차계약이 해지 또는 종료된 후 30일이 경과했음에도 불구하고 전세금을 돌려받지 못한 경우 그 이유를 불문하고* 최우선적으로 전세금을 보상받게 된다.

* 임대차계약 기간 중 해당 주택에 대해 경매 혹은 공매가 이뤄져 배당이 실시된 경우까지 포함된다.

선대출 갭투자를 실제로 시행하기 위해서는 이렇듯 많은 요소가 복합적으로 충족돼야 한다. 또한 대출금에 대한 이자까지 부담해야 하기 때문에 수익률이 낮아지거나 심지어 손해가 발생할 가능성도 배재할 수 없다. 따라서 선대출 갭투자를 선택하기 위해서는 '확실한 근거'에 기반해야 한다. 해당 지역에 전세 수요가 풍부한지, 대출 이자와 세금 및 기타 지출 이상의 가격 상승을 기대할 수 있는지 등 다각적인 분석이 필요한 것이다.

선대출 갭투자가 아파트를 공짜로 살 수 있는 '신의 꼼수' 정도로 여겨지면 안 된다. 오히려 그 어떤 부동산 투자 방식보다 리스크가 높은 선택임을 명심해야 한다. 선대출 갭투자야말로 왜 끊임없는 부동산 관련 공부와 임장을 통한 자기계발이 필요한지를 방증한다고 할 수 있다.

이대표의
서울 입성기!

'꿈★은 이루어진다', 서울 한복판 내 집 마련 'Mission Complete!'

부동산 시장의 흐름을 모르는 자에게 돈은 없다

　단재 신채호 선생은 '역사를 잊은 민족에게 미래는 없다'는 말을 남겼다. 혹자는 이미 지나간 과거에 불과하다는 억지주장으로 역사의 의미를 애써 퇴색시키려 하지만, 우리가 살아가고 있는 현재와 앞으로 다가올 미래는 역사라는 이름의 토대가 있었기에 가능한 것이다.

　우리 삶과 밀접한 관계를 갖고 있는 부동산 역시 수십 년 동안 쌓인 역사, 좀 더 정확하게 표현하면 과거 부동산 시장의 흐름을 통해 미래 가치 변화를 예측할 수 있다. 예컨대 5장의 [전국 아파트 매매

가격 지수 그래프]에서는 '30년 동안 아파트 가격은 큰 폭의 하락 없이 지속적으로 상승해 현재는 다섯 배 이상의 시세를 형성하고 있다'라는 사실을 확인할 수 있다. 해당 자료는 부동산 투자의 가장 기본적인 '지표'로 손꼽힌다. 쉽게 말해 '아파트는 다른 투자재 대비 가치 상승 확률이 매우 높은 선택'이라는 뜻이다. 부동산 의심병 말기 환자였던 이대표가 부동산 투자 모범생으로 변한 이유 역시 이 같은 확신에서 찾을 수 있다.

"물론 과거 부동산 역사를 안다고 해서 앞으로 다가올 미래 변화를 정확하게 예측할 수는 없습니다. 하지만 부동산 시장의 흐름을 멀리서 바라보면 일부 특정 구간에서의 하락은 있을지언정 완연한 가격 상승 곡선을 그리고 있음을 알 수 있습니다. 30년 간 평균 상승치를 계산해보면 물가상승률을 훌쩍 뛰어넘을 정도죠. 제가 투자한 물건 역시 일정 기간 동안은 가격이 오르지 않거나 심지어 하락할 수도 있습니다. 하지만 저는 크게 걱정하지는 않습니다. 처음 계획보다 조금 더 긴 호흡으로 투자를 이어가면, 결국 아파트 가치는 상승할 거란 확신이 있기 때문입니다. 만약 제가 어떻게 할 수 없는 외부적 요인으로 아파트 가격이 폭락한다면? 뭐 어쩔 수 있나요, 그냥 망하는 거죠(웃음). 부동산 투자자의 길을 걷기로 결심했던 순간부터 감수해야 할 숙명인 셈이죠. 물론 그런 일이 일어나지 않도록 부동산가치가 하락하지 않을 곳을 찾는 것을 목표로 꾸준히 연구하고 관련 공부를 하고 있는 것이고요."

과거라는 거울에 미래의 모습을 비춰본다

이대표의 말마따나 부동산 투자의 성공을 이끌기 위해서는 과거를 거울 삼아 미래를 예측하는 분석이 반드시 필요하다. 맛있는 음식을 조리하려면 좋은 재료가 필수이듯, 정확한 부동산 흐름을 파악하기 위해서 풍부한 자료가 필요한 것 역시 같은 맥락이다.

"정확한 수치는 알 수 없지만 부동산을 업으로 삼는 이들은 매우 많습니다. 저와 같은 투자자를 비롯해 강의, 각종 정보 제공, 설계, 건설, 조경, 분양 등 10명 중 1명 정도는 직·간접적으로 부동산으로 돈을 벌고 있으리란 생각입니다. 물론 개인적인 의견이지만, 분명한 것은 부동산은 수많은 분야로 이뤄져 있다는 사실입니다. 때문에 오랜 시간 각 분야마다 쌓아온 독자적인 자료를 기반으로 종합적인 분석을 해야 보다 정확한 미래 흐름을 도출해낼 수 있는 것입니다."

최근 그 중요성이 부각되고 있는 이른바 '빅데이터'●는 부동산 투자에서도 유효하게 적용된다.

오직 발로 뛰던 임장이 당연하게 여겨지던 과거와는 달리 최근의 부동산 투자는 인터넷을 통한 정보 검색에서 시작된다. 컴퓨터만 있으면 서울에서도 부산 지역 부동산 현황을 손바닥 보듯 훤히 알 수 있기 때문에 보다 폭넓은 투자 활동이 가능해진 것이다. 아울러 '정

● **빅데이터란?** 빅데이터란 디지털 환경에서 생성되는 데이터로 그 규모가 방대하고, 생성 주기도 짧고, 형태도 수치 데이터뿐 아니라 문자와 영상 데이터를 포함하는 대규모 데이터를 말한다. 빅데이터 환경은 과거에 비해 데이터의 양이 폭증했다는 점과 함께 데이터의 종류도 다양해져 사람들의 행동은 물론 위치 정보와 SNS를 통해 생각과 의견까지 분석하고 예측할 수 있다는 특징을 갖고 있다. - 네이버 지식백과 발췌

보의 홍수'라고 표현될 만큼 사방에서 쏟아지는 수많은 자료들의 분석을 통해 불확실성을 최대한 제거함으로써 투자 성공률을 대폭 끌어올릴 수 있었다. 최근에는 수십 년 동안 축적된 방대한 부동산 관련 자료를 다각적으로 분석하는 빅데이터 분석 방식이 선보여짐에 따라 그 중요성이 대두되고 있다.

"사실 부동산 투자 분야의 빅데이터 분석 도입은 어제오늘 일이 아닙니다. 빅데이터란 이론이 나오기 훨씬 이전부터 부동산 투자는 광범위한 자료 분석을 전제로 하고 있었으니까요. 다만 예전과는 달리 최근에는 부동산 관련 정보를 전문적으로 수집·정리·분석하는 새로운 분야가 개척되고 있는 추세입니다. 덕분에 저와 같은 부동산 투자자들은 잘 가공된 정보 중에서 필요한 부분만을 취사선택할 수 있게 됐죠. 물론 이 같은 정보를 분석하는 능력을 키우는 과정을 감당하는 것은 본인 스스로의 몫이며, 결코 쉽지 않은 시간임은 분명합니다. 저도 처음에는 도통 무슨 말인지 감조차 잡을 수 없을 정도였으니까요. 어렵겠지만 시간과 노력을 투자한다면 그에 비례해 좋은 결과를 이끌어 낼 것이라 확신합니다."

나눔부자와 이대표는 부동산 투자자라면 매일 참새방앗간처럼 들러야 하는 필수 빅데이터 사이트 '베스트 5'를 공개했다.

나눔부자 & 이대표의 참새방앗간
'부동산 빅데이터 사이트 베스트 5'

1. KB부동산 리브온
KB부동산 리브온은 국민은행에서 운영하는 사이트다. 과거 주택은행을 인수한 국민은행은 우리나라 부동산 특히 주택에 대한 데이터를 제일 많이 보유하고 있다. 월간《KB주택가격동향》에서는 시계열 자료를 매월 업데이트해주는데 1986년부터 올해까지 축적된 방대한 자료를 다운받을 수 있다.
해당 자료에는 주택매매가격 종합지수부터 전세가격지수, 매도매수 우위지수, 부동산 매매가격 전망지수, 아파트매매대비 전세비, 규모별 아파트 매매지수 등 '부동산의 모든 것'이 포함되어 과거자료를 기반으로 미래를 보다 정확하게 전망할 수 있다.

2. 통계청
통계청에서는 우리나라 전반적인 분야의 통계 지표를 제공한다. 경기종합지수, 경제심리지수, 인구와 가구증가량, 주거와 교통에 대한 통계, 경제지표에 대한 통계자료 등 대한민국에 대한 모든 자료를 갖추고 있는 것이다. 특히 국가통계포털과 국가주요지표, 통계지리정보, 농계분류포털, 마이크로데이터 등에서는 우리나라의 전반적인 경제지표를 파악할 수 있다.

3. 한국감정원
한국감정원은 부동산을 감정하는 공공기관이다. 부동산 시장동향, 전국지가변동율과 주택가격 동향조사, 매매가격지수와 수급 거래동향, 부동산 거래동향 등의 부동산 전문 데이터를 제공하고 차트를 통해서 관련 정보를 한눈에 볼 수 있다. 특히 한국감정원 부동산 통계정보의 공개 자료에서는 전국 주택가격 동향조사를 통해 시계열자료 통계표를 배포하고 매월 부동산 가격 동향과 매주 주간 아파트 가격 동향을 자세하게 알려주어 부동산의 흐름을 한눈에 알 수 있다.

4. 호갱노노-부동산 편

50만 명이 사용하고 있는 부동산 정보 애플리케이션. 매일 업데이트되는 실거래가와 각종 통계를 일목요연하게 그래프로 정리했다. 특히 인구이동과 입주물량을 보기 쉽게 깔끔하게 구성했으며 이외에도 학군, 편의시설, 교통 정보 등 각종 통계를 편하게 확인할 수 있는 전문 부동산 정보 애플리케이션이다.

5. 온나라부동산정보

온나라부동산정보 사이트는 한국주택토지공사에서 운영하는 곳으로 토지 거래 현황, 주택 거래현황, 지가 변동율, 아파트 실거래가지수, 월세가격 동향, 주택건설 실적통계, 주택보급율과 부동산 정책·동향 및 전망 등의 정보를 제공한다.

아낌없이 퍼주는 나눔부자의 속셈은?

부동산은 정보와의 싸움이다. 특히 최근 속도전을 방불케 하는 각 사이트별 실시간 정보 업데이트 덕분에 어떤 면에서는 실제 임장보다 더 빠르고 광범위한 '인터넷 임장'이 가능해졌다. 그 어느 때보다 분석 능력의 필요성이 절실해진 이유다. 이러한 분석은 독학만으로는 그 한계가 명확하다. 때문에 이에 대한 '기초 교육', 수학으로 따지면 사칙연산에 해당하는 기본 교육이 반드시 선행돼야한다.

"여러 분야가 복합적으로 얽혀 있는 부동산은 그 무엇보다 기초가 튼튼해야 합니다. 예컨대 부동산 관련 그래프라면 종류를 가리지 않고 그저 쓱 한 번 보는 것만으로도 해당 내용을 줄줄 읊을 수 있어야 한다는 거죠. 우리가 어린 시절 외운 구구단과 같이 무의식적으로 툭툭 튀어나올 정도로 익숙해져야 합니다. 알면 알수록 쉬운 과목이 바로 부동산이란 농담이 있는 이유죠."

그간 실전 투자를 전제로 지식과 경험을 쌓아오던 이대표는 부동산 매매법인의 첫 투자 이후 통계를 기반으로 한 부동산 투자 기법에 관한 내용을 공부하기 시작했다. 나눔부자의 강의 수강을 기본으로 각종 창구를 통한 독학은 물론 그렇게 익힌 지식을 활용해 매일 새벽까지 실전을 가정한 가상투자를 반복하는 생활을 계속했다.

여기서 한 가지. 당시 이대표가 수강하던 강의는 전혀 새로운 분야가 아니었다. 지난 2015년 나눔부자의 권유에 따라 반강제로 참석했던 첫 강의 주제인 '마인드 변화'를 비롯해 기존 개설 과정이 대부분이었다. 하지만 그저 다른 이의 조언에 따른 '수동적인 투자'와는 달리 자신의 결정으로 시행한 '적극적인 투자'로 인해 과거와는 다른 태도로 수업에 임하게 됐다.

"예전에는 제가 생각해도 참 불성실한 학생이었죠. 강의 도중에

몰래 나가서 친구들과 술을 마시거나, 그렇게 마신 술로 인한 숙취 탓에 다음 강의를 빠지는 일이 태반이었거든요. 무엇보다 부동산 투자에 대한 관심이 없었기에 열심히 하겠다는 의지조차 없을 때였죠. 그런데 부동산 투자를 통해 실제로 돈을 손에 쥐어보니 제 스스로 기본적인 마인드부터 달라지더군요. 같은 내용의 강의였음에도 불구하고 그것을 받아들이는 제 태도가 달라져 흡수하는 양이 부쩍 많아진 모양새였죠. 우리가 학창시절 가장 많이 들었던 말 중에 하나인 '공부를 포함한 모든 일에는 때가 있다. 늦으면 후회한다'는 말처럼 왜 예전에는 이렇게 열심히 공부하지 못했나라는 마음에 스스로에게 화가 날 정도였습니다."

이대표에게서 변화된 부분은 단순히 마인드뿐만이 아니었다. 예전에도 부동산에 푹 빠져 잠을 줄여가면서 늦은 새벽까지 공부하는 일상을 반복했지만, 이제는 한 발 더 나아가 나눔부자를 포함한 다른 투자자들을 상대로 '자신만의 경쟁'을 시작한 것이다.

"부동산 투자를 주제로 한 단톡(단체 카카오톡)방이 몇 개 있습니다. 나눔부자가 이끌어가는 공부방도 있고, 다른 전국구 투자자분들이 참여하고 있는 단톡방도 있죠. 하루에서 수천 개 이상의 메시지가 난립하는데, 그중에는 보석 같은 정보들도 다수 포함되어 있습니다. 때문에 시간이 날 때마다 몇백 개씩 쌓인 메시지를 정독하곤 하는데 그러다 보니 특이한 점을 하나 발견하게 되더군요. 나눔부자를 비롯해 전국에서 손꼽히는 부동산 투자자들이 언제 자는지 도통 알

수가 없었던 것입니다. 예컨대 새벽 4시, 4시 20분, 5시 이런 식으로 매시간 메시지가 도착해 있었던 거죠. 게다가 일부러 그러는지는 모르겠지만 꼭 늦은 새벽 시간대에 주옥같은 정보가 몰려 있기도 했습니다. 나눔부자 역시 마찬가지였죠. 내심 새벽 두세 시까지 공부하던 제 모습이 뿌듯했던 차였는데 저보다 한 술, 아니 두세 술 이상 더 뜨는 다른 경쟁자들의 모습에 오기가 생겼습니다."

이에 이대표는 수면 시간을 조금 더 줄여보기로 결심했다. 물론 그렇게 한다고 누군가가 정말 확실한 투자 정보를 주는 건 아니었지만, 이대표 스스로가 만든 '부동산 투자자로 성공하기 위한' 자신만의 조건이었던 것이다. 그때부터 이대표의 일상은 매우 간단해졌다. 기상, 하루 세끼 식사, 부동산 투자 관련 행위, 수면이 전부였다. 특히 이대표의 수면 시간 기준은 바로 나눔부자였다. 나눔부자의 일반적인 취침 시간은 새벽 두세 시 사이로 짧게는 서너 시간에서 길게는 너댓 시간의 수면이 전부였던 것이다.

10년 노하우 공유로 '우리 모두 부자 되자'

여기서 한 가지 의문이 들었다. 부동산 투자를 하려면 '반드시' 수면 시간을 줄여야 하는 걸까?

"그에 대한 대답은 당연히 '아니다'입니다. 수면 시간을 줄인다는 것은 부동산 투자자로 성공하기 위한 '충분조건'이지 '필요조건'은 아닙니다. 하지만 본인 스스로가 실제로 부동산 투자를 해보면 자연스럽게 불필요한 시간들부터 줄게 될 것입니다. 먼저 술자리나 TV 시청 등의 유흥 혹은 잉여 시간이 죄악처럼 느껴지고 이후로는 점차 자신의 취미나 휴식, 심지어 수면 시간까지 부동산으로 돌리게 되죠. 이유는 간단합니다. 그저 부동산 투자라는 한 가지 분야에만 집중하기에도 24시간이 부족하기 때문이죠. 학창시절에 정말 듣기 싫었던 '해도 해도 끝이 없는 게 공부'라는 말 기억나시나요? 부동산 투자야말로 그 말에 꼭 들어맞는다는 걸 금세 깨닫게 될 겁니다."

부동산 투자의 특징은 공부와 일이 별도의 범주로 나눠지지 않는다는 점이다. 쉽게 말해 오늘 배운 지식이 내일 당장 실질적인 아파트 투자로 이어지는 식이다. 부동산 투자 관련 공부는 기성세대부터 내려온 잘못된 학습방침의 대표격인 '주입식 교육'과는 달리 지식과 실전이 한 가지로 통하는 분야기 때문이다.

"부동산 공부는 그저 외우면 그만이었던 중·고등학교 시절의 주입식 교육과는 다릅니다. 예를 들어 부동산 관련 통계와 그래프에 대한 분석 기법을 배우면 이를 활용해 내가 투자하고 싶은 물건의 투자 가치와 향후 가격 상승 기대치를 산출해내는 데 사용하는, 이른바 실전 공부라고 할 수 있습니다. 쉽게 말해 '공부의 양=수입 금액'인 셈이죠. 보이지도 않는 가치를 강조하며 억지로 해야 했던 학교 공부와는 달리 눈에 보이는 돈을 벌 수 있는 공부는 그 어떤 놀이보다 재미있게 여겨졌기에 세상에서 가장 무겁다는 눈꺼풀을 들어올리며 이에 몰두했던 것입니다."

당시 이대표의 이러한 옹고집은 결과론적으로 남들보다 빠른 시간에 어엿한 부동산 투자자로의 역량을 갖출 수 있게 해줬다. 이렇듯 무리한 일상은 새벽 3시까지 카페 회원들의 질문에 일일이 답을 하고 휴가철에 오히려 임장을 다니는 나눔부자를 이겨먹겠다는 발칙한(?) 도전 정신의 발로였다. 하지만 실상 나눔부자는 이대표가 자신과 경쟁하고 있을 줄은 꿈에도 몰랐다고 한다.

"자기만족이죠 뭐, 하하. 그때는 나눔부자가 '먼저 잡니다'라고 하기 전까지는 저도 잠자리에 들지 않겠다는 목표를 세웠을 만큼 모든 부분에서 제 부동산 스승님을 닮고 싶었습니다. 당연히 지금은 그렇게 살지는 않습니다. 지난 2016년 하반기부터 한 1년 정도 무리를 했더니 몸이 남아나지를 않더라고요. 나눔부자는 이런 생활을 어떻게 3~4년이나 했는지, 그저 존경스러울 따름입니다."

이 시기에 이대표는 〈짠돌이 카페〉에 부동산 관련 게시판을 새롭게 개설했다. 카페 회원들을 대상으로 부동산에 대한 정보를 공유하기 위함이다.

나눔부자가 주도하는 부동산 전용 게시판의 반응은 폭발적이었다. 카페 회원, 나아가 우리나라 대다수 국민들이 얼마만큼 부동산 높은 관심을 갖고 있는지에 대한 방증이다.

특히 나눔부자는 지난 2006년부터 다음 카페 〈재테크스쿨-대구짠돌이〉를 시작으로 현재 네이버 카페 〈부동산 오아시스〉 운영까지 병행하며 부동산 관련 노하우를 축적해왔다. 즉 〈짠돌이 카페〉를 통한 정보 공유는 단기간에 만든 부동산 속성 커리큘럼이 아닌 나눔부자가 오랜 경험을 통해 얻은 '실전 노하우'와 '내 집 마련'을 주된 내용으로 하고 있는 것이다.

"사실 저도 나눔부자에게 저희 카페에 부동산 관련 게시판을 전담해달라는 부탁을 하기까지 굉장히 오랫동안 망설였습니다. 혹시 실례가 되지는 않을까 하는 마음이었죠. 어느 날 술 한잔을 핑계로 넌지시 관련 내용을 부탁드렸더니, 흔쾌히 오케이 사인을 날리시더라고요. 기존에 자신이 운영하던 부동산 카페에 이미 자료가 풍부하게 쌓였으니 별달리 어려울 것도 없다는 반응이었죠. 덕분에 카페 운영자로서 오랜만에 제 어깨에 뽕이 잔뜩 들어갔습니다. 그동안 부동산 전문가 섭외가 어려워 계획에만 머물러 있던 개선책을 나눔부자 덕분에 실행에 옮길 수 있었던 까닭입니다."

나눔부자의 말마따나 이미 기존에 10년 이상 자신의 노하우를 정리한 카페가 존재하기 때문에 정보의 재가공이 그리 어렵지는 않았을 수 있다. 하지만 시간을 들여 새로운 게시판을 운영해야 하는 일은 분명 나눔부자에게는 가욋일이었음이 분명하다. 그럼에도 불고하고 나눔부자는 별다른 불평불만 없이 그저 묵묵히 다른 이들에게 자신의 노하우를 공유해왔다.

부동산에 대한 뜨거운 관심을 확인하다

그렇게 시작된 〈짠돌이 카페〉의 부동산 게시판은 금세 한계에 다

다녔다. 부동산에 관심이 높은 회원들을 중심으로 '강의'를 열어달라는 요청이 빗발치기 시작한 것도 이쯤이었다. 이대표는 나눔부자에게 다시 한 번 정중하게 부동산 강의를 요청했지만, 대구에 사는 나눔부자의 사정상 수요(요청 회원 수)를 만족시킬 만큼 공급(강의 횟수)을 제공하지 못할 것 같다는 답변이 돌아왔다. 결국 나눔부자는 조건부 강의를 수락했다. 나눔부자는 이미 대구에서 활발하게 강의를 해왔기 때문에 물리적인 여건만 확보된다면 얼마든지 강의를 진행할 수 있던 상황이었다. 다행히 나눔부자는 본업이 부동산 투자자였기에 여전히 수시로 서울과 수도권 임장을 나서고 있었다. 때문에 정기적인 강의는 어렵겠지만, 자신의 일정과 맞는다면 얼마든지 강의를 열겠다는 뜻을 전한 것이다. 현재 나눔부자의 '부동산 투자 마인드 개선' 및 '실전 부동산'을 주제로 한 강의는 이대표와 공동으로 매수한 부천 사무실에서 공부 모임을 갖고 있다.

"〈짠돌이 카페〉는 제 뿌리입니다. 회원분들이 있었기에 지금의 제가 있을 수 있었던 거죠. 물론 제가 가진 돈을 거저 드릴 수는 없지만, 회원분들에게 제 경험과 나눔부자님의 지식을 공유함으로써 더 나은 삶으로 도약할 '기회'를 주고 싶다는 마음에 강의를 개설하게 됐습니다. 강의를 들은 회원 중 일부는 내 집 마련에 성공하거나 실제 아파트투자를 단행한 이들도 여럿입니다. 실질적인 변화를 이끌어냈다는 점에서 저와 나눔부자 모두 뿌듯한 마음을 갖고 있습니다. 앞으로도 회원들에게는 그 어떤 노하우도 숨기지 않고 공유할 것을 이 자리를 빌려 약속드리고자 합니다."

한편 이대표는 이러한 나눔부자가 배출한 최고의 제자로 손꼽힌다. 나눔부자에게 조언을 구한 수많은 이들 중 전업 부동산 투자자의 길로 이렇게 빨리 들어선 이는 이대표가 유일한 까닭이다. 나눔부자는 자신의 제자이자 이제는 비즈니스 파트너로 거듭난 이대표에게 조언을 아끼지 않았고, 결국 10억 원의 수익을 그에게 안겨줬다. 그러니 이대표가 어찌 '나눔부자 바라기'가 되지 않을 수 있겠는가? 실제로 이대표의 이야기를 듣는 내내 필자는 나눔부자를 향한 그의 존경심과 굳건한 믿음을 확인할 수 있었다.

"다소 호들갑을 떤 건 사실입니다. 하지만 대한민국 대표 짠돌이인 제가 확신할 만큼 나눔부자의 부동산 투자 철학은 충분히 공감할 정도입니다. 또한 과거의 저처럼 부동산에 높은 장벽을 갖고 있는 다른 사람들이 나눔부자의 강의와 제 경험담을 통해 더 나은 삶으로 나아가길 바라는 마음입니다. 일부러 시간과 돈을 쓰면서 잘 알지도 못하는 분야의 강의를 듣는데 뭔가 얻어가는 게 있어야 한다는 생각입니다."

나눔부자의 닉네임의 의미는 '부를 나눈다'는 뜻을 내포하고 있다. 자신이 먼저 경험한 부동산 투자에 대한 내용을 다른 이와 공유함으로써 함께 잘살고 싶다는 것이 부에 대한 나눔부자의 철학인 것이다.

모르는 것은 묻고 또 물어라

"그렇게 좋은 거면 자기가 다 하지 왜 남한테 돈을 벌게 해주겠어?"

당신의 이러한 의구심을 충분히 공감한다. 필자 역시 그런 생각을 했으니 말이다. 이에 대한 나눔부자의 대답은 간단하다.

"저 개인이 살 수 있는 부동산의 개수는 한정되어 있습니다. 예컨대 A라는 아파트를 매입했다면 같은 단지 안에도 다수의 물건이 있기 마련이죠. 돈만 있다면 그 모든 물건을 매입하고 싶은 마음이지만, 현실적인 여건상 불가능한 일입니다. 즉 어차피 제가 모두 매입할 수 없는 '여유 물건'을 다른 사람들에게 추천해줄 뿐이라는 겁니다. 그 안에 어떤 속셈이 있을 수가 없죠. 여기서 중요한 부분은 '제가 직접 매입한, 혹은 매입을 시도한 물건만을 추천해준다'는 저만의 기준입니다. 물론 그에 대한 수익이나 리스크도 모두 제 의견을 받아들인 본인 스스로의 책임입니다. 저는 그저 제가 직접 매입한 물건에 대한 확신을 갖고 이를 다른 사람들과 공유할 따름입니다. 저 역시 그 누구보다 힘들게 살아왔기에 제가 갖고 있는 부동산 관련 노하우가 다른 이들에게 도움이 된다면 그보다 기쁜 일은 없다는 생각입니다."

'구르는 돌에는 이끼가 끼지 않는다'고 했다. 하루가 다르게 변하는 부동산 시장의 흐름에서 투자자의 일상은 이 속담처럼 항상 부지런함으로 일관되어야 한다. 자신에게 부족한 부분은 끊임없이 공부하고, 모르는 것은 묻고 또 묻는 '뚝심'이야말로 부동산 투자자가 세워하는 중심이라는 점을 기억하자.

무슨 깡다구로 미분양 아파트를 구입해?

이대표가 부동산 전업 투자자의 길을 선택한 후 일방적으로 시작한 나눔부자와의 보이지 않는 경쟁이 진행된 지 한 달이 훌쩍 지났다. 그 사이 민족 대명절 추석도 쇠고 기타 다른 업무도 병행하며 새로운 투자의 추진력을 축적하고 있었다.

이대표와 나눔부자의 다음 투자 물건의 주제는 '미분양.' 추후 내용을 미리 얘기하면 지난 2016년 10~11월 사이 두 사람은 총 4채의 미분양 아파트에 집중적으로 투자를 했다.

앞서 설명한 대로 미분양은 말 그대로 투자자와 실거주자 모두에게 외면 받은 소위 '비인기 아파트'를 의미한다. 일반적으로는 투자건 실거주 목적의 매수건 하지 않는 것이 상책이라 여길 터다. 하지만 두 사람은 '일부러' 이러한 미분양 아파트를 위주로 투자를 단행했다.

"나눔부자와 미분양에 집중적으로 투자를 했던 2016년 10~11월은 추석 후 이른바 '11·3 부동산대책'의 영향을 받던 시기였습니다. 해당 정책은 한 마디로 단기 차익을 노리는 투자수요를 잡는 것을 목표라고 할 수 있습니다. 때문에 당시 분양을 앞두고 있던 상당수 아파트에서 투자자는 물론 실거주자까지 매수를 꺼리는 탓에 미분양이 대거 발생하는 사태가 벌어졌습니다. 저 역시 예전이라면 굳이 미분양 물건에 관심을 갖지 않았을 것입니다. 하지만 빅데이터를 중심으로 한 통계·분석 공부를 하던 중 과거 미분양 사례의 가격 흐름을 기록한 정보를 본 적이 있습니다. 해당 내용에 따르면 정부의 부동산 규제가 단기적인 가격 억제 효과를 가져왔지만, 일정 조건이 갖춰지면 다시 일반적인 상승장으로 되돌아온다는 사실을 확인 할 수 있었습니다. 풀이하면 '아파트의 조건만 좋다면 정부 규제에 따른 일시적인 가격 조정은 있을지언정 추후 가격 상승 가능성 역시 매우 높다'는 정도의 분석이 가능한 것입니다."

아래 그래프는 과거 대구 지역 미분양 아파트의 가격 변화 그래프다.

대구 수성3가 화성파크드림 1단지(40평)

해당 아파트 또한 정부 정책의 영향으로 미분양 사태를 맞이해 가격 조정을 받았지만, 구성 조건이 매우 우수한 경우였기에 금세 반등을 하게 됐음을 알 수 있다.

나눔부자와 이대표는 이러한 빅데이터 자료를 기반으로 일반적으로 '투자 기피 혹은 자제 시점'으로 여겨지는 정부의 부동산 정책 발표 시기를 전후해 오히려 공격적인 투자를 해나갔다.

"부동산 투자를 업으로 삼고 있다는 것만으로도 남들과는 매우 다른 삶을 살아가고 있음을 의미합니다. 아마 대다수 사람들이 저나 나눔부자 같은 부동산 투자자를 이해하지 못하겠죠. 그런 마당에 (남들이 보기에) 조금 더 이상해 보이는 결정을 한다고 해도 뭐 어떻겠습니까? 원래 이상한 사람들이 늘 그렇듯 이상한 행동을 했으리란 평가를 받고 말겠죠(웃음)."

두 사람이 가장 먼저 주목한 아파트는 문래역 모아미래도아파트였다. 계약금 2000만 원이면 34평형 아파트의 권리를 우선 획득할 수 있었으며 또한 집값의 60퍼센트에 해당하는 금액을 무이자로 내주는 조건이었다. 이러한 파격적인 조건에서 알 수 있듯 매수 수요가 매우 적은 상황이었던 것이다.

내가 힘든 만큼 보상은 확실하게 돌아온다

그렇다면 왜 이런 현상이 벌어졌을까? 일단 서울 사람들 입장에서 봤을 때, 문래역 모아미래도아파트의 브랜드 네임은 다소 떨어지는 편이다. 게다가 규모가 큰 단지도 아니고 역세권과 가깝지도 않으니 상대적으로 관심이 덜할 수밖에 없었다. 때문에 회사 입장에서는 미분양 아파트를 빠른 시간 안에 매도하기 위해서 매수자 입장에서 좋은 조건을 제시하기에 이르렀다. 이로 인해 투자자들은 적은 투자금으로 새 아파트를 매수할 수 있게 됐고, 당시 인근의 아파트 가격이 상승추세에 있다는 사실에 미뤄봤을 때 해당 아파트 역시 향후 가격상승 확률이 높다는 판단을 내리게 됐던 것이다.

"일반 사람들조차 재개발은 곧 부동산 투자 호기라고 여길 정도로 이에 대한 막연한 기대감은 대단합니다. 하지만 문래역 모아미래도 아파트의 경우 제법 좋은 조건을 갖추고 있었음에도 불구하고 입지와 브랜드파워 등 외부적인 요인 탓에 미분양이 일어났던 거죠. 물론 저와 나눔부자 역시 해당 단지가 반드시 성공할 것이라고 확언할 수는 없었습니다. 앞서 언급한 대로 과거 데이터를 기반으로 한 나름대로의 분석을 통해 가치가 올라갈 거란 예측을 했을 따름입니다. '하이 리스크, 하이 리턴'이란 단어를 좋아하지는 않지만, 남들이 기피하는 미분양 아파트에 대한 투자를 결심했을 때는 다소 높은 위험도 감수하겠다는 다짐까지 덧붙여진 것입니다."

빅데이터 분석을 마친 두 사람은 날씨가 좋은 평일 오후 가벼운 나들이 겸 해당 물건으로 임장을 나섰다. 미분양 물건이었기에 소위 말하는 '매수자 우위시장'을 예상하고 당당하게 문을 박차고 들어갔지만 이게 웬걸, 사무실 안은 이미 사람들이 계약 중이었다. 그런데 나눔부자가 그중 몇몇에게 아는 체를 하며 인사를 건넸다. 서울 한복판 아파트 분양 사무실에서 연신 계약서를 써대고 있던 인파의 정체는 바로 대구 지역의 부동산 투자자들이었다. 오랫동안 대구에서 활동했던 나눔부자와는 이미 안면이 익은 사이도 여럿이었다.

"한편으로는 놀랐지만, 또 한편으로는 화도 났습니다. 뭔가 내 집 앞마당에서 밥그릇을 뺏긴 느낌이라고 할까요? 대구에서 서울까지, 그것도 미분양 아파트를 싹 쓸어 가는 일은 상상도 해본 적이 없었기에 정말 크게 놀랐습니다. 그런데 또 다른 한편으로는 오히려 안심이 되더라고요. 대구에서 서울까지 올라와서 아파트 투자를 할 정도로 물건의 가치가 높다는 입증이었기 때문입니다. 처음에는 그저 임장만 하고 가려고 했는데 이러다가는 조금 심한 말로 '죽 쒀서 개 준 꼴'이 될 것 같아 당장이라도 매수를 하기로 마음을 바꿨습니다."

하지만 잠깐의 차이가 불러온 결과는 꽤나 판이했다. 몇 시간 먼저 온 대구 지역 부동산 투자자들이 말 그대로 '싹쓸이'를 하다시피 남은 물건을 콕 짚어 이미 매수를 마친 것이다. 바로 여기서 나눔부자의 노하우가 빛을 발했다. 마음 급한 이대표와는 달리 나눔부자는 아파트 이곳저곳을 천천히 확인한 후 아예 커피까지 한 잔 마시며 여유롭게 시간을 보냈던 것이다. 평소 부동산 투자는 시간과의 싸움이라고 했던 나눔부자가 이와는 정반대의 행동을 한 이유는 대구 부동산 투자자들이 자리를 뜬 후 밝혀졌다. 나눔부자는 분양 사무실을 나와 인근 부동산으로 이동해 적은 프리미엄을 주더라도 매수할 수 있는 좋은 물건을 찾기 시작했다. 그러던 중 한 부동산으로부터 '회사 보유분'이 있다는 말을 듣게 됐다. 대외적으로 알려져 있지는 않지만 대다수, 아니 거의 모든 경우 분양사에서는 이런저런 이유로 자신들의 몫으로 미리 아파트를 빼놓는데 바로 이것을 회사 보유분이라고 부른다. 상식적으로 생각해도 본인들을 위해 별도로 분류해놓은 아파트의 조건이 월등히 좋을 거란 사실은 불문가지일 터. 나눔부자는 바로 이 회사 보유분을 요구했던 것이다.

"사실 저는 그게 가능할 거라는 생각조차 해보지 않았습니다. 당연히 회사측도 처음에는 난색을 표시했고요. 그런데 나눔부자가 '즉시 매수'와 '복수 매수'란 조건을 내세우니 눈동자가 흔들리는 게 보일 정도더라고요. 회사 보유분이라고 해도 최종적으로는 분양을 완료하는 게 목적이라는 사실을 관통한 거죠. 결국 회사가 보유하고 있던 8층 남향 아파트를 매수할 수 있었습니다. 발품의 승리였죠."

지난 2016년 10월 12일 문래역 모아미래도아파트의 당시 매수 가격은 5억 6600만 원. 두 사람은 당일 현장에서 계약금 2000만 원을 송금하고 분양권을 확보했다. 또한 하나로는 아쉬운 감이 있었기에, 같은 달 27일에 부동산 중개소장을 통해 계약금 2830만 원과 프리미엄 500만 원을 더한 3330만 원으로 추가 매수를 단행했다.

옹고집이라고? 이게 내 투자 기준이야!

문래역 모아미래도아파트에 이어 두 사람은 10월 15일과 16일에 걸쳐 '송도 SK뷰아파트(미분양)'와 '간석동 한신더휴아파트(미분양)'의 분양권을 매수했다.

먼저 송도 SK뷰아파트의 경우 문래역 모아미래도아파트와 마찬가지로 발품을 팔아 평소 알고 지내던 분양 담당 직원에게 정보를 받아서 분양을 받는 데 성공한 사례다. 당시 두 사람이 매수했던 송도SK뷰아파트는 현재 최고의 동과 최고의 층수의 조건을 갖춘 이른바 '로얄 동·호수RR'로 인정받는 인기물건이다. 당시 송도 SK뷰아파트 분양권의 계약금은 4372만 원이었다.

"송도 SK뷰아파트 투자 과정에서 재밌는 에피소드가 있었습니다. 당시 나눔부자와 함께 송도 임장을 자주 갔는데, 방문했던 부동산 중개소마다 힐스테이트레이크송도2차는 적극적으로 추천하고 송도 SK뷰에 대해서는 부정적인 의견을 내놓은 것이었습니다. 이에 나눔부자가 '송도 랜드마크시티역이 연장된다면 역세권이 형성되어 향후 가치가 크게 상승할 가능성이 높은데도 불구하고 안 좋게 설명하는지 이해가 가지 않는다'라고 말씀하시더군요. 물론 힐스테이트레이크 송도2차가 나쁜 조건이라는 의미는 아닙니다. 바다와 호수, 공원이 보이는 아파트의 경우 처음부터 수천만 원 이상의 프리미엄이 붙을 정도로 인기가 높았으니까요. 하지만 프리미엄이 너무 높은 탓에 제 상황에서 투자를 결정하기가 쉽지 않았습니다. 결국 프리미엄을 주지 않고 적은 금액으로 매수할 수 있고 차후 상승여력이 많은 아파트를 투자하기로 결정한 후 찾은 물건이 바로 송도

SK뷰였습니다. 참고로, 나중에 안 사실이지만 아파트 분양 과정에서 시행사가 부동산에 주는 일종의 인센티브를 제공했기 때문에 중개소장님들이 해당 물건만 추천했던 것이었습니다. 만약 제게 확고한 투자 기준이 없었다면 이러한 권유에 넘어갔겠죠. 눈 뜨고 코 베이기 싫다면 반드시 스스로의 역량을 키워야 한다는 진리를 일깨워 준 경험이었습니다."

간석동 한신더휴아파트의 경우는 전혀 예상치 않은 투자였다. 전날 송도 SK뷰아파트를 매수한 두 사람은 다음 날에도 송도와 인천 지역을 중심으로 임장을 다녔다. 하지만 마음에 차는 물건이 없어 차를 돌리는 순간, 어느 사거리에 걸린 부동산 현수막의 '간석동 한신더휴아파트 선착순 분양'이란 문구가 두 눈 가득 날아와 박혔다. 그 자리에서 검색해보니 흥미가 동할 정도로 좋은 조건을 갖추고 있다는 판단이 든 두 사람은 곧바로 분양 사무실을 찾았다. 분양 사무실 방문에서 아파트 매수 계약서 작성 완료까지 걸린 시간은 단 10분(정말이다). 분양가 3억 2000만 원의 새 아파트가 무이자 지원을 해 주고 있었음에도 고층 위주로 선택하여 계약할 수 있었다.

일반적이라면, 두 사람의 이러한 행보가 마치 현실과는 동 떨어진 이야기로 느껴질 것이다. 계약서를 일일이 확인하며 날짜를 대조한 필자조차 '위조 서류가 아닐까'라는 얼토당토않은 의심을 할 정도였으니 독자들의 의구심을 충분히 이해할 수 있다. 하지만 나눔부자와 이대표의 부동산 투자 속도의 증가는 그들에게 확실한 투자의 기준이 마련됐음을 의미한다. 쉽게 말해 국가로 치면 법률, 회사로 치면 사규, 협회·기관으로 치면 정관의 체계가 완성된 셈이다.

"명확한 기준이 세워졌으니 해당 기준만 충족했음이 확인되면 투자를 망설일 이유가 없었습니다. 나눔부자의 노하우를 토대로 오랜 논의 끝에 한 달에 4채가 아니라 40채라도 살 수 있을 만큼 절대적인 투자 기준을 만들었던 것입니다. 법이 없으면 나라의 질서가 유지가 안 되듯, 투자에 있어서도 가부를 가를 수 있는 선명한 기준선이 필요하기 때문에 그 어느 때보다 까다롭고 깐깐하게 세부 내용을 정리했습니다. 부동산 흐름에 따른 작은 수정은 있을지언정 대략적인 틀은 여전히 당시 만든 기준을 적용하고 있을 만큼 철저하게 만들었다고 자부합니다."

다른 사람들의 외면으로 미분양이 난 아파트를 오히려 기꺼이 매수한다. 아마 대다수 사람들이 공감할 수 없는 투자 기준일 것이다. 물론 두 사람이 무조건 모든 미분양 아파트에 투자를 하는 것은 아니다. 해당 물건이 갖추고 있는 조건을 꼼꼼히 따져본 후 긍정적인 평가가 나오는 경우에만 과감한 투자를 단행한다. 당연히 그 과정에서 부동산 정책과 같은 외부 요인의 영향을 예측하는 분석력도 동반돼야 한다.

실제로 두 사람이 매수한 네 채의 미분양 아파트의 경우 11·3 부동산 대책이 예상보다 큰 억제 효과를 보지 못한 덕분에 예상을 웃도는 가격 상승을 실현할 수 있었다. 결과론적이지만 두 사람의 분석 결과가 정확히 맞아떨어진 사례다.

확실한 물건만 매수하겠다는 투자 기준은 동화 속 잠꼬대와 같다. 확고한 자신만의 기준을 세우되, 모든 리스크를 제거하겠다는 허황된 목표는 세우지 말아야 할 것이다.

수익과 리스크가 공존하는 투자의 두 얼굴을 모두 보듬는 기준을 세우는 과정이야말로 부동산 투자의 첫 단추를 끼는 것과 같다는 사실을 기억해야 한다.

짠돌이의 서울 입성기

시간의 흐름에 따라 배열된 앞선 장들과는 달리 굳이 다시 시점을 되돌린 해당 내용을 마지막에 배치한 이유는 이대표의 오랜 꿈과 맞닿아 있기 때문이다. 오랫동안 부천에서만 살아온 이대표에게 서울은 내 집 마련 이후 갖게 된 또 다른 꿈의 무대였다. 직설적으로 말하면 '서울 한복판 내 집 마련'이 이대표의 새로운 목표였던 것이다. 이대표가 나눔부자와 함께 매입한 문래역 모아미래도아파트는 그의 새로운 목표였던 서울 아파트 마련의 결실인 셈이다.

"서울에 내 집 한 칸 갖고 싶다는 바람, 특별한 상징성을 가진 서울에 내 명의로 된 부동산을 갖는다. 이미 서울에 자기 아파트를 갖고 있는 수많은 이들은 공감하지 못할 수도 있겠지만 적어도 제게는 퍽 간절한 목표였습니다. 그 꿈의 도달점이 바로 문래역 모아미래도아파트였던 거죠. 인천의 아파트 한 채에 만족했던 부동산 의심병 환자가 완치 판정을 받았음을 의미하는 특별한 경험이었습니다."

지난해 이대표가 매입했던 문래역 모아미래도아파트는 총 2채다. 이 중 하나를 지난 1월 전매도함에 따라 마지막 1채가 남게 됐다. 이후 이대표는 남은 1채의 등기를 결정했다. 지난 2월 14일, 잔금 5억 7900만 원을 완납함으로써 해당 물건에 대한 권리를 자신에게로 귀속시킨 것이다.

"다소 무리하게 자금을 마련하느라 잔고가 달랑거리는 것은 사실입니다(웃음). 또한 당장 서울에서 살 계획이 없는 관계로 현재 전세입자를 알아보고 있는 중이고요. 전세입자가 들어오면 그 금액으로 다시 투자를 이어갈 예정입니다."

늘 '부동산은 입금 순'이라는 이대표의 말과는 달리 이번 문래역 모아미래도아파트는 '망설임'이 좋은 결과로 이어진 경우다. 자세히 설명하면, 해당 물건 두 채를 갖고 있던 이대표는 당초 둘 모두 전매를 할 계획이었다. 하지만 몇 달 간 고민을 하던 중 서울이 상승장에 돌입했다는 판단에 따라 한 채만 전매를 하고, 나머지 한 채는 잠시 유보를 한 상태였다. 당시 이대표가 망설이던 그 수개월 동안 문래역 모아미래도아파트의 시세가 무려 2억 원 이상 상승했으니, 그저 아이러니할 따름이다. 참고로 이 책을 마무리를 짓는 2월 마지막 날, 문래역 모아미래도아파트의 시세는 7억 8000만 원, 전세가는 5억 3000만 원에 거래되고 있다.

"다시 한 번 '부동산은 생물이다'라는 사실을 깨닫게 된 계기였습니다. 항상 부동산 투자는 단호하고 빠른 결정과 실행이 중요하다고 여겨왔는데, 평소 제 철학과는 달리 매도를 망설였던 것이 오히려 좋은 결과로 이어졌으니까요. 역시 부동산 투자에 정답 혹은 진리는 없다는 점을 다시 한 번 강조하고 싶습니다."

평생 동안 오직 절약만을 미덕으로 삼았던 이대표가 부동산 투자에 눈을 돌린 지 이제 겨우 2년. 이대표는 불과 2년 만에 서울 한복판에 내 집을 마련에 성공했다. 부동산 의심병 환자였던 그는 지난 2년간의 경험을 통해 부동산에 대한 선입견과 막연한 두려움을 뛰어넘어 보다 나은 삶을 영위할 수 있는 기반을 마련할 수 있었다. 평생 10원짜리 한 장에 벌벌 떨던 고졸 짠돌이가 부동산 투자에 눈을 뜬 후 꿈에서도 생각지 못하던 서울 한복판에 내 집을 떡하니 마련했으니 그 벅찬 감동과 뿌듯함이야 더 말해 무엇하랴.

"저도 했습니다. 누구보다 부동산을 못 믿던 제가 나눔부자를 따라 부동산 투자를 결심한 지 2년 만에 이렇게 현실적으로 많은 돈을 벌게 됐습니다. 지난 2개월여 동안 이 책을 쓰며 독자들에게 바라는 것은 단 하나입니다. 부동산에 대한 편견을 걷어내고 새로운 기회를 잡음으로써 저와 같은 경제적 여유를 누릴 수 있길 바라는 마음, 그것 하나입니다. 부동산은 정직합니다. 본인이 공부하고 노력한 만큼 결과물은 그에 정확하게 비례하죠. 이 책을 통해 부동산에 대한 색안경을 벗고 부동산이 결코 어렵고 오르지 못할 산이 아니라는 사실을 깨닫길 바라봅니다."

부동산 투자가 이끈 새로운 삶에 만족해

여전히 부동산 투자자로 활발한 활동을 보여주는 이대표가 던지는 마지막 메시지에 귀를 기울여보자.

"저는 돈으로 아파트란 직원을 고용해 또 다시 돈을 벌고 있습니다. 제게 고용된 직원(아파트)은 1년 365일 쉬는 날 없이, 심지어 제가 자는 시간에도 부지런히 일을 해서 수익을 올리죠. 무엇보다 이 직원(아파트)은 월급도 가져가지 않고, 아무리 일을 시켜도 불평 한 마디 하지 않습니다. 지금까지 저를 거쳐 간 직원(아파트)은 30여 명에 이릅니다. 고맙게도 그 직원(아파트)들은 그동안 제게 10억 원 이상을 벌어다 줬죠. 앞으로도 저는 전국팔도에 수십, 수백 명의 새로운 직원(아파트)을 고용할 예정이고, 그들은 제게 경제적·시간적 자유를 선물할 것입니다. 아파트투자로 인해 바뀐 제 삶, 부동산 투자자 이대표의 '브라보 마이 라이프 Bravo My Life'는 이제 막 시작됐을 뿐입니다."

**나눔부자의
촌철살인**

미분양, 반드시 피해야 하는 '투자의 적'인가?

진흙 속 숨겨진 진주를 찾아내자

미분양 아파트. 이 짧은 문장이 갖는 의미는 표면적 의미는 '인기가 없다' 정도로 압축할 수 있다. 실거주자의 입장에서는 입지가 그리 매력적이지 않고, 투자자의 시각에서 바라봤을 때 향후 가격 상승 여지가 많지 않은 '계륵'과도 같은 가치에 불과한 것이다. 하지만 미분양 물건 중에서도 분명 '진흙 속 진주'가 존재한다. 나와 같은 부동산 투자자는 이러한 숨겨진 보물을 찾아냄으로써 보다 높은 수익을 올릴 수 있는 것이다.

미분양에는 크게 두 가지가 있다.

▲상승초입 미분양[1]과 ▲하락초입 미분양[2]이다.

먼저 상승초입 미분양은 '부동산시장 10년 주기설' 중 특정 지역이 부동산 하락을 거친 후 오랫동안 분양이 안 된 경우를 가리킨다. 이러한 아파트는 회사에서 물건을 우선 보유해 전세를 돌린 후 분양을 거치는 이른바 '완공 후 분양'이 대부분을 차지한다. 이러한 물건은 과거 고가의 분양가를 책정했다가 낭패를 본 일이 많다. 오랫동안 하락기를 거친 지역에 새로운 분양을 할 경우 역시 인근 주민들은 오랫동안 건축 경기가 어려운 것을 봐왔기 때문에 쉽게 분양을 받으려고 하지 않는다. 근래 들어 큰 폭의 할인 분양 물건이 쏟아지는 것도 이러한 이유 때문이다. 때문에 투자자라면 그 지역에 미분양율이 줄어드는 빅데이터를 주의 깊게 봐야 한다. 미분양이 계속적으로 줄어들고 있는 지역의 미분양이라면 투자해볼 만하다는 의미다.

하락초입 미분양의 경우 실거주자는 물론 투자자 역시 매수를 피하는 것이 상책이다. 하락 초입의 판단 기준은 '상승기가 오랫동안 유지됐음에도 불구하고 미분양이 난 아파트'다. 쉽게 말해 부동산 시장이 좋았음에도 미분양이 난 물건은 부정적인 요소가 잔뜩 끼어 있다는 예측이 가능하다는 것이다.

또한 미분양 물건을 매수할 때는 본인의 중도금대출 가능 여부를 먼저

- [1] 대세상승장에 진입했음에도 불구하고 현대인들이 두려움 탓에 매수하지 않는 미분양도 매수를 고려할 만하다. 부동산의 흐름이 단기에 그치지 않고, 장기 10년 주기로 움직이기 때문이다.
- [2] 건설 회사에서 계속적으로 분양이 잘될 것이라고 건축하였으나, 내외부적으로 급격하게 건설 경기의 부진으로 미분양이 난 경우다.

확인한 후 투자를 최종 결정하는 것이 좋다. 미분양 아파트를 매수했는데 정작 중도금대출이 나오지 않는다면 중도금을 모두 현금으로 납부해야 할 수도 있기 때문이다. 만약 중도금을 납부하지 않는다면 계약이 해지돼 계약금을 날리는 최악의 상황까지 발생할 수 있다. 분양권을 매입한다는 것은 분양 가격의 10퍼센트에 해당하는 현금을 우선 지불하고 잔금에 대해서는 대출을 이용함으로써 이른바 '지렛대 효과'를 충분하게 누리기 위해서다.

미분양 아파트에 대한 평가는 일반적으로 매우 부정적인 경우가 많다. 물론 이러한 의견은 상당 부분 합리적인 판단임이 분명하다. 그만한 이유가 있기에 미분양 사태가 발생했을 거란 예측이 가능하기 때문이다. 하지만 미분양 아파트가 언제까지나 지금 당장의 가치 위에만 놓여 있지는 않는다. 예컨대 주변의 호재에 힘입어 언제든 진흙 속 진주로 거듭날 수 있는 것이다.

부동산 투자자라면 남들이 눈길을 주지 않는 미분양 아파트라고 할지라도 마음 한 편에 그 가능성을 염두에 둬야 한다. 그 누구라도 미래의 일에 대해 확언할 수 있을까. 미분양 아파트 역시 마찬가지다. 오늘의 천덕꾸러기 아파트가 내일은 세상 둘도 없는 효자 노릇을 할지 모를 노릇인 것이다.

진흙 속 숨겨진 진주를 발견하는 것은 오롯이 부동산 투자자의 역량에 달렸다는 사실을 잊지 말아야 한다.

:: 에필로그 ::

여러분의 멘토가 되겠습니다!

흔하디흔한, 그리고 그 누구보다 아등바등 살아왔던 대한민국 대표 짠돌이 저 '대왕소금' 이대표가 부동산 투자자로 전업한 지 꼬박 2년이 지났습니다. 평생을 돈도, 줄도, 빽(배경)도 없이 살아온 저는 머리가 제법 굵어진 10대 후반부터 오직 짠돌이로 살아가는 것만이 유일한 성공의 길인 양 여겨왔습니다. 그 누구보다 성실히 일하고, 꼭 그만큼의 대가를 받고, 그 안에서 처절하게 아끼며 살아가던 평범한 대한민국의 국민이었던 제가 엄두도 내지 않던 부동산 분야에 종사하며 살아가다니. 원고를 모두 탈고한 지금, 2018년 3월 17일 새벽 4시에 되돌아본 제 아이러니한 인생사에 피식 웃음이 새어나옵니다.

참 많은 고민을 했습니다. 제가 분명 부동산 투자로 돈을 번 것은 사실입니다. 하지만 이 사실을 공유하는 게 과연 옳은 일인지, 나아가 다른 사람들에게 제 경험과 지식이 도움이 될지 확신할 수 없었던 까닭입니다. 투자 과정이 다소 민감한 면도 있었고, 제 경제 상황을 오픈하는 것 역시 망설여졌습니다. 혹시 모를 독자들의 냉정한 평가도 마음속 두려움을 더해줬죠.

수십 번씩 갈팡질팡하는 제 마음을 다잡아 준 것은 지인들이었습니다. 제 부동산 멘토인 나눔부자님과 사모님, 그리고 부족한 저를 믿고 지지해준 아내와 아이들, 부동산 공부 모임 〈내일의 부자〉 회원들, 지금 이 시간에도 왕성하게 정보를 교류하고 있는 〈전투공전국투자물건 공부방〉 회원들, 대구의 터줏대감 〈부동산 오아시스〉 카페 회원들, 쭈야의 〈부동산 사랑방〉, 마지막으로 이 모든 일의 시작점인 〈짠돌이 카페〉 친구들의 응원. 그 덕분에 부족하지만 제 지식과 경험을 나누기 위해 펜을 들겠다는 결심을 할 수 있었습니다.

그동안 '생각의 크기'가 참 많이도 변했습니다. '일한 만큼 번다'는 케케묵은 경제관념에서 벗어나 아파트라는 직원을 고용함으로써 지금까지 10억 원 이상의 수익을 올리는 쾌거를 이뤘습니다.

저는 이 책을 통해 75만 〈짠돌이 카페〉 회원들을 비롯한 대한민국 국민들에게 제가 직접 겪으면서 확인한 '살아 있는 부동산 지식'을 나눠드리고자 합니다. 절약만으로 부자가 될 수 없는 시대에 이제 투자를 통한 수익 창출은 미래의 나와 자녀의 미래를 위해서도 꼭 필요하기 때문입니다. 물론 부동산 투자만이 정답이라는 말은 아닙니다. 그저 부동산이 매우 중요한 부분을 차지하는 대한민국의 특성상, 적어도 '몰라서' 기회를 놓치지는 않길 바라는 마음으로 말씀드립니다.

유치원부터 대학교까지 18년 동안 공부한 것보다 단 3개월이면 충분한 부동산 관련 지식, 좋은 집 보는 법 등이 더 중요한 순간이 있습니다. 어쩌면 저처럼 삶의 길이 달라질 수도 있으니까요.

『부자가 된 짠돌이』는 부동산 의심병 환자였던 저 이대표가 부동산에 대한 인식과 돈을 바라보는 시각의 변화, 그리고 돈을 '제대로' 활용할 수 있기까지의 실제 경험을 담았습니다. 대한민국 대표 짠돌이 대왕소금인 제가 작디작은 바늘구멍을 통과해 부동산 투자로 부자가 됐듯, 이 책을 읽고 나서 어느 누군가가 저처럼 제2의 바늘구멍, 제3의 바늘구멍을 목표로 하겠지요. 그때는 나눔부자 님이 저의 멘토가 되어주었듯, 제가 여러분의 멘토가 될 것을 약속하겠습니다.

부동산 의심병 환자 이대표가 내 집 마련부터 부동산 투자자라는 바늘구멍을 통과하며 새로운 인생 맞게 된 실제 이야기를 푼 『부자가 된 짠돌이』를 시작으로 앞으로 출판될 저의 부동산 스승인 나눔부자가 지금도 가열차게 집필하고 있는 『나눔부자의 부동산 여행』(가제)을 통해 실전 부동산 노하우를 아낌없이 풀 예정입니다. 다시 한 번 지금까지 동반해준 모든 분들께 감사 인사를 드리며 바늘구멍을 통과함으로써 다시 태어난 『부자가 된 짠돌이』를 마치겠습니다.

바늘구멍 이대표

우리의 경험과 지식의 공유가
부동산에 대한 편견 없애 주기를!

우리나라에 처음 찾아온 경제 위기, 일명 'IMF 사태'가 발생한 후 저는 금융기관 채권 관리 분야에서 일을 시작하게 됐습니다. 하지만 금융기관의 채권 관리 일에서 저는 특수 고용관계를 맺은 비정규직이었던 탓에 피고용자인 제 앞날은 보장되지 않았고, 결국 더 많은 수익을 창출하기 위해 다양한 분야를 기웃거리게 됐습니다.

 부동산과 처음 인연을 맺은 '경매'와의 만남은 이러한 과도기에서 저와 제 가족을 위한 어쩔 수 없는 선택이었습니다. 물론 그렇게 수년 동안 현장을 헤집어가며, 경매를 통해 모험적인 부동산 투자를 반복했던 당시의 경험과 지식이 제 부동산 투자의 밑거름이 된 것은 확실합니다. 아이가 걸음마를 배우기까지는 1만 번 이상을 넘어져가며 도전해야 한다고 합니다. 만약 아이가 넘어지는 것이 두려워 기어만 다닌다면 평생 걸음마를 배울 수 없을 것입니다. 저 역시 무수한 실패를 토대로 현재의 성공을 이뤘습니다. 앞선 예처럼 실패가 두려웠다면 지금의 성공도 누릴 수 없었겠죠. 강산이 변한다는 10년 동안 오직 부동산만 바라보고 달려왔으니 이제는 어느 누구보다도 부동산을 보는 시야가 넓어졌다고 자부합니다.

자, 좀 더 솔직하게 들어가볼까요? 저는 부동산 투자로 지금까지 수십억 원에 달하는 실질적 수익을 올렸을 만큼 성공적인 투자자의 길을 걷고 있습니다. 그동안 저는 나눔부자라는 이름으로 수많은 이들에게 '돈을 벌었던' 제 경험과 지식을 전달하기 위해 애써왔습니다. 그들이 나로 인해 더 나은 삶을 살길 바라는 마음이었지만, 정작 돌아오는 반응을 싸늘하기 그지없었습니다. 아니, 오히려 '왜?'라는 단어를 시작으로 하는 의심을 받지나 않으면 다행이었습니다. 오직 『부자가 된 짠돌이』의 공동 저자이자 이제는 어엿한 비즈니스 파트너가 된 이대표만이 제 말에 귀를 기울여줬습니다. 그 결과, 이대표는 책에 명시된 대로 불과 2년 만에 10억 원 이상의 수익을 올린 것은 물론 함께 책까지 집필할 정도로 부동산 투자에 있어 뚜렷한 발자취를 남겼으니 뿌듯한 마음을 감출 수 없는 요즘입니다.

다소 낯간지러운 얘기지만, 이대표는 항상 제게 '나눔부자 님 덕분에 인생의 새로운 기회를 잡을 수 있었다'고 말을 합니다. 하지만 그럴 때마다 저는 오히려 이대표에게 감사하다는 뜻을 전하곤 합니다. 제가 갖고 있는 지식과 경험을 '믿어준 것'이 그저 고마운 까닭입니다.

  그 누구보다 어렵고 힘든 시기를 관통해온 저는 스스로를 '몽상가'라고 칭할 만큼 머릿속에 낭만이 가득합니다. 저를 아는 모두에게 제 경험과 지식을 아낌없이 공유하고 있는 이유 역시 저처럼 경제적 자유를 누리길 바라고 또 바라는 마음입니다.

  우리는 살면서 평생을 부동산이란 이름의 울타리에서 벗어나지 못합니다. 쉽게 말해 우리 삶 속에 부동산은 매우 큰 부분을 차지하고 있다는 의미입니다.

  『부자가 된 짠돌이』 속 내용은 모두 저와 이대표가 함께, 직접 경험한 '살아 있는 부동산 투자 이야기'입니다. 이 책을 통해 독자들과 저희의 경험과 지식을 공유함으로써 보다 쉽고 편하게 부동산에 대한 편견을 허물길 바라는 마음을 담았습니다.

  저를 믿고 함께해준 이대표와 부동산 모임 〈내일의 부자〉와 네이버 카페 〈부동산 오아시스〉 회원들, 저와 대구 투자자들이 실패하지 않게 투자의 방향을 잡아준 친구 빠숑과 주지오 님, 그 외 많은 강사님들에게도 감사 인사를 드립니다.

  끝으로 그동안 부동산 임장을 핑계로 수시로 집을 비워댔던 '불량남편'을 이해해주고 믿고 지지해준 아내 보람 님과 두 아이들에게 사랑한다는 말을 전하고자 합니다.

나눔부자 김형일

부자가 된 짠돌이

2018. 4. 3. 1판 1쇄 발행
2018. 5. 30. 1판 2쇄 발행

지은이 | 이대표, 김형일, 하상원
펴낸이 | 이종춘
펴낸곳 | BM 주식회사 성안당
주소 | 04032 서울시 마포구 양화로 127 첨단빌딩 5층 (출판기획 R&D 센터)
       10881 경기도 파주시 문발로 112 출판문화정보산업단지 (제작 및 물류)
전화 | 02) 3142-0036
       031) 950-6300
팩스 | 031) 955-0510
등록 | 1973. 2. 1. 제406-2005-000046호
출판사 홈페이지 | www.cyber.co.kr
ISBN | 978-89-315-8231-4 (13320)
정가 | 16,000원

이 책을 만든 사람들
기획·편집 | 백영희
교정 | 조혜정
표지·본문 디자인 | 박소희
홍보 | 박연주
국제부 | 이선민, 조혜란, 김해영
마케팅 | 구본철, 차정욱, 나진호, 이동후, 강호묵
제작 | 김유석

성안당 Web 사이트

이 책의 어느 부분도 저작권자나 BM 주식회사 성안당 발행인의 승인 문서 없이 일부 또는 전부를 사진 복사나 디스크 복사 및 기타 정보 재생 시스템을 비롯하여 현재 알려지거나 향후 발명될 어떤 전기적, 기계적 또는 다른 수단을 통해 복사하거나 재생하거나 이용할 수 없음.

● 잘못된 책은 바꾸어 드립니다.

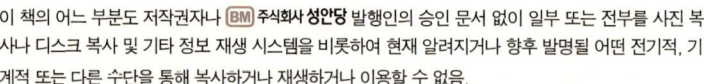

■ 도서 A/S 안내

성안당에서 발행하는 모든 도서는 저자와 출판사, 그리고 독자가 함께 만들어 나갑니다.
좋은 책을 펴내기 위해 많은 노력을 기울이고 있습니다. 혹시라도 내용상의 오류나 오탈자 등이 발견되면 "좋은 책은 나라의 보배"로서 우리 모두가 함께 만들어 간다는 마음으로 연락주시기 바랍니다. 수정 보완하여 더 나은 책이 되도록 최선을 다하겠습니다.
성안당은 늘 독자 여러분들의 소중한 의견을 기다리고 있습니다. 좋은 의견을 보내주시는 분께는 성안당 쇼핑몰의 포인트(3,000포인트)를 적립해 드립니다.
잘못 만들어진 책이나 부록 등이 파손된 경우에는 교환해 드립니다.